40 Impulse für den neuen Vertriebsinnendienst

Ralf Koschinski

40 Impulse für den neuen Vertriebsinnendienst

Inside Sales: Verkaufen von innen heraus

Ralf Koschinski
Vertriebsmeister
Arnstadt, Deutschland

ISBN 978-3-658-44580-5   ISBN 978-3-658-44581-2 (eBook)
https://doi.org/10.1007/978-3-658-44581-2

Die Deutsche Nationalbibliothek verzeichnet diese Publikation in der Deutschen Nationalbibliografie;
detaillierte bibliografische Daten sind im Internet über https://portal.dnb.de abrufbar.

Illustrationen im Buch von Marcel Urzowski

Planung/Lektorat: Imke Sander
Springer Gabler ist ein Imprint der eingetragenen Gesellschaft Springer Fachmedien Wiesbaden GmbH
und ist ein Teil von Springer Nature.
Die Anschrift der Gesellschaft ist: Abraham-Lincoln-Str. 46, 65189 Wiesbaden, Germany

Wenn Sie dieses Produkt entsorgen, geben Sie das Papier bitte zum Recycling.

Vorwort

Verkaufen von innen heraus

Lassen Sie mich gleich zum Wesentlichen kommen: Der klassische Innendienst stirbt aus. Viele Unternehmen und zahlreiche Vertriebsabteilungen stehen vor einem Paradigmenwechsel. Oder dieser Prozess hat schon längst begonnen. Um den Paradigmenwechsel auf den Punkt zu bringen – das Verkaufen von innen heraus ist auf mindestens drei Ebenen auf dem Vormarsch:

- Ebene 1: In den Unternehmen gibt es (immer noch) den klassischen Innendienst, der nicht sonderlich – oder gar nicht – verkaufsaktiv arbeitet. Die traditionelle Aufteilung ist: Der Innendienst legt den Ball auf den Elfmeterpunkt, bereitet den Kundenkontakt vor, vereinbart den Termin, die Kollegin oder der Kollege aus dem Außendienst besucht den Kunden und verwandelt den Elfmeter. Die Frage ist, wie die Mitarbeitenden im klassischen Innendienst mehr Verkaufsaktivität entwickeln können und in die Lage versetzt werden, vielleicht sogar auch einmal selbst einen Elfmeter zu versenken. Notwendig dazu ist eine weitreichende Vertriebsfokussierung.
- Ebene 2: In immer mehr Unternehmen existiert eine Inside-Sales-Abteilung. Inside-Sales-Verkäufer steigen zum Beispiel am Telefon

oder am PC mithilfe von Onlineberatung und Onlineverkauf in das Verkaufsgespräch ein, sie akquirieren und beraten, sie entwickeln kundenzentrierte Problemlösungen, sie verkaufen aktiv. Sie leisten einen strategischen Beitrag zum aktiven Verkauf und zur Neukundengewinnung, bereiten das Tor mithin nicht nur vor, sondern verwandeln den Elfmeter auch – elegant, treffsicher und kompetent.

- Ebene 3: Innendienst und Außendienst bilden ein Dream-Team und arbeiten Hand in Hand. Die Aufgabenfelder gleichen sich an, der Innendienst arbeitet verkaufsaktiver, und Außendienstler führen, etwa im Homeoffice, verstärkt Innendienstaufgaben aus. Der Innendienst entwickelt sich vom reaktiven Auftragsabwickler zum aktiven Kundencoach, der Außendienst baut strategische Businesspartnerschaften auf. „Panta Rhei" – alles ist im Fluss.

Mein Ziel ist, beide Innendienstabteilungen – den klassischen Innendienst und die Inside-Sales-Abteilung – mit diesem Buch anzusprechen und beiden Abteilungen Hilfestellung zu geben, damit der herkömmliche Innendienst (noch) verkaufsaktiver und die Inside-Sales-Abteilung (noch) professionaler agieren kann. In beiden Fällen geht es darum, die verkaufsaktive Ausrichtung zu erhöhen und alles dafür zu tun, dass der Innendienst seinen Beitrag zur Entstehung dessen leistet, was Dirk Zupancic eine „Sales Driven Company" nennt: ein Unternehmen, in dem jeder Unternehmensbereich, jede Abteilung, jedes Team, jede Führungskraft und jeder Mitarbeitende es sich zum Ziel gesetzt hat, konsequent vertriebsbezogen zu denken und zu handeln (Zupancic, 2023). Und im Fall des Innendienstes heißt das: konsequent verkaufsaktiv zu denken und zu handeln.

Zur Nachahmung empfohlen: So arbeiten Sie zielorientiert mit diesem Buch

Ich präsentiere Ihnen in 40 Kapiteln meine 40 pragmatischen Impulse und Umsetzungshilfen in alphabetischer Reihenfolge. So können Sie sich gezielt mit genau denjenigen Inhalten beschäftigen, die Sie zurzeit ganz besonders interessieren, und diese Inhalte aufgrund der alphabetischen Anordnung rasch auffinden. Auch das ausführliche Inhaltsverzeichnis sowie der Index helfen Ihnen dabei, die für Sie relevanten Inhalte problemlos aufzufinden. Zudem gilt:

- Jeder Impuls ist nutzenorientiert aufgebaut und hilft Ihnen, die Impulse rasch um- und einzusetzen.
- Zunächst gibt es eine kurze Einführung in den Impuls. Danach konzentriere ich mich auf konkrete Lösungsvorschläge und Umsetzungshilfen, von deren Durchschlagskraft ich mich in den vielen Jahren meiner Tätigkeit als Trainer, Coach, Berater und Unternehmer sowie in der Zusammenarbeit mit Führungskräften und Mitarbeitenden aus Innendienst und Außendienst überzeugen konnte. Sie profitieren direkt von meinen Erfahrungen und müssen die Fehler, die dabei passiert sind, nicht wiederholen.
- Bei den meisten Impulsen gilt: Es führen auch andere Wege zum Ziel. Der von mir vorgeschlagene Weg hat allerdings den immensen Vorteil, dass er das Ergebnis zahlreicher Versuche ist – und damit vielfach erprobt und praxisbewährt: Zur Nachahmung empfohlen!
- Durch die Hervorhebung wichtiger Schlüsselsätze und mithilfe der Übung, die Sie jeweils am Ende der 40 Impulse finden, können Sie das Gelesene rasch auf Ihre individuelle Situation übertragen.
- „Verkauf von innen heraus" meint nicht nur die Verstärkung verkaufsaktiver Aktivitäten im Innendienst. Möglich ist dies nur durch Menschen, die ihrer Arbeit mit Herzblut und Leidenschaft, mit innerem Feuer und Enthusiasmus nachgehen, also intrinsisch oder „von innen heraus" motiviert sind. Mein Ziel ist, dass insbesondere die Übungen, aber auch meine Umsetzungstipps und Motivationshinweise bei Ihnen dieses innere Feuer entfachen und direkt zu Ihrer intrinsischen Motivation beitragen, noch verkaufsaktiver als bisher zu agieren.
- Querverweise zwischen den 40 Begriffen und Impulsen erlauben es Ihnen, immer tiefer in die Materie einzusteigen.

Nutzen Sie die Kurzübersicht

Betrachten Sie dieses Buch als eine Suchmaschine für den erfolgreichen verkaufsaktiven Innendienst. Nutzen Sie die 40 Impulse, um Ihre verkaufsaktiven Kompetenzen nach und nach auf- und auszubauen. Damit

Sie einschätzen können, was Sie in den einzelnen Impulsen erwartet, hier eine Kurzübersicht zu den 40 Impulsen:

- Impuls 1, After Sales: Mit einer ratiomotionalen Strategie professionalisieren Sie das After-Sales-Management, verbessern die Kundenbindung und generieren Mehrumsatz.
- Impuls 2, Agilität im Innendienst: Sie lernen, wie Sie mithilfe des Daily Meetings den Kundennutzen optimieren, und prüfen, ob und inwiefern Sie zum agilen Arbeiten fähig sind.
- Impuls 3, Aktive Akquisition: Sie lernen einige Kernelemente der Neukundenakquisition kennen.
- Impuls 4, Auftragsabwicklung: Es geht um die professionellere Ausgestaltung der Kundenprozesse, um den Innendienst verkaufsaktiver auszurichten.
- Impuls 5, Beratung: Sie erfahren, dass Sie im gesamten Kundenkontakt neben Verkaufskompetenz zudem Beratungskompetenz benötigen, um gelungene Kundenbeziehungen aufzubauen.
- Impuls 6, Beziehungsmanagement: Sie lesen, wie Sie sich am Telefon zur empathischen Schaltzentrale für die Beziehungspflege entwickeln.
- Impuls 7, Challenger Sale: Mit dem Challenger-Sale-Konzept gelingt es Ihnen, den Kunden herauszufordern und ihn unmissverständlich auf seinen Engpass hinzuweisen – nicht ohne ihm dann eine Problemlösung anzubieten.
- Impuls 8, Cross-Selling und Up-Selling: Zusatzverkauf heißt, dass Sie zufriedenen Kunden sinnvolle Zusatzprodukte und mehrwertorientierten Lösungsverkauf anbieten und ihnen so noch mehr Nutzen stiften.
- Impuls 9, Customer Journey: Sie lesen, wie Sie den Innendienst als wichtigen Touchpoint erkennen und positive Kundenerlebnisse und begeisternde Kundenerfahrungen kreieren.
- Impuls 10, Dream-Team: Sie lesen, wie Sie Innendienst und Außendienst so fusionieren, dass unschlagbare Synergieeffekte entstehen.
- Impuls 11, Einwandbehandlung: Sie erfahren, wie Sie mit der 6A-Methode Kundeneinwände als Wegweiser zum Erfolg und zum Abschluss nutzen.

- Impuls 12, Fragetechniken: Mit den richtigen Fragen zeigen Sie wahres Interesse am Kunden und seiner Vorstellungswelt. Sie lernen die zehn Top-Fragetechniken kennen, mit denen dies gelingt.
- Impuls 13, Gesprächsführung: Sie erhalten konkrete Tipps, wie Sie Ihre Kundengespräche am Telefon verkaufsaktiv(er) gestalten.
- Impuls 14, Haltung zur Veränderungsbereitschaft: Sie erhalten eine Kurzanleitung, wie Sie Ihre Veränderungsbereitschaft stärken und erhöhen und Veränderungen für sich nutzen.
- Impuls 15, Inside Sales: Sie erfahren Wissenswertes über die Vorteile der Entwicklung hin zum Inside Sales und über die Aufgaben, die Inside-Sales-Mitarbeitende erwarten.
- Impuls 16, Interesse wecken: Sie lesen, wie Sie die Aufmerksamkeit potenzieller Kunden durch eine bestimmte kundenorientierte Haltung, der AIDA-Formel und die Hebel „Schmerz" und „Freude" erregen.
- Impuls 17, Ja-Wort des Kunden erhalten: Sie lernen Strategien und Methoden kennen, um mit sich selbst und im Gespräch mit Ihren Kunden Verbindlichkeit herzustellen.
- Impuls 18, Kommunikationsstrategien, verkaufsaktive: Die Kommunikationsstrategien unterstützen Sie dabei, aus der Passivität in die Verkaufsaktivität zu gelangen.
- Impuls 19, Kompetenzen und Mindset eines Inside-Sales-Mitarbeiters: Entscheidend ist eine dynamische und veränderungsorientierte Einstellung. Sie lesen, wie Sie feststellen, welche Kompetenzen für Ihren Erfolg relevant sind, und wie Sie sie aufbauen.
- Impuls 20, Kundenmanagement und Kundentypen: Passen Sie Ihr Vorgehen und Verhalten dem Persönlichkeitsprofil des Kunden an. Nutzen Sie dazu eine Kundentypologie aus dem Challenger Sale.
- Impuls 21, Lieferanten managen, Kunden zurückgewinnen und Empfehlungen generieren. Sie erhalten Hinweise und Tipps für spezifische Aufgaben eines Inside-Sales-Mitarbeiters.
- Impuls 22, Minutenpräsentation: Sie erhalten Aufschluss darüber, wie Sie im Innendienst die Dinge auf den springenden Punkt bringen.
- Impuls 23, Nutzen des Kunden erhöhen: Sie erfahren, wie Sie sich zum innovativen Kundencoach entwickeln und Ihrem Anspruch gerecht werden, sich auf den Kundennutzen zu fokussieren.

- Impuls 24, Online- und Videoberatung: Sie lesen, wie es gelingt, ein Beratungs- und Verkaufsgespräch von Bildschirm zu Bildschirm zu führen und Kunden professionell im Dialog von PC zu PC überzeugen.
- Impuls 25, Planungs- und Organisationsmanagement: Die Tipps helfen Ihnen, verkaufsaktive Tätigkeiten so zu planen, zu organisieren und umzusetzen, dass Sie damit rasch in die Umsetzung gelangen.
- Impuls 26, Preisverteidigung: Lernen Sie, dass es ohne Identifikation nicht gelingt, Ihren Preis durchzusetzen. Ihre Preisverteidigung basiert auf der Kommunikation des Mehrwerts Ihrer Lösung und der Überzeugung des Kunden, Ihr Preis sei aufgrund dieses Mehrwerts absolut gerechtfertigt.
- Impuls 27, Qualitäts- und Erfolgsmessung: Sie lernen Kennzahlen zur Überprüfung und Evaluierung Ihrer Verkaufsaktivitäten kennen und werden für die Notwendigkeit der Qualitäts- und Erfolgsmessung sensibilisiert.
- Impuls 28, Reklamationsbehandlung: Sie begreifen und nutzen die Beschwerde als Chance und Herausforderung, erboste Kunden doch noch zu begeistern und langfristig ans Unternehmen zu binden.
- Impuls 29, Sales Development Representative: Sie erfahren, welches Berufsbild sich hinter der Jobbeschreibung des SDR befindet und wie Sie sich zum SDR entwickeln können.
- Impuls 30, Telefonieren: Sie erfahren, wie Sie das Telefon so einsetzen, dass Ihre Anrufe Ihre Verkaufsaktivitäten unterstützen. Dabei liegt der Schwerpunkt darauf, mehr Innovation zu wagen und ungewöhnliche Wege einzuschlagen.
- Impuls 31, Umsatz- und Ertragsplanung: Der Impuls sensibilisiert Sie für die Beachtung der ökonomischen Performance Ihrer verkaufsaktiven Tätigkeiten und gibt Hinweise zur Umsatz- und Ertragsplanung.
- Impuls 32, Unique Value Proposition: Lernen Sie, im Rahmen der Unique Value Proposition und der Unique Sales Proposition uneinholbare Alleinstellungsmerkmale aufzubauen.
- Impuls 33, Verhaltensweisen im direkten Kundenkontakt: Sie lernen ein Persönlichkeitsdiagnostiktool zur Selbst -und Menschenkenntnis kennen, mit dem Sie sich und Ihre Gesprächspartner typologisch einschätzen können, um so Ihre Kommunikation und Gesprächsführung zu optimieren.

- Impuls 34, Verhandlungsführung: Sie erhalten Tipps für das professionelle Verhandeln am Telefon und bei der Onlineberatung und entwickeln Verhandlungsgeschick und Verhandlungssouveränität.
- Impuls 35, Weiterbildung: Der Impuls zeigt Ihnen, wie Sie sich mit Eigenengagement und Selbstcoaching zum verkaufsaktiven Innendienstler weiterbilden, und welchen konkreten Beitrag Sie dabei selbst leisten können.
- Impuls 36, Wortwahl und Rhetorik: Sie lesen, wie Sie den richtigen sprachlichen Zugang zum Kunden finden, und erhalten Tipps, mit denen Sie Ihre Gesprächspartner nicht überreden, sondern überzeugen.
- Impuls 37, X-Faktor für Kundenbegeisterung: Sie lernen zehn Aktivitäten kennen, mit denen Sie aufseiten Ihrer Kunden nachhaltige Begeisterung auslösen.
- Impuls 38, Yoga am Arbeitsplatz: Sie erfahren, wie Sie sich durch einfache, aber folgenreiche Übungen fit halten und sich optimal auf den nächsten – vielleicht stressigen – Kundenkontakt vorbereiten.
- Impuls 39, Zeitmanagement: Sie erfahren, wie Sie die richtigen Dinge richtig tun und Aufgaben und Herausforderungen im Inside Sales effizient und effektiv zugleich bewältigen.
- Impuls 40, Zusammenarbeit mit Außendienst: Der Schwerpunkt liegt auf der Darstellung der optimalen Zusammenarbeit zwischen Innendienst und Außendienst. Sie erfahren, wie sich optimale Ergebnisse erzielen lassen.

Sie erhalten Problemlösungen für die Herausforderungen sowohl im klassischen Innendienst als auch in der verkaufsaktiven Inside-Sales-Abteilung. Mit den Übungen und Arbeitshilfen meines Praxiskompendiums bereiten Sie Ihre Kundenkontakte zielorientiert, effektiv und zeitsparend vor, verbessern Ihre Kundenbeziehungen signifikant und erhöhen die Kundenbindung beträchtlich.

Bevor es losgeht, gestatten Sie mir zwei Anmerkungen:

1. Zur besseren Lesbarkeit verwende ich in der Regel das generische Maskulinum. Die verwendeten Personenbezeichnungen beziehen sich – sofern nicht anders kenntlich gemacht – auf alle Geschlechter.

2. An einigen Stellen dieses Buches bitte ich Sie, das Gelesene zu reflektieren und sich Notizen dazu zu machen. Meine Empfehlung ist, ein Strategiebuch anzulegen und dort Ihre Gedanken niederzuschreiben, zum Beispiel zur Umsetzung des Gelesenen. Meiner Erfahrung nach erhöht sich so die Umsetzungswahrscheinlichkeit beträchtlich.

Ich wünsche Ihnen eine erkenntnisreiche Lektüre.
Ihr

März 2024   Ralf Koschinski

Literatur

* Zupancic, Dirk (2023): Sales Drive. Wie Sie durch konsequente Vertriebsoptimierung im Wettbewerb gewinnen. Springer Gabler Verlag, Wiesbaden, 2. Auflage

Inhaltsverzeichnis

Über den Autor

Dipl.-Kfm. Ralf Koschinski begeistert Führungskräfte und Mitarbeitende aus Innen- und Außendienst als Vortragsredner und Trainer. Er ist zertifizierter Management- & Business-Coach und Inhaber von VERTRIEBSME-ISTER®, Institut für Unternehmensentwicklung. Gemeinsam mit seinem Team entwickelt Ralf Koschinski Menschen im Innen- und Außendienst sowie Unternehmen mit wachstumsorientierten Entwicklungsprogrammen zur Meisterschaft. Für diese Entwicklungsprogramme ist das VERTRIEBSMEISTER®-Team mehrfach ausgezeichnet worden und hat zum Beispiel zweimal einen Europäischen Preis für Training, Beratung und Coaching des BDVT (Berufsverband Deutscher Trainer, Berater und Coaches) erhalten. Im Fokus der Wachstumsmaßnahmen stehen Unternehmer, Führungskräfte, Innendienstmitarbeitende, Außendienstmitarbeitende und Servicemitarbeitende. Zudem hat er folgende Bücher veröffentlicht:

- Das Praxisbuch für den modernen Außendienst. Akquisitions-, Beratungs-, Verkaufs- und Entwicklungsprozesse kundenzentriert gestalten. Wiley-VCH 2022
- Umsetzen statt Scheitern. 8A-Navigator für agiles Führungscoaching. Haufe Verlag 2020 (mit Elmar Lesch)
- Musik liegt im Vertrieb. Kunden emotional erreichen. Haufe Verlag 2015

Abbildungsverzeichnis

Tabellenverzeichnis

Impuls 37 – X wie X-Faktor für Kundenbegeisterung

Impuls 39 – Z wie Zeitmanagement

Impuls 1 – A wie After Sales

Mit ratiomotionaler Strategie die Kundenbindung erhöhen und Mehrumsatz generieren

》 *Mit After-Sales-Maßnahmen sind Sie in der Lage, nach einer Kaufentscheidung die Kundenbindung zu stärken und erhöhen.*

In vielen Unternehmen erschöpft sich das After-Sales-Management im Innendienst in einem Anruf und der Nachfrage, ob der Kunde wirklich zufrieden gewesen ist mit der Auftragsabwicklung. Ohne solche Aktionen, „Kuschel-Calls" und Wohlfühl-Anrufe zwecks Kundenbindung kleinreden zu wollen: „Verkäufer im Innendienst" leisten hier viel mehr: Entscheidend beim Inside Sales ist die Betonung des *Sales*-Aspekts, mithin die dezidierte Haltung, das After-Sales-Management so zu strukturieren, dass dabei Zusatzgeschäfte und Mehrumsatz entstehen.

Ein professionelles After Sales Management, das diesen Namen wirklich verdient, hat zum Ziel, den Kundenwert zu steigern, also das jeweilige Kundenpotenzial so weit wie möglich auszuschöpfen, und letztendlich den Umsatz zu steigern. Die Zielerreichung setzt eine deutlich verkaufsaktivere Haltung der Innendienstler voraus.

© Der/die Autor(en), exklusiv lizenziert an Springer Fachmedien Wiesbaden GmbH, ein Teil von Springer Nature 2024
R. Koschinski, *40 Impulse für den neuen Vertriebsinnendienst*,
https://doi.org/10.1007/978-3-658-44581-2_1

Service- und Verkaufsmentalität aufbauen

Engagierte Inside-Sales-Mitarbeitende blühen im After Sales auf und widmen sich mit Freude und Begeisterung der Aufgabe, nach der Kaufentscheidung des Kunden mit Serviceleistungen, Cross-Selling, Up-Selling und – falls notwendig – einem proaktiven Reklamationsmanagement weitere Impulse für Kaufentscheidungen zu setzen. Zu diesen Punkten gibt es in diesem Buch eigene Impulse (siehe Kap. „Impuls 8 – C wie Cross-Selling und Up-Selling" und „Impuls 28 – R wie Reklamationsbehandlung") – ein professionelles After-Sales-Management umfasst aber noch viel mehr, nämlich vor allem Ihre grundsätzliche Haltung, kundenindividuellen Nutzen durch eine hoch entwickelte Service- und Verkaufsmentalität zu stiften.

Das entscheidende Stichwort lautet „kundenindividueller Nutzen". Es geht nicht darum, aus der bequemen Innendienst-Haltung heraus einer Pflicht nachzukommen und die Zufriedenheit des Kunden bezüglich der Auftragserledigung abzufragen – in der Hoffnung, er entschließe sich vielleicht zu einem Zusatzkauf. Nein:

> Der verkaufsaktive Innendienstler weiß aufgrund seiner exzellenten Vorbereitung, mit welchem Kundentyp er zu tun hat, und hat sich eine ratiomotionale Strategie zurechtgelegt.

Denn es macht einen Unterschied, ob Sie mit einem rationalen Zahlen-Daten-Fakten-Menschen sprechen oder einem Kunden, der eine inspirierende emotionalisierende Vision benötigt, um eine Kaufentscheidung zu treffen.

Meine Empfehlung ist, in drei ratiomotionalen Schritten vorzugehen.

Schritt 1: Ratiomotionale After-Sales-Strategie festlegen

Als verkaufsaktiver Innendienstler überlegen Sie sich rationale und emotionale Argumente, um die Wahrscheinlichkeit zu erhöhen, mit Argumenten zu arbeiten, die den Verstand des jeweiligen Kunden ansprechen und zugleich sein Herz öffnen. Hintergrund der ratiomotionalen Strategie ist, dass jeder Mensch, dass jeder Kunde über einen rationalen und

einen emotionalen Zugang zur Welt verfügt. Es ist daher klug und ziel-
führend, bei der Kommunikation mit dem Kunden beide Zugänge und
Aspekte zu berücksichtigen. Und das gilt nicht nur für das After-Sales-
Management, sondern für die gesamte Kundenkommunikation.

Analysieren Sie, welcher intelligente Mix zwischen sachlich-rationaler und
emotionaler Ansprache geeignet ist, ratiomotionale Kundenbegeisterung zu
entfachen. Mischen Sie zum Beispiel nutzenorientierte Produktinformationen
oder Infos zu der Dienstleistung, die Sie anbieten, mit Argumenten, die die
Emotionalisierung des Gesprächs bewirken. Nutzen Sie dabei die Ergebnisse
Ihrer Vorbereitung: Weil Sie wissen, mit welchem Kundentyp Sie zu tun
haben, verfügen Sie über konkrete Anhaltspunkte, ob Ihre Argumenten-
Waage eher in Richtung Ratio oder in Richtung Emotio ausschlagen sollte.
Oder ob Sie Ihre Argumente eher gleichmäßig verteilen sollten.

Schritt 2: Beachten Sie die verschiedenen Anforderungsebenen
Es gibt aufseiten der Kunden Basis-, Leistungs- und Begeisterungsanforderungen. In der Regel setzt es der Kunde schlicht und einfach voraus, dass Sie die Basis- und Leistungsanforderungen mehr als nur erfüllen. Punkten können Sie bei und mit den Begeisterungsanforderungen,
indem Sie Kundenerwartungen mit Leistungen entsprechen, mit denen
der Kunde nicht gerechnet hat. Natürlich stellt sich die Frage, was konkret die Unterschiede zwischen diesen Anforderungen sind und was unter
einer Begeisterungsanforderung zu verstehen ist. Diese Frage lässt sich
aber nur von Kunde zu Kunde und im Hinblick auf die konkrete Situation beantworten. Denn sowohl die Nutzenerwartungen des Kunden,
seine Persönlichkeit, seine Werte und seine emotionale Gestimmtheit als
auch der Auftragsgegenstand und der Status quo der Beziehung ihres
Unternehmens zu dem des Kunden spielen mit hinein.

Ein paar Beispiele aus meiner B2B-Praxis verdeutlichen, was eine Begeisterungsanforderung ausmachen könnte:

* Beispiel 1: Oft sind Kunden verzweifelt, weil sie dringend ein Ersatzteil
  oder ein Ersatzprodukt benötigen, weil ansonsten der gesamte
  Produktionsprozess stillsteht. Machen Sie es – beziehungsweise schlagen
  Sie dies Ihrer Vertriebsabteilung vor – wie ein Elektronikhersteller, den
  ich betreue, und halten Sie ein sehr gut organisiertes Lager und ein
  Online-Bestellsystem für Ersatzteile bereit, von dem Sie erfahrungsgemäß

wissen, dass sie oft ausfallen. Die schnelle Lieferung des dringend benötigten Teils sorgt beim gestressten Kunden für spontane Begeisterung!

- Beispiel 2: Über spontane Kundenbegeisterung freut sich auch ein Softwareunternehmen. Ihm habe ich vorgeschlagen, Großkunden im Zuge des After-Sales-Managements Seminare, Schulungen und vor allem Webinare anzubieten, die in die Nutzung gekaufter Produkte einführen. Besonders interessant: Das Softwareunternehmen offeriert kostenlose Webinare, in denen Erweiterungsfunktionen der Software vorgestellt werden – mit der Folge, dass die Kunden ständig nachkaufen.
- Beispiel 3: Einer meiner Kunden aus dem Health-Bereich bietet Krankenhäusern und Arztpraxen nicht nur Wartungs- und Kalibrierungsdienste für medizinisches Gerät an, sondern hat darüber hinaus ein „Erinnerungssystem" installiert, um die Kunden an erforderliche Wartungsarbeiten und -zyklen zu erinnern. Wiederum gilt: Spontane Kundenbegeisterung wird zum Normalfall.

Bei allen Beispielen konnten meine Kunden nachweislich die Begeisterungsanforderungen erfüllen. Und zwar auch, weil bei dem Angebot der entsprechenden Leistungen rationale und emotionale Argumente ins Feld geführt wurden.

Schritt 3: Ratiomotionale Strategie mit innovativen Ideen unterfüttern
Mit einem intelligenten After-Sales-Management erzielen viele meiner Kundenunternehmen oft eine höhere Marge als im Neugeschäft. Es kann sich durchaus lohnen, wenn Sie auf die Suche nach kreativen und individuellen, also auf den Kundentypus und die Kundenmentalität bezogenen Leistungen gehen – und dabei den innovativ-ungewöhnlichen Ideen den Vorrang geben. Desto größer ist die Wahrscheinlichkeit, ratiomotional Begeisterungsstürme auszulösen und die Kundenbindung zu erhöhen. Prüfen Sie, ob Sie die folgenden Anregungen für Ihren Bereich adaptieren können:

- Nutzen Sie neue virtuelle Möglichkeiten, etwa im Rahmen der Social-Media-Kanäle, um den Kunden nach einer Kaufentscheidung zu binden und zu weiteren Einkäufen zu motivieren.
- Suchen Sie den Kundenkontakt. Selbst wenn es nichts Geschäftliches zu besprechen gibt, rufen Sie ihn spontan an (aber Achtung: Das mag nicht jeder Kunde!).

- Überraschen Sie mit einem Nutzen, der mit dem eigentlichen Auftrag in keinem Zusammenhang steht.
- Entwickeln Sie ein kundenindividuelles Qualitätssicherheitssystem.
- Führen Sie – ja, auch als Innendienstler – Perspektivgespräche mit den Kunden: „Wie können wir Sie in Zukunft noch besser unterstützen?"
- Entwickeln Sie mit dem Kunden Zukunftsszenarien – für die Zusammenarbeit mit ihm und zudem für dessen unternehmerische Entwicklung.

Natürlich: Das sind hohe Ansprüche. Doch Sie werden ihnen genügen, wenn Sie systematisch agieren und einen Maßnahmenplan erstellen und umsetzen.

Übung: Maßnahmenplan zur Umsetzung von After Sales

Entwickeln Sie einen Plan, um einen Kunden professionell im After Sales zu betreuen (Tab. 1).

Tab. 1 Kunden im After Sales betreuen

Planungsschritt	Meine Notizen
1. Analysieren Sie Ihre Kunden, um After-Sales-Potenziale zu identifizieren.	
2. Entscheiden Sie, mit welchem Kunden Sie beginnen (zum Beispiel mit dem, der das größte After-Sales-Potenzial hat).	
3. Entwickeln Sie ein umfassendes kundenindividuelles After-Sales-Angebot.	
4. „Kundenindividuell" heißt: Informieren Sie sich ausführlich über den Kunden – Typ, Persönlichkeit, Mentalität, Ergebnisse der bisherigen Kontakte etc., kurz: Machen Sie sich ein deutliches Bild zu ihm.	
5. Sammeln Sie rationale und emotionale Argumente, leiten Sie daraus eine ratiomotionale Strategie ab.	
6. Fokussieren Sie sich auf die Begeisterungsanforderungen.	
7. Prüfen Sie, welche innovativ-ungewöhnlichen Ideen Sie nutzen können.	
8. Gehen Sie in die Umsetzung und evaluieren Sie die Erfolge.	
9. Nichts motiviert mehr als der Erfolg – klopfen Sie sich auf die eigene Schulter.	
10. Gehen Sie zum nächsten Kunden über und starten Sie den Prozess erneut.	

Impuls 2 – A wie Agilität im Innendienst
Im agilen Daily Meeting den Kundennutzen optimieren

>> *Sie erfahren, was unter einem agilen Innendienst verstanden wird, und prüfen, ob und inwiefern Sie zum agilen Arbeiten fähig sind.*

Wenn ich mich in den Unternehmen und Vertriebsabteilungen zu den Themen „Agilität" und „Agilisierungsmaßnahmen" äußere, ernte ich oft ein herzhaftes Gähnen. „Immer diese Buzz-Wörter, bei denen niemand weiß, was sich dahinter verbirgt!" Ich antworte dann: „Ich habe mein eigenes agiles Manifest. Agilität führt dazu, dass Sie auch im Innendienst fähig sind, im Sinne des Kunden zu handeln: rasch, anpassungsfähig und konzentriert auf das Wesentliche: den Kundennutzen."

Der Ursprung des agilen Gedankens und Meilenstein der agilen Bewegung ist das agile Manifest – das „Manifesto for Agile Software Development" –, das 2001 von einer Gruppe renommierter Softwareentwicklern formuliert wurde (vgl. Diehl, 2018). Die agilen Prinzipien stammen aus dem Softwarebereich, traten dann aber ihren Siegeszug im unternehmerischen und im vertrieblichen Bereich an. Im Innendienstkontext ist es eher unüblich, von agilen Prinzipen und Arbeitsweisen zu sprechen – damit sollte endlich Schluss sein.

> Ein agiler Innendienst bedeutet, agile Prinzipien, Methoden und Tools in den täglichen Ablauf zu integrieren, um flexibler, effizienter und kundenorientierter das Beste für den Kunden zu leisten und zu erreichen.

Das Daily Meeting als Schlüsselelement des agilen Arbeitens

Die Kundenfokussierung im Innendienst darf kein leeres Gerede, keine Worthülse bleiben, sondern sollte durch entsprechende Methoden und Tools eine Konkretisierung erfahren. Entscheidend für die Agilisierung des Innendienstes ist das Tagesgespräch oder Daily Meeting, auch Stand-up-Meeting genannt. Im Daily Meeting kulminiert das agile Ziel, durch permanente Rücksprache aller Beteiligten – in dem Fall aus Innendienst und Außendienst – und deren täglichen Austausch zu reflektieren, ob sich das agile Team auf dem richtigen Weg befindet, den Kunden durch die konsequente Fokussierung auf seinen Nutzen zufriedenzustellen. Dazu wird der Kunde in den Prozess integriert und direkt gefragt, ob die Arbeit des Vertriebs in seinem Sinn ist.

> Es fällt in den Zuständigkeitsbereich des Innendienstlers, also in Ihren Verantwortungsbereich, die Kommunikation mit dem Kunden aufrechtzuerhalten, und im Daily Meeting über den Gesprächsverlauf und die Ergebnisse zu berichten.

Dazu gehört, dass Sie im Gespräch und Telefonat mit dem Kunden zum Beispiel abfragen, ob er mit dem Erreichten zufrieden ist oder ob aus seiner Sicht Anpassungen oder Veränderungen notwendig sind. Im Idealfall fließt das Kundenfeedback täglich über das Daily Meeting und den direkten Austausch zwischen den Beteiligten in die vertriebliche Arbeit ein. So wird übrigens ein wichtiges agiles Prinzip verwirklicht, nämlich: „Die effizienteste und effektivste Methode, Informationen an und innerhalb eines Entwicklungsteams zu übermitteln, ist im Gespräch von Angesicht zu Angesicht." (Diehl, 2018)

Das Team kann sofort und effektiv auf die Wünsche und Erwartungen des Kunden reagieren. Denn dieser bewertet die Zusammenarbeit, die vertriebliche Arbeit und deren Ergebnisse nicht erst am Projektende, sondern immer wieder auch „zwischendurch". Mit anderen Worten: Der Kunde bewertet nicht das Endergebnis, sondern die Zwischenschritte, und dies führt zu einer erheblichen Flexibilisierung der Prozesse, die an Tempo gewinnen, obwohl – oder gerade, weil – ständig die Kundenperspektive Berücksichtigung findet.

> **Möglich ist dies durch den permanenten agilen Austausch zwischen dem Kunden und Ihnen: Im Daily Meeting bringen Sie die so wichtige Perspektive des Kunden ein!**

In der Folge kommt es zu agilen, oft iterativen – also sich wiederholenden – Arbeitsschritten. Der Kundenbetreuungsprozess wird dabei in kleinere und somit handhabbare Schritte aufgeteilt. Statt das große Projekt in seiner Gesamtheit anzugehen, konzentrieren sich das agile Team und Sie auf die schnelle Lieferung wertvoller, weil kundennutzenorientierter Ergebnisse in Teilbereichen. Dies erlaubt die Konzentration auf Teilziele, ohne das Gesamtziel aus den Augen zu verlieren. Dies ist unter motivatorischen Gesichtspunkten zielführend, denn statt des vielleicht übergroßen und schwammigen Gesamtziels gelingt die Fokussierung auf überschaubare, aber leichter erreichbare Teilziele.

Weitere agile Faktoren beachten

Das Stand-up-Meeting ist nicht das einzige agile Element, das für den Innendienst eine Rolle spielt, aber wohl das wichtigste. Ein weiterer agiler Faktor ist die Zusammenarbeit in c**ross-funktionalen, also** multidisziplinären Teams. Dazu zählen die Tandem-Kooperationen zwischen Innen- und Außendienstmitarbeitenden, die Dream-Teams bilden (siehe Kap. „Impuls 10 – D wie Dream-Team"). Solche Teams arbeiten oft eigenverantwortlich, eigeninitiativ und mit einem hohen Selbstorganisationsgrad, sodass sie flexibel und schnell kundenzentrierte Problemlösungen kreieren und umsetzen können. Cross-funktionale Teams sind zudem in der Lage, auf sich ändernde Anforderungen und Rahmenbedingungen zu reagieren.

Klar ist, dass Sie selbst nicht allein dafür sorgen können, den Vertrieb im Allgemeinen und den Innendienst im Besonderen zu agilisieren. Sie sollten jedoch zweierlei tun: Aufgrund Ihres engen Kontakts zu den Kunden sitzen Sie an der Quelle und haben somit einerseits das Recht und die Verpflichtung, auf die Notwendigkeit und Sinnhaftigkeit der Agilisierung aufmerksam zu machen. Tragen Sie im Vertriebsmeeting vor, warum es aus Ihrer Sicht zwingend erforderlich ist, agiler vorzugehen und Agilisierungsaktivitäten durchzuführen. Andererseits können Sie sich – durchaus eigeninitiativ und ganz im Sinn einer agilen Vorgehensweise – auf jene Agilisierung vorbereiten und agile Kompetenzen aufzubauen. Die folgende Übung nennt die wichtigsten Kompetenzen.

Übung: Analysieren Sie Ihre agilen Kompetenzen und bauen Sie sie aus

Gehen Sie in die Selbstreflexion und bewerten Sie Ihren Kompetenzausprägungsgrad auf einer Skala von 1 (sehr schwach ausgeprägt) bis 10 (top ausgeprägt). Handlungsbedarf besteht auf jeden Fall bei den Ausprägungsgraden 1 bis 6: Legen Sie dann Maßnahmen und Umsetzungsschritte fest, um den Kompetenzausprägungsgrad zu erhöhen.

Agile Kompetenz 1: „Anpassungs- und Veränderungsflexibilität"
- **Beschreibung: Ein agiler Innendienstler ist bereit, sich rasch und flexibel neuen Situationen, veränderten Kundenerwartungen und wechselnden Marktbedingungen anzupassen.**
- Kompetenzausprägungsgrad:
- Maßnahmen und Umsetzungsschritte bei Handlungsbedarf:

Nutzen Sie an dieser Stelle Ihr Strategiebuch für Notizen.

Agile Kompetenz 2: „Daily Meeting"
- **Beschreibung: Ein agiler Innendienstler beherrscht die Methodik des Tagesgesprächs und weiß, dass es darauf ankommt, kurz und knapp, zielorientiert, prägnant und motivierend zu informieren.**
- Kompetenzausprägungsgrad:
- Maßnahmen und Umsetzungsschritte bei Handlungsbedarf:

Nutzen Sie an dieser Stelle Ihr Strategiebuch für Notizen.

Agile Kompetenz 3: „Arbeit im cross-funktionalen Team"
- **Beschreibung: Ein agiler Innendienstler weiß, dass Teamarbeit alles ist, wenn es darum geht, Kundenprobleme nachhaltig zu lösen. Dazu ist ein Team aus motivierten Fachleuten notwendig, die ihre jeweiligen Stärken im Sinn des Kunden aktivieren.**
- Kompetenzausprägungsgrad:
- Maßnahmen und Umsetzungsschritte bei Handlungsbedarf:

Nutzen Sie an dieser Stelle Ihr Strategiebuch für Notizen.

Agile Kompetenz 4: „Probleme lösen"
- **Beschreibung: Ein agiler Innendienstler weiß, dass er vor allem dazu da ist, die Probleme des Kunden nutzenorientiert, proaktiv und kreativ zu erkennen und zu lösen, insbesondere dessen Engpassprobleme.**
- Kompetenzausprägungsgrad:
- Maßnahmen und Umsetzungsschritte bei Handlungsbedarf:

Nutzen Sie an dieser Stelle Ihr Strategiebuch für Notizen.

Agile Kompetenz 5: „Empathievermögen"
- **Beschreibung: Ein agiler Innendienstler versetzt sich in die Vorstellungswelt seines jeweiligen Gesprächspartners und ordnet die Bedürfnisse und Erwartungen der Kunden und der anderen Teilnehmer des Daily Meetings angemessen ein.**
- Kompetenzausprägungsgrad:
- Maßnahmen und Umsetzungsschritte bei Handlungsbedarf:

Nutzen Sie an dieser Stelle Ihr Strategiebuch für Notizen.

Agile Kompetenz 6: „Kommunikationsfähigkeit"
- **Beschreibung: Ein agiler Innendienstler kommuniziert klar und eindeutig, um sowohl im Gespräch mit den Kunden als auch im Daily Meeting die Dinge auf den Punkt zu bringen. Er vermittelt seine Ideen und sein Feedback nachvollziehbar und verständlich.**

- Kompetenzausprägungsgrad:
- Maßnahmen und Umsetzungsschritte bei Handlungsbedarf:

Nutzen Sie an dieser Stelle Ihr Strategiebuch für Notizen.

Agile Kompetenz 7: „Umgang mit Feedback"
- **Beschreibung: Ein agiler Innendienstler fordert kontinuierliches Feedback ein, von den Kunden und den Kollegen im Daily Meeting. Es sollte jedoch konstruktiv und sachlich sein, dann nimmt er es an und nutzt es für Veränderungen. Er ist bereit, seinerseits produktives Feedback zu geben.**
- Kompetenzausprägungsgrad:
- Maßnahmen und Umsetzungsschritte bei Handlungsbedarf:

Nutzen Sie an dieser Stelle Ihr Strategiebuch für Notizen.

Agile Kompetenz 8: „Selbststeuerung und Selbstorganisation"
- **Beschreibung: Ein agiler Innendienstler kann sich selbst führen und managen sowie eigenverantwortlich agieren. Er verfügt über ein gutes Zeitmanagement und beherrscht Methoden und Tools, Aufgaben zu priorisieren und zu organisieren.**
- Kompetenzausprägungsgrad:
- Maßnahmen und Umsetzungsschritte bei Handlungsbedarf:

Nutzen Sie an dieser Stelle Ihr Strategiebuch für Notizen.

Agile Kompetenz 9: „Lebenslanges Lernen"
- **Beschreibung: Ein agiler Innendienstler weiß, dass er nie auslernt. Darum will er sich ständig weiterbilden und verbessern und daran arbeiten, dass ihm keine Fehler unterlaufen – oder zumindest kein zweites Mal.**
- Kompetenzausprägungsgrad:
- Maßnahmen und Umsetzungsschritte bei Handlungsbedarf:

Nutzen Sie an dieser Stelle Ihr Strategiebuch für Notizen.

Agile Kompetenz 10: „Selbstmotivation"
- **Beschreibung: Ein agiler Innendienstler weiß sich intrinsisch zu motivieren, denn intrinsische Motivation ist eine zentrale Voraussetzung für den Willen zur lebenslangen Verbesserung.**
- Kompetenzausprägungsgrad:
- Maßnahmen und Umsetzungsschritte bei Handlungsbedarf:

Nutzen Sie an dieser Stelle Ihr Strategiebuch für Notizen.

Literatur

Diehl, A. (2018). Das Agile Manifest – Leitsätze und Werte agiler Teams. https://digitaleneuordnung.de/blog/agiles-manifest/. Zugegriffen am 01.12.2023.

Impuls 3 – A wie Aktive Akquisition

Motiviert, strukturiert und strategisch Kunden gewinnen

>> *Die Booster-Tipps helfen Ihnen, verkaufsaktives Know-how aufzubauen. Zudem erhalten Sie einige rasch umsetzbare Wow-Motivationstipps.*

Stellen Sie sich vor, Sie sind ein Verkaufsprofi im Innendienst, der in einer pulsierenden und wachsenden Verkaufsabteilung arbeitet. Jeden Tag betreten Sie engagiert Ihr Büro, das mit Energie und Enthusiasmus erfüllt ist. Sie nehmen Platz an Ihrem Schreibtisch, er ist geschmückt von einer Vielzahl von Post-its und inspirierenden Zitaten. Ihre Kernbotschaft: „Ich will Menschen davon überzeugen, dass unsere Produkte (oder Dienstleistungen) ihnen helfen, ihre Aufgaben besser zu erfüllen." Ihre Mission sind die aktive Kundenakquisition und der Aufbau langfristiger Beziehungen zu Bestandskunden.

Was muss geschehen, damit diese Vorstellung Realität wird?

© Der/die Autor(en), exklusiv lizenziert an Springer Fachmedien Wiesbaden GmbH, ein Teil von Springer Nature 2024
R. Koschinski, *40 Impulse für den neuen Vertriebsinnendienst*,
https://doi.org/10.1007/978-3-658-44581-2_3

Zehn Booster-Tipps zur Aktiven Akquisition für Verkaufsmitarbeitende im Innendienst und am Telefon

- *Tipp 1, Zieldefinition:* Setzen Sie sich klare Ziele für die Akquisition von Neukunden und die Pflege bestehender Kundenbeziehungen. Legen Sie quantitative und qualitative Ziele fest, etwa zur Anzahl neuer Kunden pro Monat oder zur Umsatzsteigerung bei Bestandskunden.
- *Tipp 2, Zielgruppenanalyse:* Identifizieren Sie Ihre Zielgruppen und bestimmen Sie deren Bedürfnisse, Herausforderungen und Ziele. Erstellen Sie dazu Buyer Personas, um Ihre potenziellen Kunden besser zu verstehen und eine gezieltere Ansprachen zu entwickeln. Personas sind fiktive Personen oder Kunden-Avatare, die einem typischen Kunden aus Ihrer Zielgruppe entsprechen.
- *Tipp 3, Akquisitionsstrategien:* Entwickeln Sie eine Strategie für die Neukundenakquise und die Aktivierung von Bestandskunden. Überlegen Sie, welche Kanäle (etwa Telefon, E-Mail, soziale Medien) am besten geeignet sind, um potenzielle Kunden zu erreichen. Berücksichtigen Sie dabei verschiedene Vertriebs- und Marketingtaktiken, um Interesse zu wecken und Kunden zum Kauf zu bewegen.
- *Tipp 4, Kommunikationsvorbereitung:* Erstellen Sie aussagekräftige Verkaufsargumente und nutzen Sie dabei eine klare und überzeugende Sprache. Bereiten Sie sich auf mögliche Einwände vor, erstellen Sie eine Liste mit Einwänden und entwickeln Sie entsprechende Antworten. Verfassen Sie Vorlagen für E-Mails, Telefonate und Präsentationen, um Zeit zu sparen und effizienter zu arbeiten.
- *Tipp 5, Kundenvorbereitung:* Intensivieren Sie Ihre Vorbereitung auf die Kontaktaufnahme. Studieren Sie die Website, lesen Sie die Geschäftsberichte, analysieren Sie die Angaben zu „Wir über uns". Ziel: Sie kennen den Interessenten oder Kunden besser als dieser sich selbst. Akquisition erfolgt immer von Mensch zu Mensch!
- *Tipp 6, aktive Kontaktaufnahme:* Identifizieren Sie potenzielle Kunden oder bestehende Kunden, die eine akquisitorische Aktivität erfordern. Nehmen Sie proaktiv Kontakt auf, sei es telefonisch, per E-Mail oder über

andere Kommunikationskanäle. Personalisieren Sie Ihre Ansprache und zeigen Sie Interesse an den individuellen Bedürfnissen des Kunden.

* *Tipp 7, Follow-up und Nachverfolgung:* Dokumentieren Sie alle Interaktionen und Informationen zu potenziellen Kunden in Ihrem CRM-System. Setzen Sie Erinnerungen für Follow-up-Aktivitäten, um den Verkaufsprozess voranzutreiben. Bleiben Sie am Ball und kontaktieren Sie potenzielle Kunden regelmäßig.

* *Tipp 8, Beziehungsmanagement:* Pflegen Sie bestehende Kundenbeziehungen, um wiederholte Geschäfte und Empfehlungen zu fördern. Bieten Sie exzellenten Kundenservice und bleiben Sie in regelmäßigem Kontakt, um eine persönliche Beziehung aufzubauen. Zeigen Sie Interesse an den Kundenanliegen und bieten Sie nutzenorientierte Lösungen (Value Selling) für die Engpassprobleme, also vor allem bei den Problemen, bei denen „der Schuh am schmerzhaftesten drückt".

* *Tipp 9, Selbstmotivation und persönliche Entwicklung:* Halten Sie sich über aktuelle Trends und Entwicklungen in Ihrer Branche auf dem Laufenden. Suchen Sie nach Möglichkeiten zur persönlichen Weiterbildung, um Ihre Verkaufsfähigkeiten zu verbessern. Feiern Sie Erfolge und belohnen Sie sich selbst, um Ihre Motivation aufrechtzuerhalten.

* *Tipp 10, Analyse und Optimierung:* Überprüfen Sie regelmäßig Ihre Akquisitionsstrategien und -ergebnisse. Analysieren Sie, welche Ansätze erfolgreich sind und welche nicht. Fokussieren Sie sich auf die gewinnbringenden Konzepte und verbessern Sie die weniger erfolgreichen.

Zehn Wow-Motivationstipps für Mitarbeitende im Inside Sales

Strukturierter und strategisch sinnvoller verkaufsaktiver Innendienst gelingt dann, wenn Sie über die Fähigkeit verfügen, sich selbst zu Spitzenleistungen zu motivieren. Ab einem bestimmten Punkt entscheidet sich der Erfolg zwischen den Ohren auf der mentalen und motivatorischen

Ebene. Es sind die folgenden zehn Wow-Motivationstipps, die Mitarbeitende im Inside Sales ihr volles Potenzial ausschöpfen lassen:

1. *Setzen Sie klare Ziele:* Definieren Sie konkrete Ziele für die Akquisition von Neukunden und den Ausbau der Bestandskundenbeziehungen, zum Beispiel: „Ich werde jeden Monat fünf neue Kunden gewinnen und bei mindestens drei Bestandskunden den Umsatz steigern."

2. *Visualisieren Sie den Erfolg:* Stellen Sie sich lebhaft in Ihrem Kopfkino vor, wie Sie Ihre Ziele erreichen und erfolgreiche Verkaufsabschlüsse erzielen. Drehen Sie mithilfe von Visualisierungstechniken bunte und bilderreiche mentale Filme, um (auch) Ihr Unterbewusstsein zu triggern und auf die Zielerreichung zu fokussieren.

3. *Entwickeln Sie eine positive Einstellung:* Sehen Sie Herausforderungen als Chancen und Niederlagen als Lernmöglichkeiten. Bleiben Sie optimistisch und überzeugt, dass Sie erfolgreich sein werden.

4. *Schaffen Sie ein inspirierendes Arbeitsumfeld:* Gestalten Sie Ihren Arbeitsplatz so, dass er Sie motiviert und inspiriert. Hängen Sie Motivationszitate auf, platzieren Sie *Ihre (!)* persönlichen Symbole des Erfolgs so, dass Sie sie permanent vor Augen haben. Umgeben Sie sich mit positiven Einflüssen.

5. *Bauen Sie ein starkes Netzwerk auf:* Umgeben Sie sich mit positiven, erfolgreichen Menschen, die Sie unterstützen und Ihnen guttun. Tauschen Sie sich mit Kolleginnen und Kollegen aus, nehmen Sie an Branchenveranstaltungen teil und erweitern Sie Ihr berufliches Netzwerk.

6. *Feiern Sie kleine Erfolge:* Jeder Verkaufserfolg, sei es ein neuer Kunde oder eine positive Kundenbewertung, verdient Ihre uneingeschränkte Anerkennung. Belohnen Sie sich, um Ihre Motivation aufrechtzuerhalten.

7. *Lernen Sie kontinuierlich dazu:* Das wichtigste Akquisitionspotenzial sind Sie selbst. Investieren Sie in Ihre persönliche Weiterentwicklung, qualifizieren Sie sich fortlaufend weiter. Nehmen Sie regelmäßig an Schulungen, Webinaren und Seminaren teil.

8. *Führen Sie eine strukturierte Tagesplanung durch:* Priorisieren Sie Ihre Aufgaben und legen Sie klare Zeitfenster für die Akquisition von Neukunden fest. Identifizieren Sie die wichtigsten Aktivitäten, die Ihren Erfolg vorantreiben, und setzen Sie diese konsequent um.

9. *Betreten Sie Ihre Entwicklungs- und Wachstumszone:* Raus aus der Komfortzone! Fordern Sie sich selbst heraus und überwinden Sie Ihre Grenzen. Probieren Sie neue Verkaufsstrategien und Verhaltensweisen aus, bekämpfen Sie Ihre Ängste vor der oft mühsamen Kaltakquise und stellen Sie sich mutig neuen Herausforderungen.

10. *Pflegen Sie Selbstfürsorge:* Sorgen Sie für eine ausgewogene Work-Life-Balance, indem Sie sich Zeit für Erholung und Entspannung nehmen. Achten Sie auf Ihre Gesundheit, treiben Sie regelmäßig Sport und sorgen Sie für ausreichend Schlaf.

Nutzen Sie die Booster-Tipps und die Wow-Motivationstipps als Leitfaden und passen Sie sie Ihren persönlichen Bedürfnisse und Ihrem Arbeitsstil an. Verwandeln Sie Ihren Innendienst oder Ihren Arbeitsplatz im Inside Sales in ein Sprungbrett für Ihren Erfolg und gehen Sie aktiv auf die Suche nach Interessenten und neuen Kunden. Versäumen Sie aber keinesfalls die Bestandskundenpflege. Und vielleicht benötigen Sie insbesondere bei den Wow-Motivationstipps externe Unterstützung, etwa durch ein Coaching.

Übung: Setzen Sie sich mit Ihren Handlungsmotiven auseinander

Akquisition ist ein mühsames Geschäft. Wenn Sie demnächst ein große Aktion zur Neukundengewinnung starten wollen, beschäftigen Sie sich zuvor mit Ihren zentralen Handlungsmotiven. Das sind zum Beispiel die „Antreiber" Sicherheit, Freiheit, Komfort, Prestige, soziale Kontakte, Schönheit, Selbstverwirklichung und materieller Gewinn.

Welche Handlungsmotive sind für Sie von großer Bedeutung? Viele Menschen würden den folgenden Satz so ergänzen:

- Ich strebe Erfolge in der Akquisition an, um meinen Wunsch *nach Sicherheit* erfüllen zu können.

Wie ergänzen Sie den folgenden Satz?

* Ich strebe Erfolge in der Akquisition an, um mir diesen Wunsch erfüllen zu können:

Nutzen Sie an dieser Stelle Ihr Strategiebuch für Notizen.

Vielleicht gehen Sie nun noch motivierter an die Akquisitionsaufgabe heran.

Impuls 4 – A wie Auftragsabwicklung

Von der Anfrage bis zur Nachbetreuung – Kundenprozesse professionalisieren und verkaufsaktiver ausrichten

>> *Sie erkennen, wie Sie die Auftragsabwicklung in allen Ablaufphasen mithilfe eines Dreischritts (noch) verkaufsaktiver ausgestalten.*

„Bis vor Kurzem haben unsere Innendienstmitarbeiter alles, was mit der Auftragsabwicklung zu tun hat, als eher langweilige 08/15-Pflichtübung absolviert, ohne größeres Engagement und ohne Leidenschaft. Klar, all diese administrativen und organisatorischen Aufgaben, die mit einem Kundenauftrag in Verbindung stehen, müssen erledigt werden, angefangen mit der Anfrage des Kunden bis hin zur nachträglichen Kundenbetreuung nach Erledigung des eigentlichen Auftrags. Dann aber haben wir den Innendienstlern in einem Workshop verdeutlicht, wie wichtig für die Kundenzufriedenheit und Kundenbegeisterung etwas so Profanes wie etwa eine Auftragsbestätigung sein kann. Wenn der Kunde spürt, dass ein Innendienstmitarbeiter die Auftragsbestätigung mit Herzblut und Leidenschaft verfasst und auf die Reise zum Kunden schickt – und dies nicht als obligatorische und fast schon lästige Pflichtübung abtut –, ist das auch förderlich für weitere Kaufentscheidungen."

© Der/die Autor(en), exklusiv lizenziert an Springer Fachmedien Wiesbaden GmbH, ein Teil von Springer Nature 2024
R. Koschinski, *40 Impulse für den neuen Vertriebsinnendienst*,
https://doi.org/10.1007/978-3-658-44581-2_4

Fast schon enthusiastisch beschreibt ein Mitglied der Geschäftsführung des Unternehmens, das ich betreue, die positiven Auswirkungen der Professionalisierung der Auftragsabwicklung. Wollen auch Sie davon profitieren?

Von der Auftragsabwicklung zur Auftragstransformation

Ich empfehle Ihnen, gemeinsam mit mir die folgenden drei Schritte zu gehen:

Schritt 1: Abschied vom traditionellen Denken

Verabschieden Sie sich von der klassischen Ein- und Vorstellung, die Auftragsabwicklung sei lediglich eine Pflichtübung. Allein schon der Begriff „Abwicklung" suggeriert, es handle sich um eine langweilige Angelegenheit, die sich im Handumdrehen und nebenbei zwischen Tür und Angel erledigen lasse. Vielleicht sollten wir eher von „Auftragstransformation" sprechen und einen Begriff verwenden, der in der konsequent kundenzentrierten Bearbeitung des Auftrags eine Möglichkeit oder Chance sieht, die Beziehung zum Kunden zu verbessern und im Idealfall sogar seine nächste Kaufentscheidung vorzubereiten. Wenn sich der Kunde über die dahingeschluderte Auftragsbestätigung ärgert, wird er den Auftrag wahrscheinlich nicht gleich stornieren, aber eventuell bei der nächsten Kaufentscheidung ein ungutes Gefühl haben: „Na ja, so richtig steht der Kunde bei denen nicht im Mittelpunkt, sondern eher im Weg …"

> Eventuell ist es gerade die zuvorkommende, auf den individuellen Kunden zugeschnittene Formulierung in der Auftragsbestätigung oder einem anderen – nach früheren Maßstäben – Standardschreiben, das den Ausschlag dafür gibt, auch beim nächsten Mal bei Ihrem Unternehmen zu kaufen!

Schritt 2: Gehen Sie in die Prozessanalyse

Erstellen Sie eine Liste mit den wichtigsten Prozessen, die im Rahmen Ihrer Auftragsabwicklung eine Rolle spielen. Mit einiger Wahrscheinlichkeit tauchen dabei Abläufe auf wie: Kundenanfrage, Auftragseingang, -prüfung, Auftragsbearbeitung inklusive Auftragsbestätigung, Angebotserstellung, Informationen über Leistungserbringung und Auftragsabwicklung (Lieferung/Versand/Erbringung der Dienstleistung), Fakturierung, Bezahlung, Bestelleingang/Auftragsbeendigung, Nachbetreuung, Reklamation. Passen Sie die Liste Ihren konkreten Bedingungen an.

Danach überlegen Sie, wie Sie bezüglich der einzelnen Posten bisher vorgegangen sind: Mit welcher Zielsetzung und Motivation haben Sie den entsprechenden Prozess bearbeitet?

Jetzt erfolgt Ihre erfolgsentscheidende Aktivität: Analysieren Sie bei jedem einzelnen Prozess, wie Sie ihn im Sinn einer besseren und höheren Kundenorientierung und Kundenzufriedenheit professionalisieren können.

Überlegen Sie sich zu den einzelnen Abläufen konkrete Ziele und Umsetzungsmaßnahmen, die Sie so formulieren, dass Sie sie evaluieren können. Es sollte möglich sein, nachzuprüfen und exakt sagen zu können, ob es gelungen ist, das zuvor festgelegte Ziel zu erreichen.

Um konkret zu verbleiben: Bisher wurden bei der Auftragsbestätigung solche (und ähnliche) Standardformulierungen verwendet:

„Sehr geehrte Damen und Herren,
    anbei übersenden wir Ihnen unsere Auftragsbestätigung mit einem möglichen Versandtermin, den wir nach jetzigem Planungsstand der Rohstoffverfügbarkeit und unserer Produktionskapazität leisten können.
    Beste Grüße
    …"

Das geht auch anders, und zwar deutlich kundenzentrierter und vor allem individueller, etwa:

„Sehr geehrter Herr Koschinski, < falls möglich, Ansprechpartner namentlich nennen >
    wir freuen uns immer wieder über Kunden, die uns vertrauen und bei uns bestellen! Jetzt liegt es an uns, Vertrauen zurückzugeben!
    Anbei erhalten Sie unsere Auftragsbestätigung. Gern nennen wir Ihnen den bestmöglichen Versandtermin. Diesen Termin realisieren wir nach

unserem heutigen Planungsstand, bei dem wir die Rohstoffverfügbarkeit und die Produktionskapazität berücksichtigen

Wir hoffen, Sie haben viel Freude mit Ihrer Bestellung.

Sonnige Grüße aus dem heiteren Bonn!

Ihr(e) … < wo immer möglich personalisieren >"

Schritt 3: Tragen Sie Ihre Ideen in der Tabelle ein

Die obige Formulierung zur Auftragsbestätigung ist nur ein kreatives Beispiel. Ihre Aufgabe besteht darin, im Lichte der Professionalisierung jeder Phase der Auftragsabwicklung und dem Ziel der Steigerung der verkaufsaktiven Maßnahmen zu möglichst vielen Prozessen ähnlich innovative Ideen zu entwickeln. Stellen Sie sich nur einmal vor, welche emotionale Bindung zu Kunden entstehen kann, die in jeder Phase der Auftragsabwicklung – oder besser: der Auftragstransformation – spüren, dass sich da jemand wirklich intensiv Gedanken gemacht hat, wie der Kunde wahrhaftig ins Zentrum der Aktivitäten des Unternehmens im Allgemeinen und des Innendienstes im Besonderen gerückt werden kann.

> So ergibt sich ein wirkliches Alleinstellungsmerkmal sowie ein klares Differenzierungskriterium zum Wettbewerb.

Notieren Sie Ihre Erkenntnisse und Ideen in der Tab. 1 (die Sie, wie gesagt, Ihren Gegebenheiten anpassen sollten), nutzen Sie hier auch ergänzend Ihr Strategiebuch. Sie gelangen zu noch effektiveren Ergebnissen, wenn Sie gemeinsam im Team – eventuell auch mit der Führungskraft – nach Optimierungsmaßnahmen forschen.

Übrigens: Zu einigen der Prozesse (etwa Reklamationsbehandlung) finden Sie in diesem Buch jeweils einen eigenen Impuls.

Tab. 1 Professionalisierung der Auftragstransformation

Prozess	Bisheriges Vorgehen	Neues Vorgehen (verkaufsaktive Impulse setzen)
Kundenanfrage (ggf. Zusatzverkauf)		
Auftragseingang, -prüfung		
Auftragsbearbeitung (inkl. Auftragsbestätigung)		
Angebotserstellung		
Informationen über Leistungserbringung und Auftragsabwicklung (Lieferung/Versand/Erbringung der Dienstleistung)		
Fakturierung		
Bezahlung		
Bestelleingang/Auftragsbeendigung		
Nachbetreuung (ggf. Zusatzverkauf)		
Reklamation		

Übung: Verkaufsaktive Auftragstransformation

Meine Erfahrung zeigt: Erforderlich für den Umsetzungserfolg ist eine strukturierte Vorgehensweise, mit der der Innendienst mithilfe wertschöpfender Prozesse zum Umsatz beitragen kann. Um Ihnen Anregungen zu geben, sind in der folgenden Übung zu einigen Innendiensttätigkeiten beispielhaft Vorschläge gelistet, mit denen sich die Auftragsabwicklung oder Auftragstransformation deutlich verkaufsaktiver gestalten lässt (Tab. 2). Nutzen Sie auch hier ergänzend Ihr Strategiebuch.

Tab. 2 Verkaufsaktive Gestaltung der Auftragsabwicklung

Tätigkeit im Innendienst	Innovatives verkaufsaktive Erweiterung	Meine Notizen
Kundenanfrage (ggf. Zusatzverkauf)	Schnelle und ausführliche Bearbeitung, um frühzeitig Kundenwünsche verstehen und erfüllen zu können, Cross-Selling. Up-Selling	
Auftragseingang, -prüfung	Detaillierte Prüfung, um Unstimmigkeiten zu entdecken und zu vermeiden	
Auftragsbearbeitung (inkl. Auftragsbestätigung)	Effiziente Erfassung und Organisation; kundenzentrierte Formulierungen (etwa bei Auftragsbestätigung)	
Angebotserstellung	Strikte Individualisierung, Erwartungen/Wünsche des Kunden beachten, Marktposition/Branche berücksichtigen	
Informationen über Leistungserbringung und Auftragsabwicklung (Lieferung/Versand/Erbringung der Dienstleistung)	Informationen zu Preisen, auch Preisverhandlung; Koordination der Abteilungen des Kundenunternehmens mit Abteilungen der eigenen Firma. Lieferterminüberwachung, um bei Verzögerungen frühzeitig proaktiv vorgehen zu können	
Fakturierung	Regelmäßige Updates für Kunden zur Rechnungstellung und Auftragsstatus allgemein	
Bezahlung	Updates, insbesondere bei Zahlungsproblemen des Kunden	
Bestelleingang/Auftragsbeendigung	Zufriedenheitsnachfrage, Kundenfeedback einholen (Qualitätssicherung, Verbesserungspotenziale entdecken)	
Nachbetreuung (ggf. Zusatzverkauf)	After-Sales-Support, Empfehlungsthematik	
Reklamation	Reklamation als Chance für Kundenzufriedenheit, Zusatzverkauf, Imagesteigerung und Prozessverbesserung	

Impuls 5 – B wie Beratung
Auch die Kundenberatung ist von hoher Relevanz für gelungene Kundenbeziehungen

>> *Sie erfahren, dass Sie im gesamten Kundenkontakt neben Verkaufskompetenz Beratungskompetenz benötigen, um Kunden bei der Bewältigung ihrer Herausforderungen zu unterstützen.*

Wahrscheinlich deckt sich das mit Ihren Erfahrungen: Vor allem im B2B-Bereich fordern Kunden von ihren Ansprechpartnern in Vertrieb und Verkauf hohe Fachkompetenz, Professionalität in allen Bereichen, weit entwickelte kommunikativ-soziale Fähigkeiten und Beratungskompetenz. Was sie gar nicht fordern und wünschen, ist Verkaufskompetenz. Natürlich – das ist für Sie und Ihr Unternehmen ein wichtiger Aspekt Ihrer Tätigkeit. Aber für den Kunden ist eine hoch entwickelte Verkaufskompetenz nicht relevant. Auf das Gefühl, Sie wollten ihm etwas verkaufen, verzichtet er gern. Er möchte von Ihnen nachweisbar gut beraten werden und dringt auf Unterstützung bei der Bewältigung seiner Herausforderungen. Er benötigt Entscheidungshilfen für einen gelungenen Einkaufsprozess, bei dem er genau das einkauft, was für ihn den größtmöglichen Nutzen hat. Umso ernüchternder ist es, dass viele

Unternehmen, mit denen ich zu tun habe, in den genannten Punkten Fachkompetenz, Professionalität, kommunikativ-soziale Fähigkeiten und Beratungskompetenz den größten Verbesserungsbedarf sehen. Und dieser Verbesserungsbedarf besteht aufseiten der Außendienstmitarbeitenden und der
Innendienstler.

> Gehen Sie einen Schritt weiter und beschäftigen Sie sich damit, dass Sie als
> moderner Innendienstmitarbeiter nicht nur verkaufsaktiver agieren sollten,
> sondern auch beratungsaktiver. Neben Verkaufskompetenz ist Beratungs-
> kompetenz gefragt.

Bauen Sie Beratungskompetenz auf

Sie brauchen Beratungskompetenz im gesamten Prozess und Kundenkontakt. Darum: Definieren Sie sich (auch) als Berater, der die Expertise
und kommunikative Fähigkeit mitbringt, mit dem Kunden eine gemeinsame Lösung zu finden und in die Umsetzung zu bringen. Beschäftigen Sie sich mit dieser neuen Rolle als Berater und überlegen Sie,
welche der folgenden Entwicklungen für Sie wichtig sind und welche
Konsequenzen dies für Sie hat. Zum Beispiel: In welchen Bereichen ist es
erforderlich, die dafür notwendigen Kompetenzen aufzubauen?

Erhöhen Sie Ihre Expertise und Ihren Sachverstand
Das Verständnis des Geschäfts des Kunden ist wichtiger denn je. Nur so
ist eine profunde Beratung möglich. Sie sollten das Business des Kunden
nachvollziehen können und möglichst gut kennen, um auf dieser Grundlage eine fundierte Beratung anbieten und durchführen zu können.
Wenn Sie die aktuellen und die zukünftigen Herausforderungen Ihres
Kunden verstehen wollen, ist es notwendig,

- sich mit dem Markt zu befassen, auf dem Ihr Kunde tätig ist,
- sich mit den Herausforderungen, Problemen, Risiken, Zukunftschancen und Möglichkeiten der Branche auseinanderzusetzen, in der
  Ihr Kunde agiert, und
- sich mit den wichtigsten Konkurrenten und Zielgruppen Ihres Kunden
  intensiv zu beschäftigen.

Hinzu kommt: Erhöhen und vertiefen Sie Ihre Kenntnisse zu Ihren Produkten und Dienstleistungen. Kundennutzenorientiert beraten – und verkaufen – können Sie nur, wenn Sie diese aus dem Effeff kennen.

Indem Sie Ihre Expertise zum Kundenbusiness und Ihr Know-how zu Ihren Produkten und Dienstleistungen miteinander verknüpfen, sind Sie in der Lage, den Beratungsprozess qualifiziert durchzuführen. Sie verfügen nun über die Kompetenz, dem Kunden genau die Lösung anzubieten, die ihn dabei unterstützt, seine Ziele zu erreichen, Herausforderungen zu stemmen, Zukunftschancen zu nutzen und neue Marktanteile aufzubauen.

Einkaufen lassen – nicht verkaufen

Damit wir uns nicht falsch verstehen: Sie müssen sich nun nicht zu einem Business Consultant entwickeln. Aber Sie sollten schon ein gewisses Maß an Expertenwissen aufweisen, um dem Kunden professionelle Antworten auf seine erste Fragen geben zu können. Hören Sie also genau hin und zu – dann können Sie ihn mit ersten Informationen zu den individuellen und maßgeschneiderten Lösungen überzeugen, die Ihr Unternehmen zu bieten hat. Dabei gilt: Auch bei der Beratung führen eine klare Sprache und Storytelling dazu, komplexe Konzepte greifbar und verständlich machen zu können.

Beratung heißt vor allem, den Kunden seinen Bedarf und seine Bedürfnisse – auch seine unbewussten – erkennen zu lassen. Geben Sie ihm Hilfestellung dabei, zu erkennen und zu benennen, was er tatsächlich benötigt. Dabei sollte es Ihnen um das „Einkaufen lassen" gehen, nicht ums Verkaufen. Die folgenden Fragen (Koschinski, 2022, S. 101–118) helfen Ihnen, das beratende „Einkaufen lassen" voranzutreiben:

1. „Wie ist Ihre Situation? Vor welche Herausforderungen stehen Sie?" Sie zeigen dem Kunden, dass Sie an der Verbesserung seiner Lage interessiert sind.
2. „Welche Entwicklung streben Sie zukünftig an?" Der Kunde formuliert seine Zukunftsherausforderungen.
3. „Was soll konkret anders werden?" Daraus lassen sich die Ziele des Kunden ableiten.
4. „Welches Budget haben Sie dafür geplant? Welche Ressourcen können zur Zielerreichung eingesetzt werden? Bis wann wollen Sie die Ziele erreicht haben? Und was haben Sie bisher unternommen?" Die Antworten

auf diese Fragen werfen ein Licht auf die Rahmenbedingungen, unter denen Ihr Kunde seine Ziele erreichen will und erreichen muss.

5. „Welchen Nutzen/Gewinn brächte es, wenn Sie die Ziele erreichen würden?" Es ist zielführend, wenn der Kunde den gewünschten Nutzen präzise benennt.

6. „Was wäre, wenn Sie das Ziel nicht erreichen?" Bei der Diskussion dieser Frage kommen oft die Visionen, Hoffnungen und Erwartungen, aber zugleich die Risiken und Befürchtungen des Kunden zur Sprache.

> Lassen Sie diese Fragen in das Kundengespräch einfließen, um sich ein genaues Bild zu den Bedürfnissen des Kunden zu machen. Erfahrungsgemäß ermöglichen die Antworten eine nutzenorientierte Beratung, in dessen Verlauf der Kunde selbst erkennt, was er benötigt. Und das ist die Grundlage, auf der Sie Ihr Angebot aufbauen.

Das Beispiel „Nachfassen"

Versuchen Sie in jeder Phase des Kundenkontakts, Ihrer beratenden Funktion gerecht zu werden. Nehmen wir dazu das Beispiel der Nachfassaktionen, die oft unter der Federführung des Innendienstes durchgeführt werden. Sie dürfen nicht zu reinen Verkaufsveranstaltungen verkommen. Viele Kunden klagen dann: „Ich spüre, dass es dem Anrufer (oder E-Mail-Schreiber) nur darum geht, mir etwas verkaufen zu wollen. Bei mir kommt die Botschaft an, das Angebot sei doch so toll, da müsse ich zuschlagen!" Den Kunden jedoch beschäftigen oft ganz andere Gedanken: „Passt das Angebot? Hilft es mir bei der Lösung meiner Probleme?" Das heißt, es liegt noch ein hoher Beratungsbedarf vor, ohne dass dies der Innendienstler nur ansatzweise ahnt. Darum gilt: Auch beim Nachfassen sollte für Sie nicht allein das Ziel der Angebotsannahme im Fokus stehen. Finden Sie heraus, welcher Beratungsbedarf noch vorliegt.

> Bleiben Sie trotz Ihres berechtigten Wunsches, das Angebot nachzufassen, sensibel für Unsicherheiten des Kunden und offen für noch unbeantwortete Kundenfragen.

Übung: Stärken Sie Ihren Veränderungswillen

Im Idealfall gehen Ihre Kenntnisse zum Kundenbusiness so weit, dass Sie strategisch im Sinn des Kunden denken und dessen geschäftliche Herausforderungen verstehen und bewältigen können. Diese Herausforderung verlangt Ihnen einiges ab. Um die dafür notwendige Veränderungsenergie und den dafür erforderlichen Veränderungswillen aufbauen und nutzen zu können, empfehle ich Ihnen, diese Schritte zu gehen:

- Schritt 1: Verdeutlichen Sie sich die Notwendigkeit von Veränderungen. Benennen Sie die Chancen und Möglichkeiten, die durch Veränderungen entstehen.
- Schritt 2: Scheuen Sie sich nicht, die Veränderungsrisiken und -gefahren zu benennen.
- Schritt 3: Prüfen Sie die Möglichkeiten, die Risiken zu minimieren.
- Schritt 4: Kommen Sie den Gründen auf die Spur, warum Sie Veränderungen fürchten oder gar Angst vor ihnen haben.
- Schritt 5: Relativieren Sie diese Ursachen und/oder räumen Sie die Gründe für die Befürchtungen und Ängste so weit wie möglich aus.
- Schritt 6: Verdeutlichen Sie sich authentische Beispiele aus Ihrem Leben, die zeigen, dass und inwiefern Sie Veränderungen zu Ihrem Nutzen bewältigt haben. Beweisen Sie sich anhand gelungener Veränderungsprozesse, dass Sie es erwiesenermaßen können! So bauen Sie förderliche Veränderungsenergie auf.
- Schritt 7: Optimieren Sie die Rahmenbedingungen für die Veränderung, verändern Sie das Umfeld derart, dass die Wahrscheinlichkeit für das Gelingen der Veränderung steigt.

Literatur

Koschinski, R. (2022). *Das Praxisbuch für den modernen Außendienst. Akquisitions-, Beratungs-, Verkaufs- und Entwicklungsprozesse kundenzentriert gestalten.* Wiley-VCH.

Impuls 6 – Beziehungsmanagement

Es geht auch am Telefon – der Innendienst als empathische Schaltzentrale für die Beziehungspflege

>> *Sie erhalten rasch umsetzbare Hinweise, wie Sie Ihr Beziehungsmanagement effizienter gestalten.*

Großes Erstaunen im unternehmensinternen Seminarzentrum eines Großkonzerns im B2B-Bereich: „Wieso sollen wir als Innendienstler uns denn mit den Themen Empathie und emotionale Intelligenz beschäftigen? Wie soll das am Telefon überhaupt einsetzbar sein? Die Aufgabe überlassen wir lieber weiterhin den Kollegen aus dem Außendienst. Denn die haben die Möglichkeit, dem Kunden direkt in die Augen zu schauen und eine Beziehung zu ihm aufzubauen!"

Entschuldigung: Wer diese Ansicht hat und lebt, steht vor der Aufgabe, dringend an seiner Einstellung arbeiten zu müssen. Ich kann mich erinnern, dass der Innendienst schon vor vielen Jahren aufgefordert wurde, sich zu einer kommunikativen Schaltzentrale zu entwickeln. Mittlerweile genügt das nicht mehr, es geht vielmehr darum, dass Innendienstler alle Möglichkeiten ausschöpfen, am Telefon und in der Videokonferenz bei der Onlineberatung (siehe Kap. „Impuls 24 – O wie On-

© Der/die Autor(en), exklusiv lizenziert an Springer Fachmedien Wiesbaden GmbH, ein Teil von Springer Nature 2024
R. Koschinski, *40 Impulse für den neuen Vertriebsinnendienst*,
https://doi.org/10.1007/978-3-658-44581-2_6

line- und Videoberatung") verkaufsaktive Beziehungen zum Kunden aufzubauen und sich die Beziehungspflege auf die Fahnen zu schreiben.

> Ziel ist, mithilfe emotionaler Intelligenz ein unzerreißbares Sympathieband zu knüpfen.

Mit sieben Praxistipps zur lebenslangen Kundenbeziehung

Beziehungsmanagement – das ist ein sehr weites Feld. Meiner Erfahrung nach ist die Berücksichtigung und Umsetzung von sieben Empfehlungen notwendig. Gelingt ihre Umsetzung, winkt eine lebenslange Kundenbeziehung.

Praxistipp 1: Bauen Sie die Empathie-Leiter
Verkaufsaktive Innendienstler stehen vor der Herausforderung, sich mit ungewohnten Themen wie Empathie und emotionale Intelligenz auseinanderzusetzen. Grundlage ist die Herstellung eines Wirgefühls. Das funktioniert, indem Sie jeden Schritt des Kundenkontakts und jede Ihrer Äußerungen strikt kundenindividuell gestalten und auf den jeweiligen Kundentyp abstellen (siehe dazu Kap. „Impuls 20 – K wie Kundenmanagement und Kundentypen" und „Impuls 33 – V wie Verhaltensweisen im direkten Kundenkontakt"). Beachten Sie dazu den empathischen Kreislauf und beantworten Sie vor dem Telefonanruf diese Empathie-Fragen:

- Wie geht es dem Kunden?
- Warum geht es dem Kunden so und nicht anders? Welche Gründe könnte dies haben?
- Wie stelle ich mich darauf ein, wie versetze ich mich in *seine* Vorstellungswelt?
- Wie reagiere ich darauf, welche Reaktion ist die richtige?
- Wie wird wiederum der Kunde darauf reagieren?

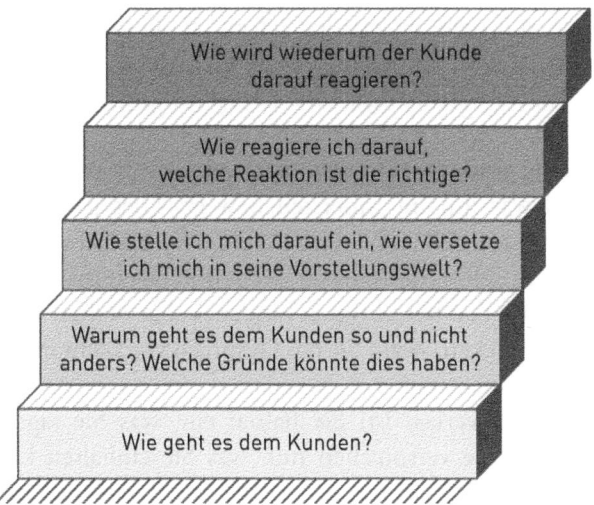

Abb. 1 Die Empathie-Leiter

Letztendlich entsteht eine Empathie-Leiter (siehe Abb. 1): Jede der Fragen führt Sie eine Stufe höher und erlaubt Ihnen ein noch tieferes Eindringen in die Vorstellungswelt des jeweiligen Kunden.

Praxistipp 2: Stärken Sie das Vertrauensverhältnis mit fünf Treibern

Die Empathie-Leiter unterstützt Sie dabei, ein Vertrauensverhältnis zum Kunden aufzubauen oder – falls Sie den Kunden bereits länger kennen – das Vertrauensverhältnis zu stärken, und zwar bei jedem Kundenkontakt. Die fünf wichtigsten Vertrauenstreiber sind Ehrlichkeit/Glaubwürdigkeit, Flexibilität/Anpassungsfähigkeit, Interesse, Neugier und schnelle Verlässlichkeit. Beweisen Sie durch Ihre Sprache, Ihre Reaktionen am Telefon und Ihre Aktivitäten, dass

- Sie es zu 100 Prozent ehrlich meinen: Das Vertrauen wächst und gedeiht, wenn der Kunde nicht nur spürt, sondern weiß, dass Ihre Angebote und Informationen zum Ziel haben, seinen Nutzen zu mehren (Vertrauenstreiber 1: Ehrlichkeit/Glaubwürdigkeit).
- Sie willens und kompetent sind, sich auf die spezifischen Erwartungen, Bedürfnisse und Wünsche des Kunden einzulassen (Vertrauenstreiber 2: Flexibilität/Anpassungsfähigkeit).

- der Kunde, mit dem Sie gerade telefonisch oder von PC zu PC kommunizieren, für Sie der (zurzeit) wichtigste Mensch auf der Welt ist; es geht darum, Ihr wahrhaftiges Interesse zu bekunden (Vertrauenstreiber 3: Interesse).
- Sie neugierig sind, zu erfahren, mit welchem Menschen Sie zu tun haben und was ihn im Innersten bewegt. Dies gelingt am besten, indem Sie Fragen stellen. Natürlich sollten Sie irgendwann Argumente bringen, aber selbst diese lassen sich in Frageform vortragen. Der Kunde gewinnt den berechtigten Eindruck, Sie wollten seinen Nutzen in den Fokus rücken, wenn Sie das Gespräch vor allem mit Fragen entwickeln (Vertrauenstreiber 4: Neugier).
- auf Sie absolut Verlass ist: Sie halten ein, was Sie sagen und versprechen, und Sie versprechen nur, was Sie einhalten können, und zwar zügig und rasch (Vertrauenstreiber 5: schnelle Verlässlichkeit).

Wenn Sie diese fünf Vertrauenstreiber einsetzen und sich an ihnen orientieren, sammelt der Kunde im Austausch mit Ihnen positive Erfahrungen. Und Erfahrungsvertrauen ist unschlagbar:

> **Indem ein Kunde immer wieder angenehme, konstruktive und produktive Erfahrungen im Umgang mit Ihnen macht, verdichtet sich das Sympathieband immer mehr, wird immer dicker und stabiler – und ist irgendwann (fast) unzerreißbar.**

Praxistipp 3: Arbeiten Sie mit Musterformulierungen
Der Wille, lebenslange Kundenbeziehungen zu etablieren und die entsprechende Haltung und Einstellung dazu aufzubauen, bilden die Grundlage. Dies allein jedoch genügt nicht. Sie benötigen im Dialog mit den Kunden praktikable und nutzenorientierte Formulierungen und Sprachmuster, um das Ziel zu realisieren (siehe Kap. „Impuls 36 – W wie Wortwahl und Rhetorik"). Klug ist es, sich nicht auf die Intuition und die Spontaneität zu verlassen, dass Ihnen im Kundengespräch schon die richtige Formulierung zum richtigen Zeitpunkt einfallen werde, sondern sich in der Vorbereitung kunden- und anlassindividuelle Sprachmuster zu überlegen. Das ist wiederum ein weites Feld, denn natürlich gibt es zahlreiche Situationen, in denen Ihnen vorbereitete Musterformulierungen weiterhelfen könnten. Nehmen

wir als Beispiel die Begrüßung und den Gesprächseinstieg, in der das Fundament für den Beziehungsaufbau gelegt wird. Bei einem Entscheider mit traditionell wenig Zeit bietet sich dieses Sprachmuster an:

* *„Guten Tag, Herr Kunde, mein Name ist Monika Schmitt von der XY GmbH. Ich rufe Sie an, weil Sie sich für das Thema Z interessieren. Sie äußern sich dazu auf Ihrer Website. Welche Lösung wünschen Sie sich?"*

Diese Formulierung führt mit hoher Wahrscheinlichkeit zum Vertrauensaufbau, weil der Kunde sofort weiß, mit wem er zu tun hat, und weil Sie sein Engpassproblem (das Sie auf der Website recherchiert haben) kennen.

Überlegen Sie zudem, ob ein etwas ungewöhnlicherer Gesprächseinstieg sinnvoll ist, etwa:

* *„Guten Tag, Frau Kundin, mein Name ist Monika Schmitt von der XY GmbH, und ich möchte mit Ihnen ins Geschäft kommen."* Oder gar: *„… ich möchte Ihnen etwas verkaufen …"* Prüfen Sie, ob der Einsatz solcher Formulierungen bei Ihrem Kunden angemessen ist oder ob ein solcher Einstieg abschreckend auf ihn wirkt.

> **Verkaufsaktive Innendienstler verfügen über ein breites Sortiment an Sprachmustern, die sie kundenindividuell nutzen. Sie beherrschen eine Vielzahl an Fragetechniken, Argumentationsmustern und Musterformulierungen, die besonders gut geeignet sind, Kunden auf der rationalen und der emotionalen Ebene abzuholen.**

Praxistipp 4: Vermeiden Sie Negativ-Sprachmuster

Musterformulierungen, die zum Vertrauensaufbau führen, sind das eine. Die Vermeidung negativer Sprachmuster, die Vertrauen zerstören oder gar nicht erst entstehen lassen, das andere. Darum gehört es zur kommunikativen Kompetenz des verkaufsaktiven Innendienstlers, zum Beispiel ohne bevormundende oder herablassend klingende Imperative (etwa „Bedenken Sie doch bitte schön …") und suggestive Unterstellungen wie „Bestimmt wissen Sie schon …" oder „Das sollte mittlerweile doch klar sein!" zu arbeiten. Auch Sätze wie „Ich versuche jetzt einmal, Ihnen das zu erklären" ersticken jeden Beziehungsaufbau im Keim.

Vermeiden Sie zudem Minuswörter, die negative Assoziationen wecken. Besser ist es, mit positiv besetzten Pluswörtern zu arbeiten. So ist es kontraproduktiv, im Gespräch mit sicherheitsorientierten Traditionalisten Wörter wie „genial", „neuartig", „inspirierend" oder „faszinierend" zu verwenden. Besser ist es, mit Wörtern wie „zielorientiert", „bewährt" und „renommiert" zu arbeiten.

Praxistipp 5: Rücken Sie immer den Nutzen in den Fokus
Beziehungsaufbau und Beziehungsmanagement funktionieren meiner Ansicht nach nur, wenn Sie die Nutzenorientierung in den Mittelpunkt stellen. Der beste empathische Sympathieaufbau ist zum Scheitern verurteilt, wenn der Kunde nicht durch die Telefonleitung hindurch spürt und merkt, dass Sie einen substanziellen und hochwertigen Beitrag dazu leisten wollen, seine drängendsten Engpassprobleme zu lösen und für ihn den größtmöglichen Nutzen zu stiften. Prüfen Sie darum selbstkritisch, ob Ihr Gesprächseinstieg, das eigentliche Kerngespräch und Ihr Gesprächsabschluss strikt kundennutzenorientiert ausgerichtet und von den folgenden Haltungen durchdrungen sind:

* Eröffnung des Gesprächs: „Guten Tag, lieber Kunde, ich möchte Ihnen mit vollem Einsatz nutzen!"
* Kerngespräch: „Lieber Kunde, wie kann ich Ihnen von Nutzen sein? Ich möchte Sie mit allem, was ich leisten kann, unterstützen, Ihre Engpassprobleme aus der Welt zu schaffen."
* Abschluss des Gesprächs: „Lieber Kunde, ich freue mich, Ihnen genutzt zu haben. Was kann ich in Zukunft tun, um Ihnen weiterhin von Nutzen zu sein?"

Praxistipp 6: Verkaufen Sie, ohne zu verkaufen
Auch wenn es um den *verkaufsaktiven* Innendienst geht: Beim Beziehungsaufbau muss und darf nicht immer das Verkaufen an sich im Vordergrund stehen. Das Ziel ist zwar das Verkaufen, der Weg dorthin aber der absichtslose Beziehungsaufbau um seiner selbst willen. „Verkaufen, ohne zu verkaufen" lautet das Motto. Es geht nicht um den kurzfristigen Abschluss, sondern um den Aufbau einer wertschätzenden und damit langfristigen, nachhaltigen und tragfähigen Beziehung, die selbst den stürmischsten Belastungen standhält.

> Der verkaufsaktive Innendienstmitarbeiter fokussiert sich beim Beziehungsmanagement darauf, den Kunden einkaufen zu lassen. Der Kunde selbst soll zu der Überzeugung gelangen, dass der Innendienstler und das gesamte Unternehmen die für ihn nützlichste und wertvollste Lösung zu bieten haben.

Praxistipp 7: Vergessen Sie die Klassiker des Beziehungsmanagements nicht

Vor allem beim ersten Verbindungsaufbau und bei der ersten Kontaktaufnahme spielen Ihre Persönlichkeit, Ihre sprachlich-kommunikativen Kompetenzen und Ihre Fähigkeit, charismatisch aufzutreten, eine eminent bedeutsame Rolle, auch am Telefon und bei der Onlineberatung. Persönlichkeit und Sprache sind wirkmächtige Instrumente des Beziehungsaufbaus. Darum: Bleiben Sie authentisch. Verbergen Sie niemals Ihren Wesenskern hinter einer aufgesetzten Fassade. Bleiben Sie stets der, der Sie sind. Verbiegen Sie sich nicht, zeigen Sie ruhig auch einmal Ihre Ecken und Kanten. Vielleicht will und kann sich der Kunde an diesen Ecken und Kanten festhalten.

Schaffen Sie Gemeinsamkeiten mit Ihrem Kunden. Und erfragen Sie Gemeinsamkeiten, um eine Gesprächsbasis zu haben. Das kann das Hobby oder eine ähnliche familiäre Situation sein. Oder der Lieblingsfußballverein. Sparen Sie nicht mit Lob und Anerkennung, unterstützen und stärken Sie das Selbstwertgefühl des Kunden. Bleiben Sie wieder ehrlich und authentisch. Begegnen Sie dem Gesprächspartner mit Respekt, Toleranz und Wertschätzung. Kurz:

> Achten Sie den Menschen im Kunden und begegnen Sie sich von Mensch zu Mensch und mit Würde.

Übung: Vermeiden Sie beim Beziehungsaufbau negative Sprachmuster und entwickeln Sie beziehungsorientierte Musterformulierungen

Die Tab. 1 enthält geeignete und ungeeignete Formulierungen für den Beziehungsaufbau. (In Anlehnung an Seßler, 2021). Nutzen Sie sie, um Ihre eigenen Formulierungen zu finden.

Tab. 1 Formulierungen für den Beziehungsaufbau

Ungeeignete Formulierung	Geeignete Formulierung	Ihre Formulierung
Sie haben mich falsch verstanden!	Bestimmt habe ich mich unklar ausgedrückt. Lassen Sie es mich so sagen …	
Wenn Sie sich da mal nicht täuschen!	Könnte es sein, dass …?	
Da kann ich Ihnen nun überhaupt nicht recht geben.	Welche Überlegungen gibt es noch?	
Aber bitte schön, das ist doch vollkommen unmöglich!	Da ist etwas Wahres dran …	
Sie müssen doch einfach einsehen, dass …	Können Sie sich alternativ vorstellen, dass …?	
Ich erkläre Ihnen jetzt einmal …	Was möchten Sie wissen, um sich zu überzeugen?	
Wir werden das überprüfen.	Ich überprüfe das sofort für Sie und melde mich in einer Stunde zurück.	

Literatur

Seßler, H. (2021). Der Beziehungsmanager. Noch mehr Erfolg im Verkauf durch wirkungsvolle Beziehungsstrategien. IN*tem* Media.

Impuls 7 – C wie Challenger Sale

Den Kunden herausfordern und ihn unmissverständlich auf seinen Engpass hinweisen

>> *Sie lernen mit Challenger Sale einen Verkaufsansatz kennen, der sich insbesondere für Inside Sales eignet, die Aufmerksamkeit der Kunden auf eine ungewöhnliche Weise zu gewinnen.*

„Als Innendienstler telefonieren Sie mit dem Kunden oder betreuen ihn bei der Online- und Videoberatung von Bildschirm zu Bildschirm. Sie sitzen ihm nicht persönlich gegenüber, wie das bei einem Kollegen aus dem Außendienst der Fall ist. Darum sollten Sie einen besonderen Zugang zu ihm finden, etwa indem Sie ihn herausfordern oder sogar provozieren! SIE kennen seinen Engpass, seinen Flaschenhals, der ihn scheitern lassen wird, wenn er ihn nicht auflöst. Und zwar mithilfe Ihrer Expertise! Und das sollten Sie ihm unmissverständlich darstellen."

Sie können sich denken, dass ich mit diesen Worten im Seminar, Training oder Coaching erst einmal auf heftigen Widerstand stoße. Hinter dieser Äußerung verbirgt sich der „Challenger Sale"-Ansatz von Matthew Dixon und Brent Adamson (Dixon & Adamson, 2019), den ich mit meinem Konzept der Engpassstrategie (Koschinski, 2022, S. 101–118) kombiniert habe.

R. Koschinski, *40 Impulse für den neuen Vertriebsinnendienst*,
https://doi.org/10.1007/978-3-658-44581-2_7

Der Kundenengpass als Herausforderung (Challenge)

Der Challenger-Sale-Ansatz basiert auf dem Grundgedanken, dass Sie dem Kunden etwas wesentlich Neues zu präsentieren und zu bieten haben und dabei nicht davor zurückscheuen, mit ihm in die kontroverse und provozierende Diskussion zu gehen. Sie fordern den Kunden geradezu heraus – daher der Name „Challenger Sale" – und stellen in den Mittelpunkt des Gesprächs etwas, was dem Kunden bisher noch nicht bewusst war oder was er noch nicht wusste. Auf jeden Fall hat er sich damit noch nicht intensiv genug beschäftigt und sich die Folgen nicht vor Augen geführt. Und dieses „Etwas" kann aus meiner Sicht zum Beispiel der wirkliche Engpass des Kunden sein, also sein Flaschenhalsproblem, das ihn im Vergleich zur Konkurrenz ins Hintertreffen geraten lassen kann, wenn es ihm nicht gelingt, es frühzeitig zu lösen.

> Mit dem Engpass ist das Problem oder Hindernis gemeint, das der Weiterentwicklung des Unternehmens vehement im Weg steht und im schlimmsten Fall zu einer existenziellen Bedrohung und zu seinem Untergang führen kann.

Entscheidend ist, dass Ihr Unternehmen und Sie zusammen mit dem Außendienst und der Vertriebsleitung im Rahmen der Recherche herausfinden, was für den Kunden in Zukunft tatsächlich eine Gefährdung darstellen könnte. Insofern eignet sich der Challenger-Sale-Ansatz nicht für jeden Kunden im B2B-Bereich, aber doch für diejenigen, denen es offensichtlich bisher nicht gelungen ist, den Finger in die wahre Wunde zu legen, also den bedrohlichen Engpass zu entdecken.

Challenger-Sale-Beispiel: Flaschenhalsproblem klar benennen

Nehmen wir zur Verdeutlichung dieses Beispiel: Was nutzt dem Kunden der bestens ausgestattete Maschinenpark, wenn es keine gut ausgebildeten und hoch qualifizierten Mitarbeiter gibt, die die Maschinen bedienen und warten können? Wenn der Engpassfaktor im Fachkräftebereich liegt, ist es unsinnig, eine weitere teure Maschine anzuschaffen.

Nun ist (so gut wie) jedem der Fach- und Arbeitskräftemangel bewusst, aber es ist durchaus möglich und denkbar, dass in einer bestimmten Branche, zu der Ihr Kunde gehört, diese Problematik noch nicht auf der Agenda steht und sich noch nicht so drängend darstellt wie in anderen Branchen. Darum ist es von den Verantwortlichen versäumt worden, sich dazu dezidiert Gedanken zu machen. Und jetzt kommen Sie und Ihr Unternehmen und legen dem Kunden unmissverständlich und knallhart Belege und Beweise sowie Zahlen, Daten und Fakten vor, aus denen überdeutlich hervorgeht, der wahre Engpassfaktor der (nahen) Zukunft sei der Fachkräftemangel.

Sie als Innendienstler leisten Ihren Beitrag, dem Kunden sein wahres Flaschenhalsproblem bewusst zu machen, indem Sie im Telefonat oder bei der Onlineberatung kritische Fragen stellen und entsprechende hieb- und stichfeste Argumente vortragen. Sie fordern den Kunden heraus und zeigen ihm konkret auf, was ihm droht und was ihn bedroht – und gehen dabei durchaus provokant und provozierend vor, indem Sie das brennende Engpassproblem in all seiner existenziellen Bedrohlichkeit beim Namen nennen und veranschaulichen.

> **An dieser Stelle ist es erlaubt, den Kunden zu verunsichern. Denn Sie wissen zugleich: Sie haben eine Lösung für das Kundenproblem parat!**

So holen Sie die Emotionen mit an Bord und sprechen den Kunden auf der Gefühlsebene an, indem Sie ihm die „Folterwerkzeuge" zeigen, und veranschaulichen, was geschieht, falls er nicht handelt – im schlimmsten Fall der Verlust der Wettbewerbsfähigkeit und der unternehmerische Untergang.

Gehen Sie dabei möglichst „erzählerisch" vor: Betten Sie das Flaschenhalsproblem in eine Geschichte ein, reden Sie über ähnliche Probleme und Herausforderungen, die Sie bei anderen Kunden gesehen haben, und übertragen Sie die Problematik auf Ihren Kunden. Argumentieren Sie mithin möglichst anschaulich – und damit emotional, erlebnishaft und nachvollziehbar. Emotionalisieren Sie das Gespräch, etwa indem Sie eine Story von einem anderen Kunden erzählen, in der sich Ihr Kunde wiederfinden kann.

Bringen Sie einen Beratungsworkshop ins Spiel
Selbstverständlich bleiben Sie bei der Beschreibung der schmerzhaften Situation nicht stehen, sondern sprechen darüber hinaus Lösungsmöglichkeiten an, die am besten sofort – im Hier und Heute – angegangen werden sollten, und zwar von Ihrer Firma. Das ist dann vielleicht der Zeitpunkt, an dem der Außendienst übernimmt, den Kunden persönlich trifft und zum Beispiel in einem Beratungsworkshop (siehe Koschinski, 2022, S. 107–110) unter der Teilnahme aller Entscheidungsträger und Beteiligten die möglichen Lösungen diskutiert und in die Umsetzung bringt.

> Ihre Aufgabe als Innendienstler besteht vor allem darin, die Workshop-Idee gezielt in das Telefonat und Gespräch mit dem Kunden einzubringen.

Schlagen Sie ihm vor, zur Konkretisierung der Analyse seiner Ist-Situation und der Problemlösungsfindung einen Beratungsworkshop anzuberaumen. Betonen Sie, dass der Workshop eine Investition in die Zukunft des Kundenunternehmens ist. Stellen Sie dem Kunden zudem eine Agenda vor, aus der hervorgeht, dass in dem Workshop eine genaue Umfeldbetrachtung, Markt- und Branchenanalyse im Fokus steht, die sich in dem aktuellen Telefonat und Gespräch natürlich nicht leisten lasse. Denn dazu ist die Vorgehensweise zu komplex. Führen Sie aus, dass der Workshop genau das richtige agile Instrument ist, ein zentrales Zukunftsthema durchzudeklinieren. Konzentrieren Sie sich darauf, den Mehrwert darzustellen, der durch den Workshop entsteht.

„We want you to panic!"
Zur Erinnerung: Der Challenger-Sale-Ansatz impliziert, dass der Kunde und Sie nicht immer einer Meinung sein müssen. Im Gegenteil: Sie wollen ihm „wehtun" und die Schmerzen aufzeigen, die entstehen könnten, wenn er alles so weiterlaufen lässt wie bisher.
Übrigens: Gerade der Einsatz des Schmerzhebels führt oft zum Vertrauensaufbau, wenn Sie mit Entscheidern zu tun haben, denn diese wünschen sich meistens Gesprächspartner, die nicht zu allem Ja und Amen sagen und eben nicht mit weichgespülten Argumenten arbeiten,

sondern mit dem Finger in der Wunde bohren und mit ungewöhnlichen und kreativen Problemanalysen und Lösungsansätzen agieren: „We want you to panic!" Wichtig ist natürlich, dann den Freudehebel einzusetzen und Lösungsoptionen aufzuzeigen.

Der Vorteil beim Challenger Sale besteht nicht nur darin, ein deutliches Unterscheidungsmerkmal zum Wettbewerb aufzubauen. Durch dieses Vorgehen gelingt es Ihnen, dem Kunden eine besondere und oft neuartige Perspektive aufzuzeigen. Voraussetzung dafür ist allerdings eine mehr als übliche Vorbereitung, die sich durch eine ungeheure Intensität, Konkretheit und Detailliertheit auszeichnet. Ansonsten ist es nicht möglich, dem vom Kunden bisher nicht erkannten und bemerkten Engpassproblem auf die Spur zu kommen.

Übung: Sind Sie geeignet und motiviert, den Challenger-Sale-Ansatz umzusetzen?

Matthew Dixon und Brent Adamson (2019) haben festgestellt, dass fast die Hälfte der Topperformer unter den Verkäufern vor allem den Challenger-Stil nutzen. Challenger Sale verspricht also eine hohe Erfolgswahrscheinlichkeit. Stellen Sie fest, inwiefern Sie fähig sind, das Konzept umzusetzen.

* Sind Sie in der Lage, sich exzellent vorzubereiten und sich möglichst viele Informationen über einen Kunden zu beschaffen, sodass Sie ihn besser kennen als der Wettbewerb?
* Wie genau gehen Sie dabei vor und welche Informationskanäle nutzen Sie auf welche Art und Weise?
* Trauen Sie sich (zu), im Gespräch mit dem Kunden provokativ und provokativ vorzugehen?
* Sind Sie motiviert, den Kunden immer wieder mit neuen und verblüffenden Erkenntnissen, Ideen und Vorschlägen zu überraschen?
* Besitzen Sie die Fähigkeit, das Engpassproblem und mögliche Lösungsansätze anschaulich in eine Story zu packen? Wie schaut es mit Ihrer kommunikativen Kompetenz aus?

- Haben Sie den Mut und die Courage, „Panik" aufseiten des Kunden zu erzeugen und ihn durch die konsequente Darstellung des Engpassproblems und seiner negativen Folgen zu verunsichern?
- Wie gelingt es Ihnen konkret, diese „Panik" und Druck zu erzeugen?
- Sind Sie in der Lage, neben dem Schmerzhebel den Freudehebel einzusetzen, also konkrete Lösungsmöglichkeiten im Detail zu beschreiben und Umsetzungsschritte zu planen und durchzuführen?
- Sind Sie kompetent, den Mehrwert Ihrer Lösungen für den Kunden so darzustellen, dass er exzellent zu dem Engpassproblem passt und die Wettbewerbsvorteile der Lösungen deutlich werden?
- Trauen Sie sich zu, nicht nur den Mehrwert Ihrer Lösungen für das Engpassproblem darzustellen, sondern dabei aktiv und offensiv den Wettbewerber zu verdrängen?

Literatur

Dixon, M., & Adamson, B. (2019). *The Challenger Sale. Kunden herausfordern und erfolgreich überzeugen*. Redline. Aktualisierte Neuauflage.

Koschinski, R. (2022). *Das Praxisbuch für den modernen Außendienst. Akquisitions-, Beratungs-, Verkaufs- und Entwicklungsprozesse kundenzentriert gestalten*. Wiley-VCH.

Impuls 8 – C wie Cross-Selling und Up-Selling

Zufriedenen Kunden sinnvolle Zusatzprodukte und mehrwertorientierten Lösungsverkauf anbieten

> **》** *Zusatzverkäufe gelingen, indem Sie strategisch vorgehen, sich für die Notwendigkeit und Sinnhaftigkeit von Zusatzverkäufen sensibilisieren und dem Kunden Mehrwert durch Value Selling offerieren.*

Beim Thema „Zusatzverkauf" ist es wie so oft bei der Entwicklung hin zum verkaufsaktiven Innendienst: Aufseiten der Mitarbeitenden müssen Stolpersteine aus dem Weg geräumt werden, weil sich die Menschen mit den verkaufsaktiven Aufgaben nicht ausreichend identifizieren können. Viele meiner Kundenunternehmen bekommen von ihren Innendienstlern zu hören: „Zusatzverkäufe? Warum sollen wir dem Kunden denn noch etwas aufschwatzen? Da hat er gerade abgeschlossen und jetzt kommen wir noch mit weiteren Angeboten um die Ecke. Das ist doch kontraproduktiv!"

Aber stimmt das überhaupt? Denn was geschieht mit der Kundenzufriedenheit, wenn der Kunde nach dem Kauf feststellt, dass ihm wichtige Zubehörteile fehlen? Oder er – zum Beispiel – für seine Abteilung

© Der/die Autor(en), exklusiv lizenziert an Springer Fachmedien Wiesbaden GmbH, ein Teil von Springer Nature 2024
R. Koschinski, *40 Impulse für den neuen Vertriebsinnendienst*,
https://doi.org/10.1007/978-3-658-44581-2_8

eine Hardwarelösung erworben hat, deren Leistungsfähigkeit für das angestrebte Ziel nicht ausreicht? Hätte der „Verkäufer im Innendienst" konsequent nachgefragt, hätte er erfahren, dass die zwar teurere, aber qualitativ höherwertige Hardwarelösung die passendere und bessere gewesen wäre.

Mit Zusatzverkauf Kundennutzen nochmals steigern

In seinem Buch „Was du nicht verkaufst, verkaufen die anderen" erzählt Harald Kopeter von einem Mann, der seinerzeit im Store nur das günstigste iPad kaufen wollte. Dann aber entspann sich dieser Dialog: „Die erste Frage des Verkäufers war, wozu er das Gerät gerne benutzen würde. Die Antwort des Kunden: ‚Ich will Filme für meine Kinder raufladen, damit sie während längerer Autofahrten unterhalten werden.' Die nächste Frage des Verkäufers lautete: ‚An wie viele Filme denken Sie?' Der Kunde: ‚An rund zehn Filme.' Der Verkäufer: ‚Dann benötigen Sie das iPad mit dem größten Speicher. Wie viele Kinder haben Sie?' Der Kunde: ‚Zwei.' Der Verkäufer: ‚Das iPad hat nur einen Kopfhöreranschluss, Sie brauchen eine Adapter.'

Die Geschichte ging noch weiter, denn der Kunde brauchte auch noch ein Netzkabel für das Auto und eine Schutzhülle für das iPad und …" (Kopeter, 2023, S. 177).

Merken Sie, worauf ich hinaus will? Zusatzkäufe sind sinnvoll und damit im Sinn des Kunden, wenn sie dazu führen, dass dieser seine Ziele tatsächlich erreichen kann! Es ist unsinnig, wenn sich der Kunde im Nachhinein ärgert, weil er nach dem Kauf merkt, dass ihm Teile oder Leistungskomponenten fehlen. Zusatzverkauf ist legitim, wenn der Innendienstler den Kunden dabei sehr gut berät und dieser dann das gekaufte Produkt für den gewünschten Zweck ohne Hindernisse und Probleme einsetzen kann, also genau das erworben hat, was er wirklich benötigt.

> **Den Kundennutzen steigern: Das ist der eigentliche Sinn von Zusatzverkäufen, von Cross-Selling und Up-Selling – nicht das Aufschwatzen unnützer Dinge, die der Kunde nicht braucht.**

Letzteres führt nur zur Kaufreue und zur Erhöhung der Stornoraten und Stornokosten oder zum Verlust von Stammkunden, die letztendlich kündigen.

Puzzleteile für den kundenorientierten Zusatzverkauf

Damit Missverständnisse keine Chance haben, soll zunächst einmal der Unterschied zwischen Cross-Selling und Up-Selling festgehalten werden – wir bleiben dabei im Produktbereich, für Dienstleistungen gilt ähnliches:

- Cross-Selling meint, dass Sie dem zufriedenen Kunden, der abgeschlossen oder sich für den Kauf eines Produkts entschieden hat, Zusatzprodukte anbieten, die zum ursprünglichen Kauf passen. Sie weisen den Kunden im B2B-Bereich zum Beispiel darauf hin, dass die Maschine, die er zur Erweiterung seines Maschinenparks erworben hat, sich noch effektiver nutzen lässt, wenn er die folgenden Zusatzprodukte … kauft – es handelt sich um verwandte und komplementäre Produkte.
- Up-Selling bedeutet, dass Sie dem Kunden ein qualitativ besseres und leistungsstärkeres oder ein neueres Produkt offerieren. Bleiben wir bei dem Beispiel oben: Der Kunde will eine Maschine kaufen, die Produkteigenschaften stimmen, es passt! Sie bringen im Up-Selling eine Maschine ins Spiel, die gleichwertige Funktionalitäten aufweist, aber den zusätzlichen Vorteil bietet, aufgrund ihrer ergonomischen Eigenschaften den Rücken der Nutzer der Maschine zu schonen. Der Nutzen hat seinen Preis, aber der Kunde ist interessiert, weil die teurere Maschine einen gewaltigen Zusatznutzen für die Gesundheit und damit die Motivation der Mitarbeitenden hat. Diesen Nutzenaspekt hatte der Kunde nicht auf dem Schirm, erst der Innendienstler hat ihn darauf aufmerksam gemacht.

> Sowohl beim kundenorientierten Cross-Selling als auch beim kundenorientierten Up-Selling steht der mehrwertorientierte Lösungsverkauf im Fokus, der eine immense Steigerung des Kundennutzens sich zieht.

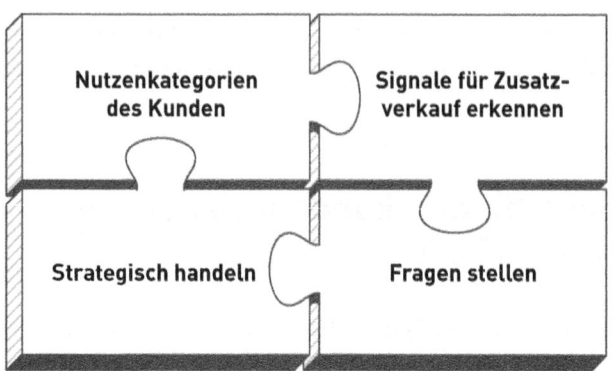

Abb. 1 Die vier Puzzleteile des Zusatzverkaufs

Es geht nicht primär um Zusatzverkauf, sondern um strategisches Value Selling, durch das sich für den Kunden ein echter Mehrwert ergibt. Daraus resultiert eine Vorgehensweise, die Sie beim Zusatzverkauf stets berücksichtigen sollten. Sie besteht aus vier Puzzleteilen (Abb. 1), die zusammen dazu führen, dass beim Cross-Selling und beim Up-Selling stets die für den Kunden wertvollste und beste Lösung angestrebt wird – und erreicht werden kann.

Puzzleteil 1: Im Kopf des Kunden denken
Sie denken in den Nutzenkategorien des Kunden, sind auf den mehrwertorientierten Lösungsverkauf fokussiert und prüfen den Zusatzverkauf unter der Prämisse, dem Kunden höchsten Nutzen zu bieten.

Puzzleteil 2: Signale erkennen
Sie sensibilisieren sich dafür, im Gespräch mit dem Kunden Signale aufzuspüren, die auf die Sinnhaftigkeit und Notwendigkeit eines möglichen Zusatzverkaufs hinweisen. Sie hören genau zu und stellen Fragen, deren Beantwortung Ihnen die Einschätzung erlaubt, ob Cross-Selling oder Up-Selling angebracht sind, um dem Kunden noch mehr zu nutzen.

Puzzleteil 3: Fragen überlegen und stellen

Zum strategischen Vorgehen gehört, dass Sie sich im Vorfeld Fragen überlegen, mit denen Sie den Zusatzverkauf forcieren, beim Cross-Selling zum Beispiel:

- „Welche zusätzlichen oder weiteren Herausforderungen sehen Sie in Ihrem derzeitigen Projekt oder in Ihrer aktuellen Situation, bei denen Ihnen unsere ergänzenden Produkte/Dienstleistungen eine Lösung bieten und von Nutzen sein könnten?"
- „Wollen Sie darüber nachdenken, wie unsere Produkte/Dienstleistungen auch in den anderen Abteilungen Ihrer Firma zum Einsatz gelangen könnten, um beispielsweise Synergien zu erzeugen?"

Beispiele im Up-Selling sind:

- „Wie könnte sich Ihre Abteilung oder Ihr Unternehmen weiterentwickeln, wenn Sie auf unser erweitertes Produktsortiment oder unsere Premium-Dienstleistung umsteigen würden? Wenn Sie sich das einmal vorstellen, welche Möglichkeiten sehen Sie?"
- „Wäre es möglich, dass sich Ihre Firma mithilfe unseres erweiterten Produktsortiments oder unserer Premium-Dienstleistung noch besser entwickeln und Sie das Wachstum nachhaltig beschleunigen könnten?"

Puzzleteil 4: Strategisch handeln

Sie gehen strategisch vor und erstellen vorab unter Berücksichtigung des Kundentyps und des konkreten Gesprächsgegenstandes verschiedene Angebote, Servicepakete (Added Value Services) sowie Listen mit möglichen Produkten und Dienstleistungen, mit denen Sie den Zusatzverkauf „quer" (= Cross-Selling) und „nach oben" (= Up-Selling) ausgestalten können.

Übung: Kunden mehrwertorientierten Lösungsverkauf bieten

Spielen Sie die zwei Übungen durch, passen Sie sie auf Ihre Gegebenheiten an und bereiten Sie sich so auf erfolgreiches Cross-Selling und Up-Selling vor (Koschinski, 2022, S. 238–242).

Übung zum Cross-Selling

- *Schritt 1:* Einstimmung – der Kundennutzen steht im Vordergrund. Eine der Schlüsselfragen ist, welche Vorteile Sie dem Kunden bieten können, wenn er mehrere Produkte oder Produktpakete von Ihnen bezieht.
- *Schritt 2:* Telefonat – sprechen Sie ein Thema an, bei dem Sie wissen, dem Kunden einen Mehrwert bieten zu können. Denken Sie an vorgelagerte und nachgelagerte Produkte und Dienstleistungen.
- *Schritt 3:* Fragen Sie den Kunden, ob Sie ihm zu dem Thema eine Lösung offerieren dürfen; präsentieren Sie Ihre Lösung. Ein Beispiel ist die fachmännische regelmäßige Wartung, die der Kunde bezüglich der Produkte benötigt, die er bei Ihnen gekauft hat.
- *Schritt 4:* Fragen Sie den Kunden, ob er die Vorteile nutzen möchte, die jene Wartung für ihn hat. Weisen Sie ihn auf die nachteiligen Auswirkungen hin, die entstehen, wenn er die Wartung nicht durchführt.
- *Schritt 5:* Stellen Sie Ihre Fragen so, dass der Kunde Gesprächsverlauf und Zwischenergebnisse regelmäßig mit „Ja" bestätigt und sich so selbst verdeutlicht, dass sein Nutzen im Fokus steht.

Übung zum Up-Selling

- *Schritt 1:* Vergleichen Sie das gekaufte Produkt mit dem höherwertigen Ihrer Empfehlung.
- *Schritt 2:* Ermitteln Sie die Differenz zwischen den Einkaufspreisen des gekauften und des empfohlenen höherwertigen Produkts.
- *Schritt 3:* Beziffern Sie die vorher analysierten Nutzen als Mehrwerte für diese Differenz zwischen den Einkaufspreisen. Verdeutlichen Sie dem Kunden, welche messbaren Vorteile, welcher Nutzen und Mehrwert ihm entstehen, wenn er sich für das höherwertige Produkt entscheidet. Legen Sie den Mehrpreis auf die Nutzungsdauer um und lassen Sie so den Differenzpreis minimal erscheinen, etwa: „Bei einer Nutzungsdauer von fünf Jahren investieren Sie nur knapp 42 € pro Monat mehr für diese Maschine." Oder: „Allein durch die schnellere Bearbeitungszeit sparen Sie Stückkosten von 2000 € pro Monat."

* *Schritt 4:* Sprechen Sie weitere Kaufmotive an. Geben Sie an, dass das Kundenunternehmen durch das höherwertige Produkt seine Reputation erhöht, die Aufmerksamkeit potenzieller Kunden erregt oder den Status der Einzigartigkeit aufbaut.
* *Schritt 5:* Stellen Sie Ihre Fragen wiederum so, dass der Kunde Gesprächsverlauf und Zwischenergebnisse regelmäßig mit „Ja" bestätigt.

Literatur

Kopeter, H. (2023). *Was du nicht verkaufst, verkaufen die anderen. 151 Storys für deinen Erfolg im Business.* Gabal.

Koschinski, R. (2022). *Das Praxisbuch für den modernen Außendienst. Akquisitions-, Beratungs-, Verkaufs- und Entwicklungsprozesse kundenzentriert gestalten.* Wiley-VCH.

Impuls 9 – C wie Customer Journey

Den Innendienst als wichtigen Touchpoint erkennen und für positive Kundenerlebnisse sorgen

>> *Sie erfahren, wie es verkaufsaktiven Innendienstlern gelingt, für ihre Kunden begeisternde Erfahrungen zu kreieren.*

Der mündige und umtriebige Kunde begibt sich gerade in digitalen Zeiten auf eine Kunden-Reise, eine Customer Journey, in deren Verlauf er gleich mehrfach mit dem Unternehmen Kontakt hat. Denn in den Zeiten der Digitalisierung nehmen die möglichen Kundenkontaktpunkte – die Touchpoints – zu, weil neben die traditionellen Berührungspunkte nun auch die Online-Touchpoints treten. Die Customer Journey umfasst also Reisestationen in der Offline- und in der Onlinewelt, in der realen und der virtuellen Welt.

Die Customer-Experience-Forschung hat durch Untersuchungen etwa des Instituts für Marktorientierte Unternehmensführung an der Universität Mannheim (siehe IMU, 2015) bestätigt, dass Kundenerfahrungen im positiven wie im negativen Sinn das Ergebnis aller Begegnungen des Kunden mit einem Unternehmen sind. Die Forschungen zum Customer Experience Management setzen sich primär mit der Frage auseinander,

© Der/die Autor(en), exklusiv lizenziert an Springer Fachmedien Wiesbaden GmbH, ein Teil von Springer Nature 2024
R. Koschinski, *40 Impulse für den neuen Vertriebsinnendienst*,
https://doi.org/10.1007/978-3-658-44581-2_9

wie es einem Unternehmen gelingt, auf Kundenseite positive Erfahrungen und Erlebnisse zu prägen und negative zu minimieren oder gar zu verhindern. Dazu zählen sogar Berührungspunkte, die gar nicht direkt vom Unternehmen erzeugt und initiiert wurden, etwa der Bericht in der Zeitung, eine Empfehlung im Bekanntenkreis oder der Kommentar auf einem Bewertungsportal. Entscheidend jedoch sind natürlich die vom Unternehmen direkt beinflussbaren Touchpoints in den Phasen des Kundenkontakts sowohl in der Vorkauf-, der Kauf- als auch der Nachkaufphase, und zwar bezogen auf alle Kanäle, die ein Kunde nutzt. Das kann die persönliche Face-to-Face-Begegnung mit dem Verkäufer sein, die interaktive Begegnung während eines Telefonats, eines Video-Calls oder eines Chataustauschs. Und das kann überdies die passive Begegnung sein, die entsteht, wenn der Kunde einen Radio- oder TV-Werbe-Spot konsumiert, das Unternehmensmagazin studiert oder den Newsletter des Unternehmens liest. Das bedeutet:

> **Wo auch immer der Kunde in Kontakt mit dem Unternehmen tritt, ist es zwingend notwendig, positive Kundenerfahrungen zu prägen.**

Viele Unternehmen erstellen daher sogenannte **Customer Journey Maps**, in denen die konkreten „Reisestationen" des Kunden visualisiert werden, um für jeden Touchpoint überlegen zu können, wie sich dort überzeugende und begeisternde Erfahrungen herbeiführen lassen, die den Kunden insbesondere dann nachhaltig triggern, wenn sie ratiomotional wirken, ihn also auf der rationalen und der emotionalen Ebene begeistern.

Der Innendienst als Touchpoint auf der Customer Journey

Für so manchen Außendienstmitarbeiter mag die Notwendigkeit der ratiomotionalen Kundenansprache eine Selbstverständlichkeit sein, für klassisch geprägte Innendienstler jedoch häufig nicht. Die Ergebnisse der Customer-Experience-Forschung zur Customer Journey sind ein weiterer

Beleg für die immense Bedeutungszunahme, die der Innendienst erfährt, sobald er sich mit seinen verkaufsaktiven Aufgaben und Verantwortlichkeiten beschäftigt. Ein verkaufsaktiver Innendienstler weiß, welche Bedeutung seine Kontakte mit einem Kunden für die Ausgestaltung eines positiven Kundenerlebnisses haben, selbst wenn es sich „nur" um eine rein informatorische Frage handelt, die ein Kunde stellt.

Welche konkreten Konsequenzen sollten Sie also ziehen?

Als ratiomotionaler Leader Momente der Wahrheit nutzen
Zunächst einmal gilt es, die eigene Rolle und Funktion als kundenrelevanter Touchpoint zu erkennen und zu akzeptieren, sich mithin vom klassischen Silo- und Abteilungsdenken zu verabschieden, das da lautet: „Inwiefern habe ich als Innendienstler überhaupt die Möglichkeit, für positive Kundenerfahrungen zu sorgen?" Die Customer-Experience-Forschung hat den Begriff „Momente der Wahrheit" geprägt (siehe IMU, 2015) und versteht darunter Begegnungspunkte zwischen Unternehmen und Kunde, in dem sich entscheidet, welche Einstellung der Kunde zum Unternehmen aufbaut (siehe Kap. „Impuls 15 – I wie Inside Sales"). Jeder, der schon einmal beim Telefonanruf in der Zentrale unwirsch behandelt oder beim Befahren des Betriebsgeländes vom Pförtner unfreundlich begrüßt worden ist, weiß, dass man solche Firmen in seinem Leben freiwillig nicht noch einmal kontaktieren will. Der Erstkontakt hat eine hohe Relevanz für die weitere Kundenbeziehung, Erstkontakt und Begrüßung sind immens wichtige „Momente der Wahrheit". Und oft sind es ja Mitarbeitende aus dem Innendienst, die in der Frühphase einer Kundenbeziehung Kontakt zum Kunden haben. Das Verhalten dieser Mitarbeitenden entscheidet oft darüber, ob der Aufbau einer lebenslangen Kundenbeziehung überhaupt möglich ist.

Darum: Verdeutlichen Sie sich, dass Sie ein ratiomotionaler Leader sind, dessen Verhalten darüber mitentscheidet, ob der Kunde seine Customer Journey positiv im Gedächtnis behält!

> Überlegen Sie sich Mittel und Wege, Interessenten, Neukunden und Stammkunden davon zu überzeugen, dass es richtig ist, mit Ihrem Unternehmen zusammenzuarbeiten.

Entwickeln Sie sich zum Markenbotschafter Ihres Unternehmens

Markenbotschafter sind Mitarbeitende, die sich zu 100 % mit ihrem Unternehmen und dessen Zielen identifizieren und sich mit Feuereifer für „ihre" Firma engagieren. Die Customer-Experience-Forschung differenziert (siehe Kilian, 2012) zwischen „teilnahmslosen" Mitarbeitenden, die sich weder fachlich noch emotional verpflichtet fühlen, positiv über ihr Unternehmen zu sprechen, und den „Unberechenbaren", bei denen der Identifikationsgrad zwar vorhanden, aber schwach ausgeprägt ist – sie äußern sich mal positiv, mal negativ über die Firma. Zudem gibt es die „Zuschauer", die sich gar nicht äußern – und eben die „Botschafter", die Markenbotschafter, die einen sehr hohen Identifikationsgrad aufweisen und es nach außen kommunizieren, dass sie hinter den Unternehmenszielen stehen.

Klar ist, dass dies nicht voraussetzungslos erwartet werden kann und erwartet werden darf: Das Unternehmen sollte vielmehr die Rahmenbedingungen und Voraussetzungen schaffen, damit Sie sich als Markenbotschafter verstehen können und wollen.

> Ist dies der Fall, sollten Sie bereit und willens sein, für den Kunden an seiner Reisestation „Innendienst" Erlebnisse zu kreieren, die diesen begeistern und langfristig ans Unternehmen binden.

Wie sich positive Kundenerfahrungen im Rahmen der Customer Journey in den verschiedenen Kaufphasen erzeugen lassen, hat das IMU in Mannheim am Beispiel des Einrichtungskonzerns IKEA veranschaulicht (IMU, 2015, S. 4):

- In der Vorkaufphase sind die Inspirationen von Bedeutung, die der Kunde zur Wohnungseinrichtung erhält – auch durch Gespräche mit dem Innendienst. Hinzu kommt etwa das Ausdrucken eines Online-Merkzettels, den der Kunde mit in den Markt nimmt.
- Zwischen Vorkaufphase und Kaufphase fällt die Entscheidung, ob der Kunde in den Markt fährt – oder auch nicht, weil zum Beispiel die Produkte, nach denen er sucht, nicht verfügbar sind.

- In der Kaufphase werden positive Kundenerfahrungen geprägt, etwa wenn sich der Kunde am Computer-Terminal erkundigt, wo er die gesuchten Möbelstücke findet, und den Heimtransport der gekauften Waren organisiert.
- In der Nachkaufphase ist die Frage bedeutsam, wie der Kunde sich Ersatzteile besorgen kann – und wieder spielt dabei der Innendienst eine Rolle.

Der Innendienst hat also mindestens an zwei Reisestationen des Kunden eine entscheidende Bedeutung für die Frage, ob dieser bleibt oder geht, ob er kauft oder nicht. Das heißt: Im Rahmen der Customer Journey ist der Innendienst ein relevanter Touchpoint.

Übung: Betreiben Sie „Nurturing"

„Nurturing" heißt „nähren" oder „anreichern". Im Glossar des Wissensportals Onlinemarketing-Praxis ist zu lesen, Lead Nurturing umfasse „alle Maßnahmen, die ein Unternehmen ergreift, um einen *Interessenten* zum richtigen Zeitpunkt *mit relevanten Informationen anzusprechen*, passend zur jeweiligen Phase der Kaufentscheidung, in der sich der Interessent gerade befindet. Lead Nurturing beinhaltet auch die *Weiterqualifizierung von Leads*. Dieser Prozess kann unterschiedliche Ziele verfolgen, zum Beispiel die Erhöhung qualifizierter Kontakte, die Verkürzung des Kaufprozesses, eine verbesserte Konversionsrate oder auch die Steigerung des Marketing ROI" (Onlinemarketing-Praxis, 2023).

Beschäftigen Sie sich mit diesen vier Nurturing-Fragen:

1. „Was kann ich tun, um Interessenten – und Kunden – in meinen Gesprächen mit genau den Informationen zu versorgen, die zur jeweiligen Phase der Kaufentscheidung passen, in der er sich gerade befindet?"
2. „Wie sorge ich dafür, dass der Kunde im Rahmen seiner Customer Journey am Touchpoint „Innendienst" positive Erfahrungen macht?"
3. „Welche Möglichkeiten, kann ich (wie) nutzen, um Interessenten Schritt für Schritt in Richtung Kaufentscheidung zu führen?"

4. „Welche angeblichen Interessenten kann ich aussortieren, weil ich weiß und sicher bin, dass es sich um (zum Beispiel) Wettbewerber oder Personen handelt, die lediglich Unterlagen oder Content abgreifen wollen?"

Literatur

IMU – Institut für Marktorientierte Unternehmensentwicklung. (2015). Customer Journey Experience. Ausgestaltung und Auswirkungen. Autoren: Christian Homburg und andere. IMU, Mannheim. https://www.bwl.uni-mannheim.de/imu/veroeffentlichungen/research-insights/#c35519(RI037). Zugegriffen am 01.12.2023.

Kilian, K. (2012). Mitarbeiter als Markenbotschafter. *absatzwirtschaft, 2012*(01–02), 44–46.

Onlinemarketing-Praxis. (2023). Glossar, Begriff „Lead Nurturing". www.onlinemarketing-praxis.de/glossar/lead-nurturing. Zugegriffen am 01.12.2023

Impuls 10 – D wie Dream-Team

Harmonische und ganzheitliche Zusammenarbeit im Sinne des Kunden anstreben

》 *Der Impuls zeigt, wie Sie zusammen mit der Vertriebsführungskraft das Fundament für eine erfolgreiche Zusammenarbeit zwischen modernem Außendienst und modernem Innendienst legen.*

Es ist schon einige Jahre her, dass ich von einem Kundenunternehmen aus dem Investitionsgüterbereich zu einem Vortrag eingeladen wurde. „Ihr Vortrag soll sich an unser *Stürmer-Duo* richten, Herr Koschinski, und zu einer noch besseren und engeren Zusammenarbeit der Mitarbeitenden führen." Mein erstaunter Blick veranlasste den Geschäftsführer, deutlicher zu werden: „Bei uns wird die enge Zusammenarbeit zwischen Innendienst und Außendienst, die Sie, Herr Koschinski, bei uns eingeführt haben, mittlerweile als ‚Stürmer Duo' bezeichnet, um humorvoll auf die unschlagbare Kombination der beiden Abteilungen hinzuweisen."

Tatsächlich gehörte dieses Unternehmen zu den ersten meiner Kundenunternehmen, die es sich zum Ziel gesetzt hatten, aus Innendienst und Außendienst ein unschlagbares Dream-Team zu schmieden. Seitdem gibt es zahlreiche Firmen, die die folgende Arbeitsaufteilung anstreben:

© Der/die Autor(en), exklusiv lizenziert an Springer Fachmedien Wiesbaden GmbH, ein Teil von Springer Nature 2024
R. Koschinski, *40 Impulse für den neuen Vertriebsinnendienst*,
https://doi.org/10.1007/978-3-658-44581-2_10

1. Der Außendienst ist für die persönliche Kundenakquise und Kundenbetreuung vor Ort zuständig. Er führt Verkaufsgespräche, baut Beziehungen auf und pflegt diese.
2. Der Innendienst unterstützt den Außendienst, indem er administrative Aufgaben übernimmt, Angebote erstellt, Kundenanfragen bearbeitet und den Vertriebsprozess vor- und nachbereitet und zudem immer verkaufsaktiver agiert.
3. Inside-Sales-Mitarbeitende sind in erster Linie telefonisch oder digital tätig und akquirieren und betreuen Kunden. Sie können sowohl Neukundenakquise als auch Bestandskundenbetreuung übernehmen (siehe Kap. „Impuls 15 – I wie Inside Sales").

Die Vorteile der Tandemlösung

Warum überhaupt ist es sinnvoll, Innendienst und Außendienst zusammenzubinden und eine Tandemlösung anzustreben? Ein entscheidendes Kriterium ist: Die Zusammenarbeit ermöglicht die Nutzung von Synergien. Die individuellen Stärken lassen sich kombinieren, sodass ein größeres Potenzial im Verkaufsprozess ausgeschöpft und die Qualität des Verkaufsprozesses verbessert werden kann. Die enge Zusammenarbeit erlaubt einen ganzheitlichen Kundenservice. Alle Beteiligte bündeln ihre Kompetenzen, um einen nahtlosen Kundenservice zu implementieren, der das Kundenvertrauen und die Kundenzufriedenheit fördert. So gewinnen beide: der Außendienstler und der Innendienstler!

Durch die enge Kommunikation und Abstimmung können Kundenanfragen schneller bearbeitet und Probleme zeitnah gelöst werden. Eine hohe Reaktionsfähigkeit gegenüber den Kunden entsteht, was erfahrungsgemäß zu einer besseren Kundenbindung führt. Und indem Außendienstler und Innendienstler ihre Erfahrungen austauschen und voneinander lernen, tragen sie zur gegenseitigen persönlichen und beruflichen Weiterentwicklung bei.

Value Selling und Solution Selling im Fokus

Dream-Teams oder Tandems (Koschinski, 2022) aus Innendienst und Außendienst erlauben es, dem Kunden noch bessere Lösungen für seine

Engpassprobleme zu bieten. Während sich der Innendienst vom reaktiven Auftragsabwickler zum aktiven Kundenmanager wandelt, baut der Außendienst strategische Businesspartnerschaften auf. Vor allem im B2B-Bereich steht die gemeinsame Aufgabe im Vordergrund, das Engpassproblem des Kunden zu identifizieren und nutzenorientierte Lösungen anzubieten. Sowohl die Kolleginnen und Kollegen aus dem Außendienst als auch aus dem Innendienst arbeiten die rational-sachlichen und die emotionalen Nutzenaspekte heraus, die sie auf die Persönlichkeit des Kunden abstimmen.

> **Die Mitarbeitenden verstehen sich als kongeniale Mitglieder eines Dream-Teams, das Value Selling und Solution Selling in den Mittelpunkt des kooperativen Handelns stellt.**

Value Selling meint, dass dem Kunden nicht einfach nur ein Produkt oder eine Leistung verkauft wird, sondern ein Nutzen oder Wert. Solution Selling stellt weniger die Lösung einzelner Probleme in den Vordergrund, sondern verfolgt das Ziel, dem Kunden ganzheitliche und langfristige Lösungen anzubieten, durch die dessen Wettbewerbsfähigkeit sichergestellt wird und die ihn dabei unterstützen, seine Marktposition zu festigen und neue Marktanteile aufzubauen.

Die Kooperation wird allein schon durch die Notwendigkeit zum Hybrid Sales erforderlich: Kaufentscheidungen sind immer öfter abhängig davon, ob es einerseits gelingt, den Kunden Face-to-Face in der analogen Welt zu überzeugen, und ihn andererseits in der digitalen Onlinewelt zu begeistern, etwa durch die Ansprache in den sozialen Netzwerken.

Tandem als Dream-Team

Die Realisierung der Verzahnung von strategisch operierendem Außendienst und verkaufsaktivem Innendienst erfolgt auf mehreren Ebenen: Zum einen bilden ein Außendienstler und ein Innendienstler ein Dream-Team, indem sie im Tandem eng zusammenarbeiten. Je ein Kollege oder eine Kollegin aus dem Innendienst und dem Außendienst arbeiten gemeinsam daran, den Kunden zu begeistern. Sie setzen ihre spezifischen Stärken und Kompetenzen ein, um Kunden individuell zu beraten. Die Aufgaben sind fachspezifisch verteilt.

> Die beiden Mitarbeitenden verstehen sich als Einheit und proaktive Kundenmanager, die an dem Ziel arbeiten, dem Kunden größtmöglichen Nutzen zu bieten.

Zum anderen kommt es primär im hochkomplexen und hochpreisigen B2B-Bereich immer seltener zu Begegnungen zwischen einem Verkäufer und einem Einkäufer. Vielmehr interagieren ein Selling Team und ein Buying Team miteinander. Aufseiten des Kunden tritt ein Buying Team auf, während das Selling Team zum Beispiel aus einem Entscheider und Mitarbeitenden aus Außendienst, Marketing, IT – denn so gut wie jede Problemlösung benötigt IT-Unterstützung – und Innendienst besteht.

Zwanzig Umsetzungstipps für intelligente Tandemlösungen

Bei Aufbau und Entwicklung eines Dream-Teams spielen die Innendienstler selbst und zudem der Vertriebsleiter eine bedeutende Rolle. Was können die Beteiligten tun, um intelligente Tandemlösungen herbeizuführen? Starten wir mit den Innendienstmitarbeitern.

Zehn Umsetzungstipps für Innendienstmitarbeiter

- *Umsetzungstipp 1:* Reflektieren Sie Ihr Verhältnis zum Außendienst und prüfen Sie, ob Sie bereit sind, die neue Rolle in dem Tandem anzunehmen.
- *Umsetzungstipp 2:* Was können Sie selbst dazu beitragen, in der Zusammenarbeit mit den Außendienstlern mehr Verkaufsaktivitäten zu entwickeln? Sind Sie bereit, umzudenken und die entsprechenden Veränderungs- und Anpassungsprozesse durchzuführen?
- *Umsetzungstipp 3:* Fragen Sie sich, welche verkäuferischen Kompetenzen Ihnen fehlen, um verkaufsaktiver zu arbeiten. Prüfen Sie, wie Sie die Kompetenzlücken eigeninitiativ schließen können.
- *Umsetzungstipp 4:* Suchen Sie das Gespräch mit Ihrer Führungskraft, um zu klären, was das Unternehmen und Sie selbst in Angriff nehmen können, um verkaufsaktive Fähigkeiten zu entwickeln.
- *Umsetzungstipp 5:* Klären Sie mit der Führungskraft, inwiefern eine Hospitation möglich ist: Sie begleiten den Außendienstler zum Kunden – und lernen vor Ort und „on the job"!

- *Umsetzungstipp 6:* Setzen Sie sich mit „Ihrem" Tandempartner auseinander. Überlegen Sie sich (mindestens) drei Aktivitäten, um das Verhältnis zu ihm zu optimieren.
- *Umsetzungstipp 7:* Planen Sie informelle Treffen und Aktivitäten ein. Wichtig ist, dass auch der Außendienstler lernt, wie Sie ticken. Das Verständnis sollte beiderseits vorhanden sein.
- *Umsetzungstipp 8:* Beschäftigen und identifizieren Sie sich mit den Verkaufszielen Ihrer Abteilung. Welchen Beitrag haben Sie bisher geleistet, um die Ziele zu erreichen? Welchen Beitrag leisten Sie in Zukunft?
- *Umsetzungstipp 9:* Entwickeln Sie immer wieder neue Motivationskraft, um die notwendigen Veränderungen in Richtung „mehr Verkaufsaktivität" mit Energie anzugehen.
- *Umsetzungstipp 10:* Hinterfragen Sie Einstellungen und Gewohnheiten, die Ihrer Weiterentwicklung im Weg stehen: „Verkaufen? Das ist nicht mein Ding!" Bauen Sie förderliche Einstellungen auf: „Wir sind alle Verkäufer – also ran an den Kunden und ihm Nutzen bieten!"

Zehn Umsetzungstipps für Verkaufsleiter

Die größte Herausforderung besteht darin, dass die ehemals fast autark agierenden Abteilungen ihre Egoismen aufgeben und sich als Team verstehen, das die größten Erfolge dann feiern kann, wenn die Mitarbeitenden miteinander kooperieren. Dazu ist das Engagement einer Geschäftsführung vonnöten, die diesen Prozess fordert und fördert, die Rahmenbedingungen schafft und einen Teamspirit entfacht. So ist es möglich, dass die Mitarbeitenden bereit sind, strategisch und ganzheitlich zu denken, über den limitierenden Tellerrand der Abteilungsegoismen und -grenzen hinauszublicken und das große Ganze zu berücksichtigen, also in jeder Phase des Betreuungsprozesses die Wahrnehmungsbrille des Kunden aufzusetzen.

Neben der Geschäftsführung kommt dem Verkaufsleiter die Hauptverantwortung bei der Herausforderung zu, Tandemlösungen zu entwickeln. Dies gelingt mithilfe praxisbewährter Tipps:

- *Umsetzungstipp 1:* Der Verkaufsleiter formuliert eine klare und nachvollziehbare Vision und gemeinsame Ziele, in denen sich der Innendienst und der Außendienst gleichermaßen wiederfinden.
- *Umsetzungstipp 2:* Er fördert die offene Kommunikation und den regelmäßigen Austausch zwischen Innendienst und Außendienst. Er schafft Kommunikationskanäle und legt Richtlinien und Spielregeln fest, die den reibungslosen Informationsfluss sicherstellen.
- *Umsetzungstipp 3:* Die Verwendung geeigneter Kommunikationsmittel wie Telefon, E-Mail, Chat und Videokonferenzen ermöglicht eine reibungslose und effiziente Kommunikation.

- *Umsetzungstipp 4:* Er entfacht einen Teamgeist und trägt Sorge dafür, dass alle an einem Strang ziehen.
- *Umsetzungstipp 5:* Er sorgt für die transparente Verteilung der Verantwortlichkeiten, Zuständigkeiten und Rollen, um eine effektive Arbeitsaufteilung zu gewährleisten.
- *Umsetzungstipp 6:* Er installiert faire Anreiz- und Belohnungssysteme und etabliert eine Kultur, in der Leistung belohnt wird. Insbesondere bei den Innendienstlern achtet er darauf, dass sie die Anreizsysteme nachvollziehen können, denn in der Regel kennen sich diese (noch) nicht so gut damit aus.
- *Umsetzungstipp 7:* Er sorgt dafür, dass alle Teammitglieder Zugang zu den erforderlichen Ressourcen und Tools haben, um ihre Arbeit effektiv zu erledigen.
- *Umsetzungstipp 8:* Er führt regelmäßig Teammeetings und Feedbackrunden durch, um den Fortschritt der Zusammenarbeit zu überprüfen, Verbesserungspotenziale zu analysieren und Optimierungsmaßnahmen durchzuführen.
- *Umsetzungstipp 9:* Er tritt als Vorbild auf und zeigt, dass und wie Kooperation gelingt.
- *Umsetzungstipp 10:* Er kümmert sich darum, dass die Teammitglieder mithilfe von Schulungen und Weiterbildungsmöglichkeiten lernen, die neuen Rollen optimal auszufüllen.

Motivation: Den Beteiligten die Annahme der neuen Rollen erleichtern

Die Realisierung von Tandemlösungen setzt ein Umdenken auf vielen Ebenen voraus. Der Außendienst beispielsweise gibt Kompetenzen und Verantwortlichkeiten ab und teilt den Ruhm, den er bei Verkaufserfolgen „früher" allein eingeheimst hat. Vielen fällt es schwer, die Innendienstler als gleichberechtigte Partner zu akzeptieren. Und das nicht zu Unrecht, denn das Problem ist, dass die Innendienstler oft noch in eine Struktur eingebunden sind, die sie im Backoffice ein deprimierendes Stiefmütterchen-Dasein fristen lässt. Folgsam und brav koordinieren sie die Termine der Außendienst-Stars, sorgen wenig ambitioniert für den pünktlichen Versand der Angebote und dürfen bei Auftragsabschluss immerhin den Vertrag und vielleicht noch ein Dankesschreiben verschicken.

Doch damit ist bei der Tandemlösung Schluss: Die Innendienstler sind gefordert, neue Kompetenzen aufzubauen, die ihnen ein verkaufsaktiveres Vorgehen überhaupt erst ermöglichen. Sie werden dazu motiviert, sich aus der bequemen Komfortzone des „Wir vereinbaren ja nur die Termine, aber für den Verkaufserfolg sind andere verantwortlich" zu befreien. Auch der Abschied von der oft zu beobachtenden Haltung „Wir vereinbaren einen Termin nach dem anderen und die Außendienstler bringen einfach keinen Auftrag zustande" ist erforderlich.

Konkrete praktische Tipps zur Zusammenarbeit zwischen Innendienst und Außendienst bietet der Kap. „Impuls 40 – Z wie Zusammenarbeit mit Außendienst". Zudem sollten sowohl die Innendienstmitarbeiter die folgenden Motivationstipps und Konfliktvermeidungstipps beachten, die dabei helfen, die Verwirklichung von Tandemlösungen zu fördern:

- Gemeinsam positive Arbeitsatmosphäre schaffen
- Gemeinsam klare Ziele festlegen und Erfolgserlebnisse ermöglichen
- Sich gegenseitig motivieren und konstruktives Feedback geben
- Gegenseitig begründendes Lob spenden und gute Leistungen hervorheben und anerkennen
- Sich gegenseitig beim Auf- und Ausbau der individuellen Stärken und Talente unterstützen
- Zukunftsorientiert und konstruktiv kritisieren: Kritik dient dazu, den nächsten Entwicklungsschritt zum Dream-Team zu gehen
- Alle Mitarbeitenden behandeln sich bei Kritik respektvoll, ehrlich, fair und problemlösungsorientiert
- Gemeinsam ein Gefühl der Zusammengehörigkeit entwickeln und willens sein, Konflikte produktiv zu lösen
- Konflikte frühzeitig und immer nur im Beisein der Beteiligten ansprechen
- Alle Mitarbeitenden wollen eine Lösung finden; es geht nicht darum, einen Schuldigen verantwortlich zu machen
- Gemeinsam Kultur etablieren, in der Lösungsfinder und Bessermacher das größte Ansehen genießen

Übung: Setzen Sie die Umsetzungstipps für Innendienstmitarbeiter um

Blättern Sie zurück zu jenen zehn Umsetzungstipps und setzen Sie sie um. Notieren Sie die Ergebnisse Ihrer Überlegungen beziehungsweise Ihre Vorgehensweise in Tab. 1. Nutzen Sie hierzu auch Ihr Strategiebuch.

Tab. 1 Tandemlösung: Als Innendienstmitarbeiter Umsetzungstipps anwenden

Umsetzungstipp	Ergebnis/Vorgehen
Verhältnis zum Außendienst reflektieren und Bereitschaft prüfen, die neue Rolle in dem Tandem anzunehmen	
Bereitschaft zum Umdenken und zur Durchführung der Veränderungs- und Anpassungsprozesse	
Überlegungen zu fehlenden verkäuferischen Kompetenzen	
Gespräch mit Führungskraft zu verkaufsaktiven Fähigkeiten	
Möglichkeit einer Hospitation	
Aktivitäten, um das Verhältnis zum Tandempartner zu optimieren	
Informelle Treffen und Aktivitäten mit Tandempartner	
Verhältnis zu Verkaufszielen der Abteilung klären	
Ideen zur Verbesserung der Motivationskraft, um notwendige Veränderungen anzugehen	
Hinterfragen der Einstellungen und Gewohnheiten, die Weiterentwicklung behindern	

Literatur

Koschinski, R. (2022). Das neue Dream-Team. *Sales Excellence, 12*(2022), 10–12.

Impuls 11 – E wie Einwandbehandlung

Mit der 6A-Methode Kundeneinwände als Wegweiser zum Abschluss nutzen

>> *Sie lernen, dass Kundeneinwände oft direkte Wegweiser zum Erfolg sind. Wer angemessen mit ihnen umzugehen versteht, hat den Vorteil, sich einen direkten Zugang zum Abschluss zu bahnen.*

Ich sitze mit Innen- und Außendienstlern im Seminarraum. Bei keinem anderen Thema tun sich so tiefe Gräben auf wie bei der Einwandbehandlung. Der Grund: Die erfahrenen Außendienstmitarbeiter wissen, wie kontraproduktiv und geradezu gefährlich es ist, Kundeneinwände entkräften zu wollen. Äußerungen wie „Ja, aber …" und „So können Sie das nicht sehen …" sind Gift für die Kundenbeziehung und führen die Beteiligten in eine verbale Schlammschlacht, die der Verkäufer nicht gewinnen kann, weil der Kunde immer am längeren Hebel sitzt. Das „aber" in „Ja, aber" und „So können Sie das aber nicht sehen …" setzen den Verkäufer ins Recht und den Kunden ins Unrecht. So entsteht eine emotional heikle Situation. Die Frage ist: Wie wird sich der Kunde zur Wehr setzen? Richtig, er rächt sich, indem er einfach nicht kauft!

R. Koschinski, *40 Impulse für den neuen Vertriebsinnendienst*, https://doi.org/10.1007/978-3-658-44581-2_11

Wie gesagt: Erfahrene Außendienstler wissen das. Innendienstler hingegen nicht. Oder sie wissen es, es fehlt ihnen jedoch in der konkreten Situation, in der der Kunde seine Einwände erhebt, an geeigneten Reaktionsmöglichkeiten.

Fünf Prinzipien für einen erfolgreichen Umgang mit Einwänden

Es ist zielführend, sich als Innendienstler mit diesen zentralen Prinzipien zur Einwandbehandlung zu beschäftigen:

Prinzip 1: Haben Sie keine Angst vor Einwänden
Einwände sind versteckte Kaufsignale. Der Kunde drückt damit nicht sein Desinteresse aus, sondern signalisiert: „Ihr Angebot klingt interessant, aber ich bin noch nicht zu 100 Prozent überzeugt. Geben Sie mir mehr handfeste Gründe, mich für Sie und Ihr Unternehmen zu entscheiden!"
Was ebenfalls möglich ist: Hinter dem Einwand verbirgt sich eine Frage. Ein einfaches Beispiel: Der Kunde arbeitet mit dem Standardeinwand „zu teuer". Dahinter könnte sich die Frage verbergen, ob sich die hohe Investition für ihn lohnt – darauf sollten Sie jetzt eingehen und den Kunden mit unwiderstehlichen Nutzenargumenten überzeugen, dass sich die Investition für ihn rentiert!

Prinzip 2: Nehmen Sie den Einwand ernst, denn der Kunde hat (aus seiner Sicht) immer recht
Gehen Sie auf den Einwand ein, fragen Sie nach, hören Sie gut zu, es geht nicht darum, den Einwand nicht zu entkräften, sondern ihn zu verstehen, um die darin verborgenen Kaufsignale zu erkennen und an sie anzuknüpfen. Ein Einwand kann ein Widerstand sein, bei dem ein an sich interessierter Kunde sich wünscht, von Ihnen doch noch überzeugt zu werden.

Prinzip 3: Der Einwand ist eine Chance für Sie, darum ist es notwendig, ihn zu identifizieren
Klären Sie, ob es sich um einen wirklichen Einwand (ein Kaufsignal) handelt oder um eine Vorwand, indem Sie die „Nur einmal angenommen"-Frage

stellen: Der Kunde äußert: „Dafür haben wir schon einen Dienstleister". Ihre Reaktion: „Nur einmal angenommen, wir könnten diesen Stolperstein beiseite räumen: Würden wir uns weiter unterhalten?" Oder er bemängelt die Qualität, Sie sagen: „Nur einmal angenommen, das Produkt hätte die von Ihnen gewünschte Qualität, sind Sie dann weiterhin interessiert?" Wenn der Kunde die Frage bejaht, wissen Sie, wo Sie anzusetzen haben. Verneint er jedoch und bringt etwa den Preis ins Spiel, handelt es sich bei dem Qualitätseinwand um einen Vorwand.

Prinzip 4: Prüfen Sie stets, ob Einwände dem Profilierungsdrang des Kunden dienen
Viele Kunden erheben Einwände, um sich gegen den Verkäufer zu behaupten. Während sich der Verkäufer auf der Sachebene mit Nutzenargumenten abarbeitet und mit der Beschreibung der Vorteile einer Kaufentscheidung zu punkten versucht, „kämpft" der Kunde längst auf der Beziehungsebene darum, sich mithilfe seiner Vor- und Einwände gegen den Verkäufer durchzusetzen. Für Sie gilt es, dies zu erkennen und das Gespräch wieder auf die Sachebene zu hieven.

Prinzip 5: Separieren Sie den Einwand
Hinterfragen Sie die Äußerungen des Kunden so lange, bis Sie einen sachlich begründeten Einwand festgestellt haben. Wenn er zum Beispiel äußert, er müsse das Angebot noch mit jemanden besprechen, fragen Sie konkret nach: „Mit wem wollen Sie was noch besprechen?"

Kontrollieren Sie zudem, ob Sie den wahren Einwand erkannt haben: „Habe ich Sie richtig verstanden, dass …?" Bejaht der Kunde dies, ist das der Moment, um die Einwandbehandlung zu starten.

Geländer gibt Sicherheit: Die 6A-Methode der erfolgreichen Einwandbehandlung

Innendienstler haben meistens relativ wenig Erfahrung damit, mithilfe einer aktiven und überzeugenden Einwandbehandlung verkaufsaktiv zu agieren. Darum ist es hilfreich, über ein Schema oder ein Raster zu verfügen, also ein Geländer, an dem Sie sich orientieren können und das Ihnen Sicherheit bei der Einwandbehandlung gibt, wenn es Ihnen um eine verkaufsaktivere Vorgehensweise geht. Bewährt hat sich die 6A-Methode:

- *Annehmen*: Verdeutlichen Sie, dass Sie den Einwand ernstnehmen, indem Sie aktiv zuhören, einen Stoßdämpfer setzen und klar machen, dass Sie den Einwand annehmen: „Richtig, die Auswirkungen auf die Kosten sind sehr wichtig, da haben Sie recht." Ratsam ist es, den Einwand nicht nur zu akzeptieren, sondern den Kunden dafür sogar zu loben, und zwar so, dass es nicht aufdringlich wirkt, sondern ehrlich: „Es ist richtig, dass Sie die Preise vergleichen. Und Sie fragen sich mit Recht, warum das Produkt XY diesen Preis hat. Das hat mit der besonderen Wirkweise des Materials zu tun, die ich Ihnen gern erläutern will …".
- *Aufklären*: Grenzen Sie den Einwand ein, etwa: „Was verstehen Sie in diesem Zusammenhang unter ‚riskant'? Was konkret meinen Sie, wenn Sie die unzureichende Qualität ansprechen?"
- *Antworten*: Wenn Ihr Vorschlag Nachteile hat, die Sie nicht wegdiskutieren können, betonen Sie die Nutzenaspekte: „Aus dieser Perspektive stimme ich Ihnen zu. Dafür gewinnen Sie mit unserem Angebot andererseits die Sicherheit, dass …" Gemeint ist zudem, den Kunden nicht zu vertrösten – „Darauf gehe ich später noch ausführlich ein" –, sondern ihm direkt nach seiner Formulierung des Einwandes zu antworten.
- *Aber-Vermeidung*: Nichts konterkariert das Interesse eines Kunden mehr als Ihr „Aber" oder „Ja, aber". Es löst eine unbewusste Gegenreaktion auf Kundenseite aus: „Erst stimmt er mir zu, und dann kommt doch noch das große Aber. Der meint wohl, er weiß alles besser als ich." Darum ist es zielführender, die „Ja, und"-Technik anzuwenden, etwa: „*Ja*, ich sehe, dass mein Angebot Ihren Ansprüchen nicht gerecht wird, *und* darum möchte ich, wenn Sie gestatten, auf einen weiteren Nutzenaspekt meines Angebots eingehen …".
- *Aufwerten*: Verleihen Sie Ihren Argumenten ein größeres Gewicht, indem Sie Nutzen pur bieten und zum Beispiel ein Rundum-

Lösungspaket offerieren: „Was halten Sie davon, wenn ich für Sie das folgende Serviceangebot schnüre? Es umfasst die folgenden Leistungen …".

- *Abgleichen*: Holen Sie bei dem Kunden immer wieder die Erlaubnis ein, fortzufahren: „Beantwortet meine Erläuterung Ihre Frage? … Okay, dann fahre ich fort …" Beachten Sie: Der Kunde möchte vor allem verstehen, warum sich eine Zusammenarbeit mit Ihnen lohnt.

Annehmen, Aufklären, Antworten, Aber-Vermeidung, Aufwerten und Abgleichen – auch die 6A-Methode stellt kein Allheilmittel für den richtigen und angemessenen Umgang mit Kundeneinwänden dar. Wichtig insbesondere für verkaufsaktive Innendienstmitarbeitende ist, die 6A-Methode kontinuierlich einzuüben und anzuwenden, das Vorgehen natürlich dem jeweiligen Kundengespräch anzupassen und so nach und nach Sicherheit im Umgang mit der Methode aufzubauen (Abb. 1).

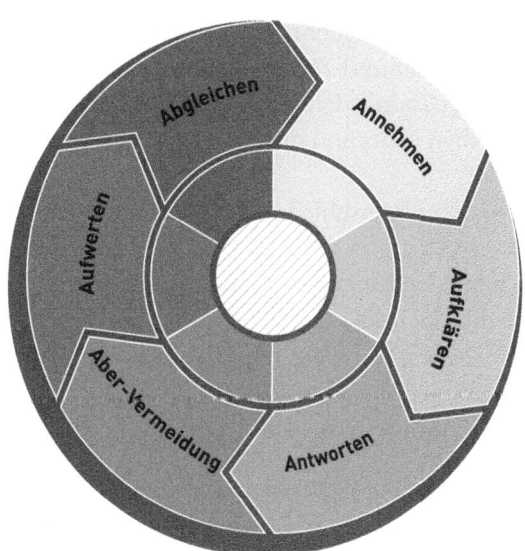

Abb. 1   Die 6A-Methode der Einwandbehandlung

Übung: Bereiten Sie sich auf Ihre Einwandbehandlung systematisch vor

Perfektionieren Sie Ihre Einwandbehandlung, indem Sie – am besten gemeinsam mit Kollegen und Ihrer Führungskraft, etwa in einem Meeting – wie folgt agieren:

- Schritt 1: Gehen Sie mithilfe der Checkliste in die Ist-Analyse und stellen Sie für jeden Mitarbeitenden fest, in welchen Bereichen es Verbesserungspotenzial gibt – dies ist bei Nein-Antworten der Fall. Legen Sie Umsetzungsschritte zur Potenzialentwicklung fest.

Checkliste: Wo liegen Verbesserungspotenziale für Ihre Einwandbehandlung brach?
  - Sehen Sie einen Einwand als Herausforderung und Chance an?
  - Bereiten Sie Ihre Einwandbehandlungen vor (ohne Vorbereitung bereiten Sie nur Ihr Scheitern vor!)? Wie sieht die Vorbereitung aus?
  - Sind Sie von Ihrem Angebot überzeugt?
  - Gehen Sie mit Mut und Zuversicht in die Einwandbehandlung?
  - Zeigen Sie Verständnis dafür, dass der Kunde eine andere Sicht auf die Dinge haben kann und die Einwände aus seiner Perspektive berechtigt sind?
  - Kennen Sie den Unterschied zwischen einem Vorwand und einem Einwand?
  - Vermeiden Sie den Einsatz der „Ja, aber"-Technik?
  - Setzen Sie die „Ja, und"-Technik professionell ein?
  - Wissen Sie, was unter dem Profilierungsdrang des Kunden verstanden wird?
  - Kennen Sie mindestens fünf Einwandbehandlungsmethoden? Welche?

- Schritt 2: Besprechen Sie, aus welchen Gründen Ihre Kunden Einwände formulieren – alle Beteiligten berichten von authentischen Beispielen aus Ihrem Alltag.
- Schritt 3: Bilden Sie Cluster, suchen Sie in den Beispielen nach Gemeinsamkeiten, um idealtypische Einwandsituationen zu formulieren.

- Schritt 4: Thematisieren Sie den Profilierungsdrang des Kunden als Grund für Einwände und suchen Sie nach Möglichkeiten, konstruktiv mit ihm umzugehen.
- Schritt 5: Nehmen Sie sich die Cluster vor und formulieren Sie für die typischen Einwandsituationen Lösungen, bis hin zu konkreten Formulierungen.
- Schritt 6: Üben Sie in Rollenspielen die Umsetzung der Lösungen ein.
- Schritt 7: Gehen Sie in die praktische Umsetzung. Im nächsten Meeting berichtet jeder von seinen Erfahrungen, die Gruppe erarbeitet auf dieser Grundlage Verbesserungsvorschläge.

Impuls 12 – F wie Fragetechniken

Mit den richtigen Fragen wahres Interesse am Kunden und seiner Vorstellungswelt zeigen

>> *Sie erfahren, mit welcher Einstellung und welchen zehn Top-Fragetechniken es Ihnen gelingt, die Erwartungen Ihres Kunden kennenzulernen und ihm Ihr aufrichtiges Interesse zu bekunden.*

In diesem Praxisratgeber für den Innendienst wird des Öfteren betont und gezeigt, wie wichtig es ist, sich dem Kunden mit Neugier und Interesse zu nähern. Es geht darum, sich in seine Schuhe zu stellen, auf seinen Stuhl zu setzen, seine Vorstellungswelt zu betreten und den Perspektivenwechsel zu beherrschen, um sich seine Wahrnehmungsbrille aufzusetzen. Das bedeutsamste Instrument dabei ist die Frage. Dabei ist nicht entscheidend, nun das gesamte Fragenarsenal und alle Fragetechniken zu beherrschen. Zentral sind vielmehr Ihre Haltung und Ihre Denkweise, mithilfe von Fragen das Universum des Kunden zu betreten und zu erkunden, um ihn auf dieser Basis optimal beraten zu können und die Problemlösung einkaufen zu lassen, die ihm am meisten nutzt.

© Der/die Autor(en), exklusiv lizenziert an Springer Fachmedien Wiesbaden GmbH, ein Teil von Springer Nature 2024
R. Koschinski, *40 Impulse für den neuen Vertriebsinnendienst*,
https://doi.org/10.1007/978-3-658-44581-2_12

> Wer fragt, bekundet dem Gesprächspartner, dass er wahrhaftig an dem interessiert ist, was ihn bewegt. Wer fragt, belegt sein unverfälschtes Interesse an der Welt des Kunden, denn er will mit seinen Fragen tief in dessen Welt eintauchen.

Die Fragetechniken dienen letztendlich nicht nur dazu, Informationen zu erhalten. Sie unterstützen Sie dabei, eine tiefere Beziehung zum Kunden aufzubauen und ihm glaubwürdig zu beweisen, dass Sie sich für ihn und seine Bedürfnisse interessieren. Je besser Sie die richtigen Fragen stellen können, desto besser werden Sie in der Lage sein, maßgeschneiderte Lösungen anzubieten und Kunden zu begeistern.

Die zehn Top-Fragetechniken des wahrhaftigen Interesses

Welche Fragetechniken sind die wichtigsten? Ich stelle Ihnen im Folgenden eine subjektive Auswahl vor, indem ich Ihnen die zehn Top-Fragetechniken für den verkaufsaktiven Innendienstler vorstelle.

Warum aber gerade diese zehn Top-Fragetechniken? Nun, verkaufsaktive Inside-Sales-Mitarbeitende sollten in der Kürze der Zeit, die ihnen in der Regel zur Verfügung steht, möglichst mit einfach strukturierten Fragen arbeiten. Ein weiteres Kriterium ist, den Redeanteil des Kunden deutlich zu erhöhen, um möglichst viel über ihn und seine Erwartungen zu erfahren. Zudem lenken die meisten der folgenden Fragen das Gespräch in die gewünschte Richtung und erlauben es, herauszufinden, ob Ihre Äußerungen beim Kunden richtig angekommen sind.

> Interesse bekunden, Einfachheit, Redeanteil erhöhen, Gesprächsführung, Klarheit: Das sind die fünf Kriterien für meine subjektive Auswahl der zehn Top-Fragetechniken.

Halten Sie den Dialog offen

Die Top-10-Liste wird angeführt von den *offenen Fragen*. Offene Fragen öffnen den Gesprächspartner und halten das Gespräch offen, Sie erfahren so viel Neues über den Kunden – denn dieser kann in beliebiger Art und Weise und Ausführlichkeit antworten. Offene Fragen beginnen meistens mit einem W-Wort: „Welche Erwartungen haben Sie?", „Was halten Sie davon?", „Warum sind Sie der Ansicht …?"

Selbst wenn die offene Frage die Königsfrage darstellt, darf die geschlossene Frage nicht vernachlässigt werden, etwa wenn es darum geht, eine Information einzuholen und das Gespräch in die von Ihnen gewünschte Richtung zu lenken. Geschlossene Fragen beginnen mit einem Verb und erlauben lediglich eine kurze Antwort, etwa „Ja" oder „Nein". Während geschlossene Fragen Faktenfragen sind, stellen offene Fragen Meinungsfragen dar – meistens erlauben Ihnen die Antworten auf offene Fragen Rückschlüsse auf die Ansichten, Einstellungen, Motive und Meinungen des Kunden.

Auf Platz 2 folgen die *Nützlichkeitsfragen*. Sie kombinieren die Frage nach dem Nutzen mit der offenen Frage und animieren den Kunden zum Nachdenken. Beispiele sind: „Was halten Sie von der Kostenersparnis?" und „Wie denken Sie über den Vorteil, so zur Motivation Ihrer Mitarbeitenden beizutragen?" Der Clou besteht darin, in der Fragestellung den möglichen Kundennutzen zu platzieren. Sie erhalten Aufschluss über die Meinung des Kunden zu einem Nutzen, den Sie zu bieten haben.

Mit auf dem Siegertreppchen befinden sich die *Bedarfsanalysefragen*, mit denen Sie Informationen zu den besonderen Bedürfnissen des Kunden erhalten: „Welche Ziele verfolgen Sie, und wie können wir zur Zielerreichung beitragen?" Solche Fragen sind Wegweiser, um punktgenaue Kundenlösungen zu finden oder zu kreieren. Ähnliches gilt für die *zukunftsorientierten Fragen* auf Platz 4: Mit ihnen regen Sie den Gesprächspartner dazu an, über seine zukünftigen Herausforderungen und Engpassfaktoren zu reflektieren, zu denen Sie ihm eine Lösung anbieten: „Wie wird sich Ihr Business in den nächsten x Jahren entwickeln und wie können wir Sie dabei unterstützen?"

Treiben Sie den Dialog voran

Zu den wertschätzenden Fragen, die den Dialog mit dem Kunden voranbringen, gehören die *Informationsfragen*, die Ihnen helfen, Informationen zum Kunden oder zum Gesprächsgegenstand einzuholen. Auf Platz 6 finden Sie die Zuspitzung der Informationsfragen, nämlich die *Alternativfragen*, für die das Wort „oder" typisch ist. Mit ihnen grenzen Sie die Antwortoptionen ein und erfahren, ob und was der Kunde bevorzugt: „Nehmen Sie die Stückzahl von 100 oder bevorzugen Sie 200 Stück? Bei Letzterem können wir Ihnen eine Rabatt einräumen." Oder: „Wünschen Sie die Standardversion oder wollen Sie die Ausführung mit den zusätzlichen Funktionen?" Bietet keine der Optionen die Möglichkeit, die Frage zu beantworten, bauen Sie am besten wieder eine Informationsfrage ein. Übrigens: Alternativfragen können Sie überdies für den Gesprächsabschluss nutzen, indem Sie den Dialog zusammenzufassen und eine Entscheidung herbeiführen: „Wünschen Sie X oder Y?"

Sichern Sie den Dialog ab

Zu den weiteren wichtigen Fragearten gehören diejenigen, mit denen sich Missverständnisse ausschließen und die Kommunikations- und Informationsflüsse in Gang halten lassen. Dazu zählen insbesondere die Vertiefungs- oder Präzisierungsfragen und die Bestätigungsfragen. Die *Vertiefungs- oder Präzisierungsfragen* führen tiefer in ein Thema – auch, um ein besseres Verständnis zum Gesprächsinhalt zu erlangen, etwa: „Können Sie mir mehr über den IT-Prozess sagen, den Sie bewältigen müssen, um zukunftstauglich zu bleiben?"

Die Frage „Habe ich Sie richtig verstanden, dass Sie nach einer Lösung suchen, mit der Sie die Produktivität steigern können?" ist ein Beispiel für eine *Bestätigungsfrage*, mit der Sie sicherstellen, dass Sie die Bedürfnisse des Kunden nachvollziehen können und richtig verstanden haben.

Auf den Plätzen 9 und 10 folgen schließlich die *Organisationsfragen* und die *Zustimmungsfragen*. Erstere dienen dazu, zum Beispiel wichtige Zeitpunkte und Deadlines zu klären („Wann haben Sie vor, mit der Umsetzung unserer Lösung zu starten?"), zweitere können Sie nutzen, um sich der Zustimmung und des Einverständnisses des Kunden zu versichern. Schließlich wollen und müssen Sie wissen, ob Sie sich noch auf dem richtigen Lösungsweg befinden: „Sind Sie mit mir der Meinung, dass wir so Ihre Kosten senken und Ihre Produktivität steigern können?"

Den Kunden nicht verärgern

Vergessen Sie nicht, Fragen zu vermeiden, die der Gesprächspartner als wenig wertschätzend oder gar manipulativ empfinden könnte. Dazu zählt die rhetorische Scheinfrage oder unterschwellige Suggestivfrage, bei der Sie keine Antwort erwarten, sondern lediglich um die Zustimmung des Kunden buhlen und ihn beeinflussen wollen: „Sie wollen doch sicherlich unsere Preisvorteile nutzen?" Bei der Gegenfrage antworten Sie auf eine Frage des Kunden ebenfalls mit einer Frage. Manchmal dient sie der Konkretisierung des Sachverhalts, sie wird aber – oft zu Recht – vom Kunden meistens als unfair empfunden, denn so weichen Sie einer Antwort aus.

Übung zur Selbstmotivation: Trainieren Sie die zehn Top-Fragetechniken

Damit Sie die Fragetechniken gern und professionell einsetzen, müssen Sie sie trainieren.

Transferieren Sie die Top-10-Fragetechniken auf Ihre Kundentelefonate und -kontakte. Gehen Sie Ihre letzten Gespräche durch und notieren Sie in Tab. 1, mit welchen Fragen Sie die Gespräche hätten optimieren können. Nutzen Sie auch Ihr Strategiebuch für Notizen.

Tab. 1 Fragetechniken trainieren

Fragetechnik	Ihre Beispielfrage dazu
Offene Frage	
Nützlichkeitsfrage	
Bedarfsanalysefrage	
Zukunftsorientierte Frage	
Informationsfrage	
Alternativfrage	
Vertiefungs- oder Präzisierungsfrage	
Bestätigungsfrage	
Organisationsfrage	
Zustimmungsfrage	

Impuls 13 – G wie Gesprächsführung

Die Kommunikation verkaufsaktiv(er) ausrichten

» *Der Impuls enthält Grundlagenwissen für die verkaufsaktivere Kundenkommunikation. Sie erhalten Hinweise, wie Sie Ihre Kundenkommunikation optimieren.*

Innendienstmitarbeiterin Gisela Müller schafft es einfach nicht, sich von ihrem inneren Programm „Ich bin dafür zuständig, für den Außendienst Termine zu vereinbaren und den Besuch des Außendienstlers beim Kunden zu organisieren!" zu lösen. Kein Wunder, sie hat es jahrelang so gehandhabt, und das auch äußerst erfolgreich. Daher gelingt es ihr nicht, sich von dieser Haltung zu verabschieden. Was tun?

Gesprächsleitfaden verkaufsaktiver aufbauen

Natürlich spielt der motivatorische Aspekt eine Rolle: Die Innendienstmitarbeiterin Gisela Müller verdeutlicht sich, dass sie weniger reine Informationsgespräche mit dem Kunden führen, sondern überdies eine persönliche Beziehung zu ihm aufbauen sollte. Dieser Mentalitätswandel wird in Gesprächen mit ihrer Chefin vorbereitet. Zudem wird sie von einer erfahrenen Verkaufsmitarbeiterin als Patin und Mentorin begleitet. Diese gibt ihr wertvolle Tipps, wie sie ihre Telefonate verkaufsaktiver strukturiert.

Das allein jedoch genügt nicht: Entscheidend ist, dass Gisela Müller ihre Arbeitswerkzeuge verkaufsaktiver ausrichtet und zum Beispiel ihren Gesprächsleitfaden entsprechend erweitert. Ein verkaufsaktiver Gesprächsleitfaden umfasst den Aspekt, dass sie sich intensiv auf den Kundenkontakt vorbereitet und sich auf der Website des Kundenunternehmens über ihren Gesprächspartner informiert. So weiß sie aus dem Effeff, mit welchem Kundentyp (siehe Kap. „Impuls 20 – K wie Kundenmanagement und Kundentypen" und „Impuls 33 – V wie Verhaltensweisen im direkten Kundenkontakt") sie zu tun hat und welchen Gesprächsaufhänger und wirkungsvollen Einstieg sie wählen sollte, um das Interesse des Kunden zu wecken und eine emotional geprägte Beziehung zu ihm aufzubauen. Jetzt ist sie in der Lage, den Dialog kundenspezifisch zu führen.

Mit Fragen und der ZUAP-Methode überzeugen

Die verkaufsaktivere Ausrichtung des Gesprächs gehört zu den großen Herausforderungen, vor denen die Innendienstmitarbeiterin steht. Termine zu vereinbaren – das fällt ihr leicht, die Terminvereinbarung stand jahrelang im Fokus ihrer Telefonate. Jetzt steht Gisela Müller vor der Herausforderung, ihre Fragetechnik so zu erweitern und zu perfektionieren, dass sie die Bedürfnisse des Kunden konkret ermitteln kann. Dies gelingt ihr, indem sie mit geschickten Fragen (siehe Kap. „Impuls 12 – F wie Fragetechniken") den Kunden auf die Gedankenreise schickt und bei ihm das Kopfkino starten: „Was genau erwarten Sie von uns? Welches Ihrer Engpassprobleme lässt sich mit unserer Unterstützung lösen?"

Hilfreich in diesem Zusammenhang ist der Einsatz der **ZUAP**-Methode, bei der die Innendienstlerin primär versucht, aktiv und offensiv Informationen, und zwar

- zu den **Z**ielen des Kunden,
- zu seinem **U**nternehmen,
- zu den **A**nforderungen etwa an Produkt und Services und
- zu den **P**rozessen zu erfragen, die für sie von Bedeutung sind, zum Beispiel zu den Entscheidungswegen und den Personen und Abteilungen, die an den Entscheidungen beteiligt sind.

> Von elementarer Bedeutung sind die Vertiefungsfragen, mit denen Gisela Müller die Antworten und Äußerungen des Kunden hinterfragt, um immer tiefer in dessen Sprach-, Vorstellungs- und Nutzenwelt einzutauchen.

Sehen, hören, fühlen, schmecken und riechen

Zudem baut sie das Gespräch nun ratiomotional auf. Der Hintergrund: Jeder Kunde verfügt über einen rationalen und einen emotionalen Zugang zur Welt, der Mensch ist ein Vernunft- und ein Gefühlswesen zugleich (Häusel, 2019). Und darum ist es notwendig, eine ausbalancierte Mischung zwischen einer eher sachlich-rationalen Ansprache und einer emotionalen Ausrichtung des Gesprächs zu finden.

Konkret: Unsere Innendienstmitarbeiterin fragt erst einmal eher allgemeine Informationen ab, thematisiert mithin die rational-sachlichen Aspekte. Dann jedoch stößt sie zu den persönlichen und emotional berührenden Motiven vor. Natürlich gelingt dies nur, wenn Gisela Müller rationale und emotionale Argumente in ihrem Überzeugungsköcher hat und über Argumentationstechniken wie etwa die Fünfsatztechnik und die Debattentechnik verfügt. Bei der Emotionalisierung schließlich nutzt sie die Klaviatur der Gefühle und Sinneskanäle und triggert den visuellen, den auditiven und den haptischen Sinneskanal. Wichtig ist, möglichst viele Sinneskanäle anzusprechen.

Da die Beratung in der Regel am Telefon stattfindet, ist die Innendienstlerin darauf angewiesen, bei der „sinnlichen" Ansprache entsprechende Sprachmuster einzusetzen und zu nutzen, etwa:

- „Stellen Sie sich vor, wie unser Produkt Ihnen dabei hilft …" oder „Wenn Sie xy nutzen, werden Sie sehen, dass …" (visueller Sinn).
- „Der Nutzen dabei ist so groß, dass Ihnen dabei Hören und Sehen vergeht" oder „Wie klingt das in Ihren Ohren?" (auditiver Sinn).
- „Wie fühlt sich das für Sie an?" oder „Das fühlt sich an, als ob …" oder „So begreifen Sie rasch, dass …" (haptischer Sinn).
- „Der Nutzen ist … Lassen Sie sich das doch einmal auf der Zunge zergehen." (Geschmackssinn).
- „Wenn das funktioniert, entwickelt sich rasch der süße Duft des Erfolgs." (Riechsinn).

> Bei Kunden, die Gisela Müller bereits seit Längerem kennt, weiß sie wahrscheinlich genau, um welchen Typus es sich handelt, und kann bei der ratiomotionalen Ansprache die richtigen Sinneskanäle ansprechen.

Einwände behandeln und Abschluss vorbereiten

All dies ist für klassische Innendienstmitarbeitende ungewohntes Terrain, weswegen die schrittweise Einarbeitung in die entsprechenden Gesprächstechniken notwendig ist. Besondere Herausforderungen stellen die Gesprächsphasen dar, in denen es gilt, Einwände zu behandeln oder den Abschluss vorzubereiten. Den Abschluss selbst werden die Außendienstkollegen angehen, die Aufgaben des Innendienstes liegen eher im Bereich des Cross-Sellings und des Up-Sellings (siehe Kap. „Impuls 8 – C wie Cross-Selling und Up-Selling"). In der Konsequenz sollte Gisela Müller vor allem drei Möglichkeiten nutzen, verkaufsaktiver zu agieren:

1. Sie wirkt atmosphärisch ein, indem sie zum Beispiel offen und transparent kommuniziert, individuell auf den Kunden eingeht, Interesse weckt und interessiert ist – und zwar vor allem am „Menschen im Kunden" und an seinen Erwartungen –, zuverlässig Zusagen und Versprechen einhält sowie auf Kundenäußerungen rasch und proaktiv reagiert.

2. Sie weiß, dass Einwände oft erste Kaufsignale darstellen und der Kunde „nur noch" weitere Argumente benötigt, um sich in Richtung einer Kaufentscheidung zu entwickeln. Darum sammelt sie die typischen Einwände ihrer Kunden und beschäftigt sich mit den wichtigsten kundenspezifischen Einwandbehandlungstechniken, die sie schließlich nach einer Einübungszeit im Gespräch aktualisiert.

3. Zudem ist ihr bekannt, dass der Abschluss die Phase ist, bei der oft selbst gestandenen Verkäufern der Angstschweiß ausbricht. Das nimmt ihr die Furcht davor, Vorabschlussfragen zu stellen wie: „Konnte ich alle Ihre Fragen beantworten?", „Was fehlt Ihnen noch?" und „Würden Sie sich für uns entscheiden?" Denn wenn sogar Verkäufer die Abschlussphase fürchten, kann Gisela Müller doch eigentlich nicht viel falsch machen! Mit Fragen wie „Wann sollen wir liefern?" und „Wie sollen wir liefern?" bereitet sie dem Abschluss zumindest den goldenen Boden.

Übung: Analysieren und optimieren Sie Ihre verkaufsaktive Gesprächsführung

Diese Übung können Sie selbst durchlaufen oder mit Ihren Mitarbeitenden durchführen.

In der Regel, und etwas vereinfachend, besteht ein Kundengespräch aus den folgenden Phasen:

- Eröffnungsphase: Begrüßung – Interesse wecken, Einstieg, Vertrauen aufbauen/erneuern
- Informationsphase: Bedarf klären und/oder wecken
- Argumentationsphase: Argumente präsentieren, Einwände identifizieren und behandeln
- Ziel- oder Abschlussphase: Kaufsignale erkennen und verstärken, Vorabschluss einleiten

Tab. 1 Verkaufsaktive Gesprächsführung optimieren

	Bisheriges verkaufsaktives Verhalten	Zukünftiges verkaufsaktives Verhalten (inkl. Ideen für Umsetzungsmaßnahmen)
1: Eröffnungsphase		
2: Informationsphase		
3: Argumentationsphase		
4: Zielphase		

Prüfen Sie – gegebenenfalls mithilfe einer Kollegin oder eines Kollegen, der während der Gespräche neben Ihnen sitzt und Ihnen Feedback gibt –, wie Sie es in den einzelnen Phasen um Ihre verkaufsaktiven Verhaltensweisen bestellt ist. Alternativ nehmen Sie Ihre Verkaufsgespräche (aber bitte mit der Zustimmung des Kunden!) auf, hören sich selbst ab und gehen in die Selbstreflexion und Selbstkritik.

In einem zweiten Schritt tragen Sie in der Tab. 1 ein, welche Verbesserungsmöglichkeiten Sie nutzen und welche Maßnahmen und Umsetzungsaktivitäten Sie dafür ergreifen wollen. Nutzen Sie auch hier ergänzend Ihr Strategiebuch.

Literatur

Häusel, H.-G. (2019). *Think Limbic Die Macht des Unbewussten nutzen für Management und Verkauf* (6. Aufl.). Haufe.

Impuls 14 – H wie Haltung zur Veränderungsbereitschaft

Erfolgreich durch und bei Veränderungen

>> *Sie erhalten eine Kurzanleitung, wie Sie Ihre Veränderungsbereitschaft stärken und erhöhen.*

Zugegeben – in diesem Buch wird einiges von Ihnen verlangt. Sie sollen raus aus der bequemen Haltung des reaktiven Auftragsabwicklers und sich zum verkaufsaktiven und intrinsisch motivierten Kundenmanager und Inside-Sales-Mitarbeiter entwickeln (siehe Kap. „Impuls 15, Inside Sales"), Sie sollen mehr akquirieren und verstärkt auf den Abschluss hinarbeiten. Damit nicht genug: Sie sollen „Verkaufen, ohne zu verkaufen" und den Aufbau wertschätzender und langfristig stabiler Kundenbeziehung anstreben. Das bedeutet für Sie Umstellung, Wandel, Wechsel, Anpassung, Veränderung, Transformation. Und das fällt Ihnen vielleicht schwer.

R. Koschinski, *40 Impulse für den neuen Vertriebsinnendienst*, https://doi.org/10.1007/978-3-658-44581-2_14

Haltung des Gelingens aufbauen und Motivation von innen heraus anstreben

Dass viele Menschen Probleme damit haben, sich zu verändern und eine profunde Veränderungsbereitschaft an den Tag zu legen, ist keine neue Einsicht. Die meisten von uns gehören zu den Bewahrern und aktivieren ihre Beharrungskräfte, um das Bewährte und Althergebrachte eben nicht ändern zu müssen. Da geht es den Menschen im Innendienst nicht anders als der großen Masse. Sprüche wie „Nichts ist so beständig wie der Wandel" (**Heraklit von Ephesus**) und „Wer immer tut, was er schon kann, bleibt immer das, was er schon ist" (wird Henry Ford nachgesagt) helfen nur bedingt weiter.

> Bleibt die Frage, wie Sie Ihre Veränderungsenergien freisetzen und nutzen können, wenn Sie vor der Herausforderung stehen, sich zum verkaufsaktiven Inside-Sales-Mitarbeiter zu entwickeln.

Die folgenden Inspirationen unterstützen Sie dabei, eine Haltung des Gelingens aufzubauen und sich von innen heraus zu motivieren, die erforderlichen Veränderungsprozesse anzugehen.

Inspiration 1: Analysieren Sie, welcher Veränderungstyp Sie sind
Es gibt auch hierzu einen (anonymen) Spruch, der da lautet: „Wenn der Wind der Veränderung weht, bauen die einen Mauern und die anderen Windmühlen." Zu welchem Typ gehören Sie? Wenn Sie Veränderungen positiv gegenüberstehen und sich mit ihrer Hilfe weiterentwickeln wollen, sollten Sie Ihren persönlichen Antriebs- und Handlungsmotiven (siehe Kap. „Impuls 3, Aktive Akquisition") auf die Spur kommen und sie dazu nutzen, noch energischer und mit noch mehr Rückenwind die erforderlichen Veränderungsprozesse anzustoßen. Die eigentliche Herausforderung freilich besteht darin, auch als „Mauer-Typ" den Wind of Change nicht tatenlos an sich vorbeiziehen zu lassen. Dann sollten Sie versuchen, zu einer Attitüde des Gelingens zu gelangen, und sich die Vorteile visualisieren und notieren, die eine Weiterentwicklung zum verkaufsaktiven Innendienstler für Sie persönlich mit sich bringt. Zudem ist es richtig, die Qualifikationen und Fähigkeiten zu erwerben

(siehe Kap. „Impuls 19, Kompetenzen und Mindset eines Inside-Sales-Mitarbeiters"), die Sie in die Lage versetzen, verkaufsaktiv zu agieren.

Inspiration 2: Nutzen Sie Ihre Veränderungstreiber
Gehen Sie in Ihr persönliches Veränderungscamp und fragen Sie sich: Was bewegt Sie wirklich? Was wollen Sie erreichen? Welche Werte sind Ihnen wichtig? Welche Ziele sind für Sie von größter Bedeutung? Denn wer weiß, wohin ihn sein Weg führen soll, ist eher bereit, sich anzupassen und zu verändern. Wer weiß, wofür und für welche Ziele man sich engagiert und einsetzt, baut eine höhere intrinsische Motivation auf. Ein Beispiel verdeutlicht den Weg, den Sie einschlagen können: Eine klassische Innendienstlerin, die ich bei der Weiterentwicklung zur Inside-Sales-Mitarbeiterin begleiten durfte, hatte am Ende des Entwicklungsprozesses diese Haltung des Gelingens aufgebaut:

> „Ich weiß jetzt, dass für mich die vier Motivatoren ‚Finanzielle Sicherheit', ‚Lob und Anerkennung', ‚Eigenverantwortliches Arbeiten' und ‚Kundenbegeisterung wecken' von besonderer Bedeutung sind. Wenn ich mich nun ans Telefon setze, um einen Interessenten zu überzeugen, oder ein Onlineakquisitionsgespräch mit einem Interessenten von PC zu PC führe, stelle ich mir meine vier Motivatoren in farbigen Bildern vor: ‚Ich überzeuge nun die Interessentin und entwickle sie zu einer zufriedenen Kundin, damit ich meiner Tochter den lang gehegten Wunsch erfüllen kann, ihr das neue iPhone zu schenken, zum Innendienstmitarbeiter des Monats gewählt werde und auch in Zukunft selbstbestimmt mein berufliches Leben gestalten kann!'"

Inspiration 3: Überfordern Sie sich nicht
Verdeutlichen Sie sich, dass nicht immer die große Veränderung notwendig ist, um das zu erreichen, was Sie sich vorgenommen haben. Eventuell genügt es, an ein paar Anpassungsschrauben zu drehen, um Ihre Ziele zu erreichen und Ihre Veränderungsbereitschaft zu erhöhen. Machen Sie sich klar, welche Veränderungsschritte tatsächlich notwendig sind, und prüfen Sie, was dies im Einzelnen für Sie bedeutet.

Handelt es sich wirklich um den revolutionären und disruptiven Changeprozess – oder genügen einige wenige und eher kleinräumige Anpassungen, um den nächsten Schritt in Richtung eines verkaufsaktiven Innendienstlers zu gehen?

Inspiration 4: Akzeptieren Sie Widerstand als etwas Normales
Oftmals hilft die Überlegung weiter, dass jede Veränderung Phasen durchläuft und es dabei auch immer Phasen gibt, die uns – den beteiligten Menschen – Mühe und Probleme bereiten. Das zeigt zum Beispiel das Drei-Phasenmodell nach Kurt Lewin, das dieser bereits 1947 entwickelt hat (Lindinger & Zeisel, 2013, S. 139 ff.). Demnach durchläuft ein Veränderungsprozess die Phasen „Auftauen", „Bewegen" und „Wiedereinfrieren" (unfreeze, move, refreeze). Damit eine Veränderung überhaupt möglich wird, müssen starre Strukturen, Einstellungen und Überzeugungen „aufgetaut" werden. Dazu müssen wir unsere Komfortzone verlassen, neue Gewohnheiten aufbauen und uns oft genug „neu erfinden". Es ist mithin vollkommen normal, dass sich Widerstand regt und wir uns gegen die Veränderung zur Wehr setzen. Wer dies weiß, kann die Anpassungsprobleme akzeptieren und konstruktiv(er) mit ihnen umgehen. Also: Begreifen Sie eine Veränderung stets als Prozess.

Ähnliches gilt für die Lernkurve, die wir bei Veränderungsprozessen durchlaufen: Aus einem Zustand der Stabilität geraten wir in einen Zustand des inneren Widerstandes, des Schocks, der Ablehnung und der Verneinung: „Das darf doch nicht wahr sein! Wer hat sich das denn schon wieder ausgedacht?" Erst nachdem zum einen eine rationale und dann zum anderen auch emotionale Überprüfung der Notwendigkeit und Sinnhaftigkeit der Veränderung erfolgt sind, können wir uns sukzessive mit ihr anfreunden: „Dafür sprechen folgende Gründe … Ich denke, ich lasse mich darauf ein!"

> Nun ist es uns möglich, Neues auszuprobieren, Widerstände zu überwinden, dabei auch Rückschläge zu bewältigen und schließlich unsere Stärken zu nutzen, um konstruktiv und produktiv mit der Veränderung umzugehen und unsere Verhaltensweisen entsprechend anzupassen.

Inspiration 5: „Ich habe mich verändert!"
Am Schluss des Veränderungsprozesses sollte die selbstbestimmte Überzeugung stehen, dass wir nicht von einer anonymen Macht verändert wurden, uns der Veränderungsprozess also nicht von außen übergestülpt worden ist, sondern wir ihn eigenverantwortlich gesteuert haben: Es ist wichtig, dass Sie nicht sagen: „Ich wurde verändert", sondern vielmehr: „Ich habe mich verändert, weil ich es so wollte!"

Übung: Haltung des Gelingens aufbauen

Der siamesische Zwilling der Veränderung heißt Widerstand. Wie gelingt es Ihnen, die Bewahrermentalität aufzubrechen, die besagt, man solle das Bewährte nicht verändern und lieber alles so lassen, wie es doch schon immer war? Beschäftigen Sie sich dazu mit diesen Fragen:

- Was halten Sie von Veränderungen im Allgemeinen?
- Wann und inwiefern haben Ihnen Veränderungen geschadet beziehungsweise geholfen, Ihre Ziele zu erreichen?
- Inwiefern sehen Sie Unterschiede zwischen Veränderungen, die Ihnen von außen aufgezwungen wurden, und selbstbestimmten Veränderungen?
- Welche Widerstände haben sich bei von außen aufgezwungenen Veränderungen aufgetan? Wie haben Sie sie überwunden, wie werden Sie sie in Zukunft überwinden?
- Welche Möglichkeiten nutzen Sie zukünftig, um Ihre Veränderungsbereitschaft zu erhöhen?

Setzen Sie nun diese sieben Schritte um:

- *Schritt 1 – Selbstreflexion:* Warum möchten Sie den Übergang vom Innendienst zum Inside Sales durchführen? Welche persönlichen und beruflichen Ziele verfolgen Sie damit?
- *Schritt 2 – Motivatoren:* Welche Veränderungstreiber (Ihre Handlungsmotive) wollen Sie dabei nutzen?
- *Schritt 3 – Kompetenzen:* Welche Fähigkeiten sind notwendig, damit Sie sich zum Inside-Sales-Mitarbeiter entwickeln können?
- *Schritt 4 – Weiterbildung:* Investieren Sie in Ihre berufliche Weiterentwicklung, um die Kompetenzen aufzubauen. Nutzen Sie Onlinekurse, Seminare und Fachbücher, um Ihre Verkaufsfähigkeiten zu verbessern. Legen Sie verkaufsaktive Lernziele fest, die Sie offensiv verfolgen.
- *Schritt 5 – Zielsetzung:* Definieren Sie, was Sie in Ihrer neuen Rolle als Inside-Sales-Mitarbeiter erreichen möchten (etwa Anzahl der Akquisitionsgespräche, Steigerung der Umsätze).

- *Schritt 6 – Aktionsplan:* Welche Schritte wollen Sie unternehmen, um Ihre Ziele zu erreichen (etwa Kundenakquisitionsstrategien entwickeln, Verkaufsgespräche üben, regelmäßig Angebote nachverfolgen)?
- *Schritt 7 – Selbstmotivation:* Belohnen Sie Ihre Fortschritte. Schreiben Sie Ihre Ziele auf und hängen Sie den Zettel an einen gut sichtbaren Ort.

Literatur

Lindinger, C., & Zeisel, N. (2013). *Spitzenleistung durch Leadership.* Springer Gabler.

Impuls 15 – I wie Inside Sales

Vom reaktiven Auftragsabwickler zum aktiven und intrinsisch motivierten Kundenmanager

> **»** *Der Impuls zeigt die Vorteile auf, die durch die Entwicklung hin zum Inside Sales entstehen. Sie erhalten Auskunft über die wichtigsten Aufgaben, die Sie erwarten.*

Die Köpfe rauchen! Bereits seit mehreren Stunden tagen die Entscheider des Unternehmens aus dem B2B-Bereich zu der Frage, wie die Neuausrichtung des Vertriebs ausgestaltet werden soll. Mit dabei sind die Betroffenen – die Mitarbeitenden, die im Inside Sales tätig sein werden.

Ziel ist der Aufbau eines verkaufsaktiven Innendienstes. „Der Innendienst darf nicht weiterhin nur dafür da sein, die administrativen Aufgaben des Außendienstes zu erledigen!" – das ist eine der Forderungen, die die potenziellen Inside-Sales-Mitarbeitenden haben. Inside Sales bedeutet, dass der Innendienst die kleineren Kunden betreut, damit sich die Außendienstmitarbeitenden den betreuungs- und beratungsintensiven Kunden widmen können – etwa den wichtigen Stammkunden und Schlüsselkunden. Oder auch den Wachstums- und Premiumkunden.

R. Koschinski, *40 Impulse für den neuen Vertriebsinnendienst*, https://doi.org/10.1007/978-3-658-44581-2_15

Zudem heißt es: „Aber die Inside-Sales-Mitarbeitenden sollen die Außendienstler unterstützen und bei den Wachstumskunden und den Premiumkunden ihre Möglichkeiten nutzen, um sie per Telefon und E-Mail zu begeistern. Es ist nicht notwendig, dass der Außendienst für Angelegenheiten rausfährt, die sich genauso gut oder gar effizienter am Telefon erledigen lassen." Das Stichwort „Hybrider Vertrieb" fällt. Für die Inside-Sales-Mitarbeitenden heißt das: Sie akquirieren aktiv, bauen eine persönlich-vertrauliche Beziehung zum Kunden auf und generieren Verkaufschancen.

Einer der Geschäftsführer wirft ein: „Wer sich vom reaktiven Auftragsabwickler und Terminvereinbarer zum aktiven Kundenmanager entwickeln will, braucht bestimmte Kompetenzen, die wir punktgenau definieren müssen, auch, damit wir unsere Weiterbildung und unser Recruiting darauf abstellen können."

Warum überhaupt Inside Sales? Was ist der Nutzen?

Lassen Sie uns nun das Meeting dieser Entscheider verlassen. Dort werden die Köpfe noch eine Weile weiterrauchen. Nach meiner Beobachtung haben die Teilnehmer einige Fragen angesprochen, die jedes Unternehmen zu beantworten hat, das mit Inside Sales erfolgreich arbeiten will – wobei diese Antworten auch für die Innendienstler relevant sind. Denn natürlich wollen diese wissen, was im Falle einer Etablierung einer Inside-Sales-Abteilung auf sie zukommt.

Firmen, die ihre Kunden dazu zwingen, immer nur mit Mitarbeitenden aus dem Außendienst zu kommunizieren, sind vom Untergang bedroht.

> Die Begründung, es sei doch nichts wichtiger als der persönliche Kontakt von Angesicht zu Angesicht, mag zwar edlen Motiven geschuldet sein, geht aber meilenweit an der Vertriebswirklichkeit vorbei.

Die Nutzenaspekte des Inside Sales liegen auf der Hand. Es sind mindestens vier Punkte zu berücksichtigen.

Der Kostenaspekt

Es ist zu teuer, die Außendienstmitarbeitenden quer durch das Verkaufsgebiet zu schicken, um mit dem Stammkunden lediglich einen Kaffee zu trinken. Natürlich: Wenn der Entscheidungsprozess weit vorangeschritten ist, ist es oft richtig, dass ein Außendienstler „übernimmt". Vorher jedoch findet der Austausch größtenteils telefonisch, per E-Mail und per Onlinemeeting statt. Soll heißen: Inside Sales ist deutlich flexibler, effektiver und kostengünstiger und führt beispielsweise zur erheblichen Reduktion der Reiseaktivitäten und -kosten. Trotzdem lässt sich mit Inside Sales die Reichweite deutlich erhöhen, weil der Innendienst regional unabhängiger agieren kann. Und die teuren Außendienstler werden dort eingesetzt, wo sich ihr Einsatz wirklich lohnt!

Der Kunde will es so!

Sicherlich gibt es Kunden, für die der persönliche Kontakt nach wie vor absolute Priorität genießt. Und das wird meiner Einschätzung nach immer so bleiben. Allein deswegen behält der Außendienst seine Legitimation und Daseinsberechtigung, selbst wenn der klassische Außendienstler langsam, aber sicher ausstirbt, wenn er nicht imstande ist, Anpassungs- und Veränderungsprozesse vorzunehmen. Auf der anderen Seite wandeln sich die Erwartungen und Ansprüche der Kunden. Auch im B2B-Bereich informieren sich die Kunden zu Produkten und Dienstleistungen überall und zu jeder Zeit. Oft wollen sie vor allem per Telefonkonferenz, E-Mails und Onlinemeeting kommunizieren, der persönliche Kontakt ist, oft aus Zeitgründen, nicht immer erwünscht – jedenfalls nicht mehr in der Intensität wie „früher". Diese Entwicklung mag man bedauern, vor allem jedoch gilt es, die individuellen Vorlieben der Kunden zu analysieren und herauszufinden, auf welchem Kontaktkanal sie vorrangig den kommunikativen Austausch wünschen.

> Der große Nachteil des Außendienstes besteht darin, an Ort und Zeit gebunden zu sein. Der Kunde jedoch will Antworten immer, sofort und überall. Und zwar substanzielle Antworten auf substanzielle Fragen!

Die Inside-Sales-Abteilung beantwortet Fragen und gibt Auskunft am Telefon, per Video-Konferenz, per E-Mail. Zudem ist sie der verlängerte Arm der Website, denn sie steht bei Fragen, die sich durch den Internetbesuch ergeben, etwa im Chat Rede und Antwort. Die Mitarbeitenden sind (so gut wie) immer erreichbar, die Reaktionszeiten der Inside-Sales-Abteilung liegt deutlich unter denen des Außendienstes, sodass sich der Vertriebszyklus (Sales Cycle) verkürzt.

Hybrid Sales – ja, bitte!

Durch die Kombination von Außendienst und verkaufsaktivem Innendienst können Kunden „hybrid" betreut werden. Dabei sind unterschiedliche Konstellationen denkbar: So gibt es Firmen, die Inside Sales primär zu Beginn einer Kundenbeziehung – bei der Akquise – und bei der Betreuung der Kunden nach dem Kauf einsetzen. Andere Unternehmen bevorzugen es, den gesamten Verkaufsprozess durch beide Abteilungen betreuen zu lassen und die Zusammenarbeit zwischen Innen- und Außendienst auf eine neue Basis zu heben (siehe Kap. „Impuls 40, Zusammenarbeit mit Außendienst").

Kundenkontaktcenter einrichten

Ein weiterer Grund, den Innendienst in die Richtung einer verkaufsaktiveren Abteilung zu entwickeln, ist, dass im B2B-Bereich immer öfter Kunden im Unternehmen anrufen, um wichtige Fragen zu stellen, deren Beantwortung die Kaufentscheidung maßgeblich beeinflussen. Es ist kontraproduktiv, wenn die Unternehmen in diesen Momenten der Wahrheit nicht in der Lage sind, auf das Anliegen des Kunden professionell zu reagieren.

Mit den „Momenten der Wahrheit" sind zum Beispiel die ersten Minuten eines Kontakts gemeint, in denen sich entscheidet, ob ein Kunde für immer geht – oder bleibt. Mit anderen Worten:

> Agiert ein Innendienstler in einem „Moment der Wahrheit" professionell und angemessen auf den Kunden, wird das Unternehmen davon profitieren.

Das bedeutet: Mit einem reaktiven Innendienst, der sich nach wie vor lediglich als reaktiver Auftragsabwickler und Auskunftsorgan des Außendienstes versteht, schadet sich das Unternehmen. Und darum gehen viele Firmen dazu über, Kundenkontaktcenter einzurichten, in denen kompetente Mitarbeitende bei Inbound-Anrufen nicht nur Auskunft geben, sondern qualifizierte Verkaufsimpulse ausstrahlen.

Welche Kunden sollen durch Inside Sales betreut werden?

Dies ist abhängig von den Produkten und Dienstleistungen, die ein Unternehmen anbietet und verkauft, und von der Kundenstruktur. Grundsätzlich gilt:

- Die Inside-Sales-Abteilung fokussiert sich auf das Kleinkundenmanagement. Da die Anzahl der (umsatzmäßig) kleineren Kunden in der Regel recht umfangreich ist, lässt sich durch eine intensive und professionelle Betreuung durch Innendienstler beträchtlicher Umsatz generieren, der ansonsten brachläge.
- Oft entwickeln sich kleinere Kunden zu wichtigen Stamm- und Schlüsselkunden oder gar zu Premiumkunden, sodass es unter strategischen Gesichtspunkten sinnvoll ist, diese Klientel zu betreuen – aber eben nicht durch Außendienstler, sondern durch Inside-Sales-Mitarbeitende, die die Beziehung pflegen und dabei verkaufsaktiv agieren.
- Die Inside-Sales-Abteilung kann sowohl bei der Neukundengewinnung als auch bei der Betreuung der Bestandskunden hervorragende Dienste leisten. Ein Patentrezept gibt es hier jedoch nicht: Ein Unternehmen hat daher die Verpflichtung, zu analysieren, bei welchen der Bestandskunden die Begleitung durch das Inside-Sales-Team, die Betreuung durch den Außendienst oder eine hybride Lösung die angemessene ist.

Welche Kompetenzen brauchen Mitarbeitende im Inside Sales?

Inside-Sales-Mitarbeitende stehen vor der Aufgabe, vor allem Verkaufskompetenzen aufzubauen und verkaufsaktive Verhaltensweisen zu erlernen (siehe Kap. „Impuls 35, Weiterbildung"). Bei Neueinstellungen wiederum ist darauf zu achten, dass die Bewerberinnen und Bewerber über möglichst viele jener Kompetenzen und Verhaltensweisen verfügen. Zudem sollten sie in der Lage sein, über die Entfernung und ohne direkten Kontakt – also „remote" – per Telefon und bei der Online- und Videoberatung von PC zu PC und von Bildschirm zu Bildschirm Vertrauen aufzubauen (siehe Kap. „Impuls 24, Online- und Videoberatung").

Zielführend ist es daher, wenn das Unternehmen ein klares Anforderungs- und Qualifikationsprofil entwickelt, in dem beschrieben wird, über welche Kompetenzen ein Inside-Sales-Mitarbeiter in welchem Ausprägungsgrad verfügen sollten. Dabei stehen neben den klassischen Innendienstkompetenzen die vertrieblichen Fachkompetenzen, die Fähigkeit, eine Kundenbeziehung zu implementieren, Kommunikationsstärke und ein Technologie-Know-how (insbesondere zum professionellen Einsatz von Telefon, E-Mail und sozialen Medien) im Fokus (siehe Kap. „Impuls 19, Kompetenzen und Mindset eines Inside-Sales-Mitarbeiters").

> **Wer erfolgreich Neukunden gewinnen, ein stabiles Vertrauensverhältnis zum Kunden etablieren, den Kundenbedarf punktgenau feststellen, Einwänden professionell begegnen und den Abschluss vorbereiten (Vorabschluss) kann, ist im Inside-Sales-Team gut aufgehoben.**

Übung: Motivations-Check zur Arbeit im Inside Sales

Lohnt es sich für Sie, im Inside Sales zu arbeiten? Beschäftigen Sie sich mit den Aussagen in Tab. 1. Nutzen Sie dazu auch Ihr Strategiebuch.

Tab. 1 Motivations-Check für Arbeit im Inside Sales

Aussage	Meine Meinung dazu
Durch die Arbeit im Inside Sales erhöht sich mein Aufgabenspektrum beträchtlich.	
Durch die Arbeit habe ich mehr Verantwortung.	
Durch die Arbeit erhöhen sich meine Möglichkeiten, den Kunden von Nutzen zu sein.	
Durch die Arbeit erhöht sich meine Reputation im Unternehmen.	

Impuls 16 – I wie Interesse wecken

Mit Schmerz und Freude Aufmerksamkeit erregen

》 *Sie erfahren, wie Sie das Interesse und die Aufmerksamkeit potenzieller Kunden sowohl durch eine bestimmte kundenorientierte Haltung als auch mithilfe einer konkreten Vorgehensweise (AIDA-Formel) wecken.*

Viele meiner Seminar- und Trainingsteilnehmer sind auf der Suche nach dem ultimativen Interessewecker. Sie suchen nach einer „todsicheren Technik" oder „der definitiv wirksamen Methode", um rasch, zielgerichtet und effektiv die Aufmerksamkeit eines potenziellen Kunden zu erregen. „Diese garantiert erfolgreiche Technik oder Methode gibt es nicht", erläutere ich meinen Teilnehmern, „entscheidend ist vielmehr Ihr gesunder Menschenverstand als Königsweg, der direkt in das Herz und die Vorstellungswelt der Gesprächspartner führt!" Damit ernte ich zunächst einmal betroffenes Erstaunen. Was meine ich damit? Gemeint ist, dass der beste Interessewecker Ihr authentisches Agieren im Gespräch ist: Sie wecken das Interesse des Gesprächspartners dann, wenn Sie wahrhaftiges Interesse am potenziellen Kunden zeigen.

R. Koschinski, *40 Impulse für den neuen Vertriebsinnendienst*, https://doi.org/10.1007/978-3-658-44581-2_16

Interesse wecken durch authentisches Interesse zeigen

Die vielleicht wichtigsten Interessewecker bestehen darin, zum einen authentisch zu bleiben, und zum anderen das Ziel, dem Gesprächspartner letztendlich etwas verkaufen zu wollen, nicht durchscheinen zu lassen. Es ist schwierig, aber nicht unmöglich: Überprüfen Sie Ihre Ansprache daraufhin, ob dem Gesprächspartner eigentlich nichts anderes als die Vermutung übrig bleibt, Sie wollten ihm unbedingt etwas verkaufen.

> **Die Kunst besteht darin, das Interesse des Gesprächspartners zu wecken, ohne zugleich den Eindruck zu erregen, ein handfestes Eigeninteresse oder ein allein verkaufsorientiertes Ziel zu verfolgen.**

Natürlich wird Ihr potenzieller Kunde wissen, dass Sie ihn nicht aus lauter Menschenliebe kontaktieren. Aber dieses Wissen sollte überlagert werden durch folgende Überzeugung: „Dieser Anrufer, dieser Repräsentant des Unternehmens XY, will mich dabei unterstützen, meine Ziele zu erreichen und mein Engpassproblem anzugehen und zu lösen." Im Kap. „Impuls 6 zum Beziehungsmanagement" ist die Rede vom absichtslosen Beziehungsaufbau, mithin vom Aufbau der Kundenbindung um ihrer selbst willen – oder besser: um des Kunden willen. Ähnliches gilt für das Wecken des Kundeninteresses: Dies geschieht absichtslos, weil es Ihnen nicht um den kurzfristigen Abschluss geht, sondern vielmehr um den wertvollen und wertschätzenden Beziehungsaufbau.

Den Aufmerksamkeitsgrad des Kunden erhöhen

Wenn es Ihnen gelingt, absichtslos das Interesse zu wecken, ist es zielführend und legitim, die Aufmerksamkeit des Gesprächspartners zu verstärken, zum Beispiel durch die AIDA-Formel, die ich für unsere Bedürfnisse rundumerneuert habe. Meine Bitte: Übertragen Sie die folgenden

Hinweise und Formulierungsbeispiele auf Ihre spezifische Situation. Passen Sie die AIDA-Formel Ihrem Markt, Ihrer Branche, Ihren Engpasslösungen und Ihren Gesprächspartnern individuell an.

Bei der Gesprächseröffnung nennen Sie zuerst den Namen Ihres Unternehmens, dann Ihren Vor- und Nachnamen. Warten Sie ab, bis sich Ihr Gesprächspartner ebenfalls vorgestellt hat. Holen Sie diesen mit ein paar freundlichen Worten ab und fragen Sie, ob Sie jetzt gleich auf das Thema zu sprechen kommen können. Und dann setzen Sie die AIDA-Formel ein.

A = Durch Aufhänger Aufmerksamkeit wecken

Fahren Sie mit einem Aufhänger wie diesem fort:

* „Ihr Unternehmen beschäftigt sich jetzt seit x Jahren mit der Komponentenfertigung im Bereich Y. Heute schon ist die Nachfrage in Ihrer Branche von hoher Flexibilisierung geprägt und die Kundenanforderungen nehmen weiter zu."

I = Interesse adressieren

Anschließend sprechen Sie einen punktgenau auf den Gesprächspartner zugeschnittenen Nutzen an, der sein Motiv-, Werte- und Emotionssystem berührt. Wichtig ist, ihn möglichst kundentypspezifisch anzusprechen. Nehmen wir an, es handelt sich um einen sicherheitsorientierten Menschen:

* „Was würden Sie sagen, wenn es dafür standardisierte Systemkomponenten gibt, die Ihnen flexiblere Kundenlösungen ermöglichen, ohne Ihre Produktionskosten zu erhöhen?"

Bei einem dominanten Entscheider ist es besser, darauf hinzuweisen, dass er mit Ihrem Produkt oder Ihrer Dienstleistung seine Position am Markt optimiert, zum Beispiel:

* „Was würden Sie sagen, wenn es dafür standardisierte Systemkomponenten gibt, mit denen Sie schneller und flexibler agieren und einen Wettbewerbsvorsprung aufbauen können?"

D = Details durch Fragen abklären

Wenn Sie das Interesse grundsätzlich geweckt haben, klären Sie die wichtigsten Details ab. So bietet sich diese Detailfrage an: „Wer ist mit Ihnen in Ihrem Unternehmen noch für die Produktionsprozessoptimierung zuständig?" Klären Sie zudem ab, wer im Kundenunternehmen die Entscheidungen trifft und wer außerdem noch Einfluss auf sie nimmt, wie also die Entscheidungsprozesse ablaufen und welche Spielregeln im Kundenunternehmen gelten.

A = Aktivität vereinbaren – den Termin

Nun greifen Sie das bekundete Interesse des Kunden zum Thema auf und sprechen Terminmöglichkeiten für ein direktes Gespräch zwischen dem Kunden und Ihrem Außendienst an. Sorgen Sie dabei für Konkretheit und Verbindlichkeit:

- „Um Ihnen in einem Gespräch Ihre Fragen konkret zu antworten: Welcher Termin passt Ihnen besser, A, B oder C?"

Damit haben Sie als Inside-Sales-Mitarbeiter Ihre Aufgabe erfüllt, das Kundeninteresse geweckt und vielleicht sogar einen Termin vereinbart.

Nutzen Sie den Schmerz- und den Freudehebel

Erhöhen Sie den Aufmerksamkeitsgrad, indem Sie die AIDA-Formel und Ihren Interessewecker mit dem psychologischen Modell vom Schmerz- und Freudehebel verknüpfen:

- Sie betätigen den Schmerzhebel, wenn Sie dem Gesprächspartner vor allem die unerwünschten Konsequenzen vor Augen führen, die entstehen, wenn er zum Beispiel sein Engpassproblem (mit Ihrer Unterstützung) nicht löst.
- Den Freudehebel hingegen nutzen Sie, wenn Sie den Gesprächspartner von Ihrer Problemlösung und Ihrem Angebot überzeugen, indem Sie ihm die so entstehenden Vorteile und Nutzen in möglichst leuchtenden Farben schildern.

> **Während der Schmerzhebel eine negativ geprägte Weg-von-Motivation ist, stellt der Freudehebel eine positiv orientierte Hin-zu-Motivation dar.**

Passen Sie die Entscheidung, mit welchem Hebel Sie arbeiten wollen, der konkreten Situation, den Rahmenbedingungen und den Umständen sowie dem jeweiligen Gesprächspartner an.

Eine elegante Option, den Schmerzhebel zu aktualisieren, besteht darin, die unerwünschten Konsequenzen am Beispiel des Marktbegleiters einfließen zu lassen:

* „Die Firma XY, die Sie ja kennen, hatte damals ein ähnliches Problem und musste in der Folge mit diesen Konsequenzen zurechtkommen …“.
* „Viele Ihrer Konkurrenzkunden müssen zurzeit mit den Folgen ihres Versäumnisses, ihren Maschinenpark rechtzeitig modernisiert zu haben, leben, nämlich …“.

Wie Sie den Freudehebel betätigen, liegt wahrscheinlich auf der Hand: Sie beschreiben den Nutzen Ihrer Lösung und arbeiten dabei möglichst mit authentischen Fallbeispielen aus Ihrer Praxis:

* „Wie sich unsere Problemlösung nutzen lässt, hat die Firma XY bewiesen, indem sie … Das Unternehmen hat die Produktivität um … erhöht und die Kosten um … gesenkt: Schauen Sie sich dazu mal diese Zahlen an …“.

Je nach Situation und Gesprächspartner ist es zielführend, die Weg-von-Motivation und die Hin-zu-Motivation zu kombinieren. Nachdem Sie ein Schmerz-Argument und danach ein Freude-Argument vorgetragen haben, lassen Sie der positiven Variante – also der Hin-zu-Motivation – eine Bestätigungsfrage folgen:

* „Wie interessant ist unsere Problemlösung … für Sie?“

Übung: Individuelle Interessewecker als Schmerz- oder Freudehebel aufbauen

Das Interesse der meisten Gesprächspartner ist geweckt, wenn Sie eine Produktivitätssteigerung, eine Qualitätssteigerung, eine Kostenersparnis oder eine Zeitersparnis glaubwürdig und nachvollziehbar in Aussicht stellen können. Die folgenden Mustersätze gehen in diese Richtungen. Beziehen Sie die Interessewecker auf Ihre Branche und Situation und formulieren Sie sie entsprechend um. Überlegen Sie, ob Sie den Interessewecker besser als Schmerzhebel oder als Freudehebel aufbauen sollen.

- Satz 1: „Stellen Sie sich doch einmal vor, wie groß der Qualitätszugewinn ist, wenn Sie unsere Lösung zum Einsatz bringen würden."
  Meine Formulierung:
  Nutzen Sie an dieser Stelle Ihr Strategiebuch für Notizen.
- Satz 2: „Veranschaulichen Sie sich doch einmal, wie viel Zeit Sie sparen könnten, wenn sich der Prozess automatisieren ließe."
  Meine Formulierung:
  Nutzen Sie an dieser Stelle Ihr Strategiebuch für Notizen.
- Satz 3: „Sind Sie schon einmal der Frage nachgegangen, wie sich Ihre Geschäftsprozesse effizienter strukturieren lassen?"
  Meine Formulierung:
  Nutzen Sie an dieser Stelle Ihr Strategiebuch für Notizen.
- Satz 4: „Ist Ihnen bewusst, wie Sie Ihre Kundenbindung und -zufriedenheit verbessern könnten?"
  Meine Formulierung:
  Nutzen Sie an dieser Stelle Ihr Strategiebuch für Notizen.
- Satz 5: „Ist Ihnen bekannt, dass unsere Problemlösung einigen unserer Kundenunternehmen geholfen hat, bis zu 15 % der Betriebskosten einzusparen? Schauen Sie sich mal diese Zahlen an ...".
  Meine Formulierung:
  Nutzen Sie an dieser Stelle Ihr Strategiebuch für Notizen.
- Satz 6: „Unser Kundenunternehmen XY berichtet auf der Website, dass es (nach Einsatz unserer Lösung) eine Umsatzsteigerung um knapp ein Fünftel gegeben hat."
  Meine Formulierung:
  Nutzen Sie an dieser Stelle Ihr Strategiebuch für Notizen.

Impuls 17 – J wie Ja-Wort des Kunden erhalten

Verbindlichkeit (auch mit sich selbst) schaffen und Abschluss anstreben

>> *Sie lernen Strategien und Methoden kennen, um im Gespräch mit Ihren Kunden Verbindlichkeit herzustellen.*

„Stellen Sie Verbindlichkeit her" – diese Aufforderung hat für Innendienstler, die sich in Richtung eines verkaufsaktiven Inside Sales entwickeln wollen, gleich zwei Bedeutungen: zu Verbindlichkeit mit sich selbst gelangen – und mit dem Kunden.

Verbindlichkeit und Commitment mit sich selbst

Commitment mit sich selbst bedeutet, die Selbstverpflichtung herzustellen, dass man, dass Sie willens und bereit sind, die Herausforderung eines konsequenten verkaufsaktiven Vorgehens anzunehmen und zu meistern.

© Der/die Autor(en), exklusiv lizenziert an Springer Fachmedien Wiesbaden GmbH, ein Teil von Springer Nature 2024
R. Koschinski, *40 Impulse für den neuen Vertriebsinnendienst*,
https://doi.org/10.1007/978-3-658-44581-2_17

> Schließen Sie einen Vertrag mit sich selbst, in dem Sie sich dazu ver-
> pflichten, auch mithilfe dieses Buches und meiner 40 Impulse nach und
> nach die entsprechenden Kompetenzen aufzubauen und einzusetzen, mit
> denen Sie messbare Verkaufserfolge erzielen.

Ich kenne Innendienstmitarbeiter, die zu Beginn ihrer Weiterentwicklung zum Inside Sales sehr konkrete und kleinräumige Ziele mit sich selbst vereinbaren. So verpflichten sie sich, bis zu einem bestimmten und genau definierten Termin im Rahmen ihrer Verkaufsaktivitäten einen messbaren Erfolg zu erzielen. Sie legen einen Aktivitätenplan fest, der sie zum Ziel führen soll, und belohnen sich im Erfolgsfall, während sie bei Nichterreichung auch negative Konsequenz akzeptieren. Sie nutzen sowohl den Freude- als auch den Schmerzhebel, also die positiv konnotierte Hin-zu-Motivation und die negativ geprägte Weg-von-Motivation, um Verbindlichkeit mit sich selbst herzustellen (zum Freude- und Schmerzhebel auch siehe Kap. „Impuls 16, Interesse wecken").

Verbindlichkeit und Commitment mit dem Kunden

Die Commitmenttechnik kommt ursprünglich aus der Führungslehre und beschreibt einen Führungsstil, bei dem die Führungskraft weniger mit Anweisungen, Kontrolle und Direktiven führt, sondern mit klaren Zielvereinbarungen, zu denen sie das Ja-Wort des Mitarbeiters einholt.

> Die Commitmenttechnik lässt sich auf das Gespräch mit Interessenten und
> Kunden übertragen und zielt darauf ab, sich der ausdrücklichen Zu-
> stimmung des Gesprächspartners bezüglich der besprochenen Inhalte und
> Vereinbarungen zu versichern.

So gewinnen insbesondere unerfahrene Inside-Sales-Mitarbeiter bei ihren ersten verkaufsaktiven Schritten Sicherheit, und zwar vor allem bei der Terminvereinbarung und in der Abschlussphase. Gerade mit dem Abschluss betreten sie oft Neuland. Jede Technik und Methode, die Orientierung, Sicherheit, Stabilität, Souveränität und Verbindlichkeit gewährleistet, ist daher hoch willkommen.

Mit der 4Fest-Methode zur Verbindlichkeit

Es ist wichtig, bei den Themen „Terminvereinbarung" und „Abschluss" zu eindeutigen Vereinbarungen mit hoher Verbindlichkeit zu gelangen. Durch eine klare Vereinbarung und durch das Ja-Wort des Kunden – also sein Commitment zu der Vereinbarung – ist es möglich, ein Höchstmaß an Zustimmungssicherheit herzustellen. Entscheidend ist oft das Vertrauensverhältnis zwischen dem Kunden und Ihnen. Ohne Vertrauen werden Sie keine verbindlichen Zusagen des Kunden erhalten und die Abschlussphase nicht erfolgreich gestalten können. Mit der *4Fest-Methode* ist es möglich, den Verbindlichkeitsgrad deutlich zu erhöhen. Die Abb. 1 zeigt, was sich hinter den vier F verbirgt: Festlegen – Feststellen – Festhalten – Festzurren.

Die 4Fest-Schritte sind wir folgt definiert: Zunächst geht es um die bereits erwähnte Verbindlichkeit „sich selbst gegenüber": Sie treffen mit sich selbst die Vereinbarung, dass Sie bereit und willens sind, zum Abschluss zu

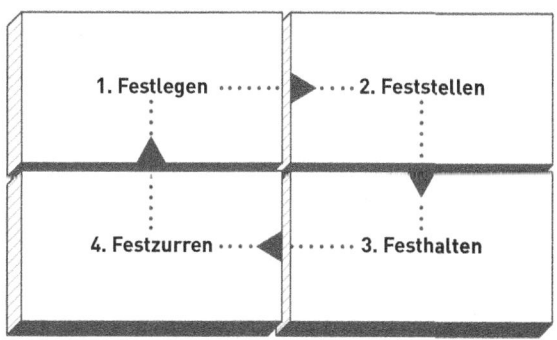

Abb. 1 Die 4Fest-Methode

gelangen (= *Festlegen*). Dazu nutzen Sie Ihre Selbstmotivatoren oder Handlungsmotive. Verdeutlichen Sie sich: „Ein Abschluss ist für beide Seiten sinnvoll, zielführend und nützlich. Jetzt ist es so weit, ich bin an meinem Ziel angelangt und habe nun nur noch den letzten Schritt zu gehen!"

Kommen wir zum zweiten F, zum *Feststellen*: Dabei vergewissern Sie sich mithilfe Ihrer Fragetechnik (siehe Kap. „Impuls 12, Fragetechniken"), wie es um die Kaufbereitschaft und den Abschlusswillen des Kunden tatsächlich bestellt ist. Sie arbeiten mit Fragen, deren Beantwortung Ihnen eine Einschätzung erlaubt, ob der Kunde tatsächlich „zuschlagen" will. Achten Sie überdies auf die Signale, die er aussendet. Wenn er sich beispielsweise wiederholt nach Einzelheiten Ihres Angebots erkundigt, ist die Wahrscheinlichkeit hoch, dass er kurz vor dem Abschluss steht und sich lediglich nochmals absichern will, auch wirklich die richtige Entscheidung zu treffen. Typische Kundenfragen sind: „Bis wann können Sie denn liefern?" oder „Ist es möglich, dass Sie unsere Mitarbeiter und uns bei der Einweisung zur Nutzung des neuen Produkts unterstützen?"

Beim *Festhalten* schließlich fokussieren Sie sich darauf, Ihren Eindruck durch weitere Zwischen- und Kontrollfragen zu verifizieren. Im Vordergrund dieses Schrittes steht das Ziel, die Kaufbereitschaft des Kunden zu testen. Ich empfehle, folgende Formulierung zu nutzen:

> „Hört sich das für Sie nach einer Lösung an, die wertvoll und nützlich für Ihr Unternehmen und Sie ist? Erfüllt sie Ihre Anforderungen und Erwartungen? Lösen wir so Ihr Problem, das Ihnen so große Kopfschmerzen bereitet?"

Diese Formulierung ist bewusst so und nicht anders gewählt: Denn mit ihr sprechen Sie nochmals das drängende Engpassproblem des Kunden an, das wahrscheinlich der Hauptgrund ist, warum er mit Ihrem Unternehmen zusammenarbeiten will. Die Formulierung klingt nicht aufdringlich (*Hört sich das für Sie …*), aber doch bestimmend genug, um den Kunden auf die Werthaltigkeit (*wertvoll und nützlich*) Ihrer Lösung hinzuweisen. Durch das „Wir" (*Lösen wir so Ihr …*) betonen Sie, dass Sie

> Ist das eine Lösung, die so wertvoll und nützlich für Ihr Unternehmen ist, dass Sie so Marktanteile gewinnen? Erfüllt sie Ihre Anforderungen und Erwartungen? Lösen Sie so das Problem, das Ihnen so große Kopfschmerzen macht?

mit dem Kunden eine Geschäftspartnerschaft eingehen und alles dafür tun wollen, ihm zum Erfolg zu verhelfen.

Mein Praxistipp: Verstärken Sie die Durchsetzungskraft und Verbindlichkeit der Formulierung, indem Sie sie konsequent auf den Kundentypus abstimmen (siehe Kap. „Impuls 20, Kundenmanagement und Kundentypen, und Impuls 33, Verhaltensweisen im direkten Kundenkontakt"). Bei einem dominanten und äußerst zielstrebigen Kunden ist diese Formulierung zielführend:

Und beim auf Sicherheit bedachten Kunden formulieren Sie besser so: „Klingt das nach einer Lösung, die *sicher und wertvoll* für Ihr Unternehmen ist? ..." Und beim fürsorglichen Kunden bauen Sie am besten noch den Satz *„Fühlen Sie sich wohl damit?"* ein.

Kommen wir zum letzten Baustein der Verbindlichkeit, dem *Festzurren*: Damit ist natürlich gemeint, das Gespräch mit einer klaren und verbindlichen Vereinbarung abzuschließen.

Auf die Sprache achten

Bei der Terminvereinbarung und beim Abschluss ist es noch wichtiger als in anderen Gesprächsphasen, auf die Sprache zu achten. Verbindlichkeit entsteht auch und vor allem durch die Sprache, durch die verwendeten Wörter und Worte. Ich bin zwar nicht der Ansicht, dass der Konjunktiv grundsätzlich nichts im Kundengespräch zu suchen hat – aus Höflichkeitsgründen zum Beispiel ist er schon ab und zu angebracht. Aber in der Abschlussphase ist er kontraproduktiv, weil Sie so Ihre Unsicherheit zum Ausdruck bringen. Zumindest könnte der Kunde Sie so (miss)verstehen und vermuten, Sie würden nicht zu Ihrem eigenen Angebot stehen und sich von ihm distanzieren.

Darum gilt: Reden Sie Klartext, drücken Sie sich deutlich und unmiss-verständlich aus und vermeiden Sie Füllwörter wie „eigentlich", „viel-leicht" oder „jedoch", die Sie in der Wahrnehmung der meisten Kunden als unsicher erscheinen lassen. Vor allem wenn Sie dezidiert verbindliche Aussagen zu Terminen, Vorgehensweisen und Vereinbarungen zum Aus-druck bringen wollen, sollten Sie eine aktive Sprechweise verwenden und den Konjunktiv und Passivkonstruktionen vermeiden.

Übernehmen Sie sprachlich Verantwortung für Ihr Denken und Handeln, indem Sie sich selbst verbindlich in die Pflicht nehmen: „Ich kümmere mich bis 15 Uhr darum …" und „Ich sorge bis morgen Mittag dafür …" sind bes-sere Formulierungen als „Ich werde veranlassen, dass demnächst …".

In dem sprachlichen Zusammenhang ist von zentraler Bedeutung, die eigenen Angaben und Aussagen nicht anzuzweifeln und die eigene Kompe-tenz, Zuständigkeit und Integrität nicht infrage zu stellen. Stellen Sie sich vor, ein Verkäufer würde im Gespräch mit Ihnen Formulierungen gebrauchen wie „Um ehrlich zu sein …", „Da sollten wir uns ehrlich machen und …" oder „Ich möchte offen zu Ihnen sein …": Heißt das, dass er bisher unehrlich war? Gar gelogen hat? Warum aber sollte er jetzt die Wahrheit sagen?

Vermeiden Sie solche Floskeln unbedingt. Sie zerstören damit Vertrauen und konterkarieren jede Verbindlichkeit.

Übung: Formulieren Sie verbindlich und stellen Sie Verbindlichkeit her

Die Tab. 1 führt Musterformulierungen auf, mit denen sich bezüglich be-stimmter Zielsetzungen Verbindlichkeit herstellen lässt. Notieren Sie je-weils Ihre auf Ihre Branche und Kunden bezogene Formulierung, nutzen Sie dazu auch Ihr Strategiebuch.

Tab. 1 Mit Musterformulierungen Verbindlichkeit herstellen

Ihre Zielsetzung	Musterformulierung	Ihre Formulierung
Verbindlicher Telefontermin	„Mein Vorschlag ist, dass wir am … um … Uhr telefonieren."	
Verbindlicher Liefertermin	„Sind Sie damit einverstanden, dass wir den Liefertermin auf den …legen?"	
Verbindlicher Abschluss	„Ist es für Sie verbindlich, dass Sie die Bedingung … akzeptieren und wir auf dieser Grundlage einigen und den Vertrag schließen?"	
Verbindliche Zusage	„Könnten Sie mir zusichern, dass Sie die Zusage … einhalten?"	
Verbindlicher Abschluss/Rabatt	„Einigen wir uns darauf, dass ich Ihnen einen zusätzlichen Rabatt von x Prozent gewähre, wenn Sie jetzt bestellen?"	
Verbindliche Vertragsänderung	„Ist es für Sie akzeptabel, wenn ich … in den Vertrag aufnehme?"	
Verbindliche Vereinbarung 1	„Lassen Sie uns die Details festhalten, um sicherzustellen, dass wir auf derselben Seite sind. Können Sie bitte bestätigen, dass Sie … bis zum …benötigen?"	
Verbindliche Vereinbarung 2	„Ich möchte sicherstellen, dass alle Bedingungen klar sind. Bestätigen Sie bitte, dass Sie mit den Konditionen … und … einverstanden sind?"	
Verbindliche Zusammenfassung	„Ich will Missverständnisse vermeiden und fasse zusammen, was wir besprochen haben. Sie erhalten … Einheiten zum Preis von … Euro pro Einheit, bei einer Lieferung bis spätestens … Ist das korrekt?"	

Impuls 18 – K wie Kommunikationsstrategien (verkaufsaktive)

Raus aus der Passivität und rein in die Verkaufsaktivität

》Die Kommunikationsstrategien unterstützen Sie dabei, aus der Passivität in die Verkaufsaktivität zu gelangen.

Zu Beginn der Arbeit als Inside-Sales-Mitarbeiter fällt es vielen Innendienstlern schwer, sich vom zurückhaltenden Auftragsabwickler zum „verkaufsextravertierten" Gestalter zu entwickeln, der sich zutraut, den Kunden zu beraten und aktiv durch das Gespräch zu führen. Dann ist es hilfreich, über Kommunikationsstrategien zu verfügen, mit denen eine offensive Gesprächssteuerung möglich ist. Solche Strategien geben Ihnen die Freiheit und Sicherheit, als Ratgeber und Unterstützer aufzutreten, der dem Kunden einen persönlichen Tipp gibt, selbst wenn Sie nicht unmittelbar davon profitieren. So zeigen Sie dem Kunden, dass Sie daran interessiert sind, seinen Nutzen und sein Wohlbefinden zu steigern.

© Der/die Autor(en), exklusiv lizenziert an Springer Fachmedien Wiesbaden GmbH, ein Teil von Springer Nature 2024
R. Koschinski, *40 Impulse für den neuen Vertriebsinnendienst*, https://doi.org/10.1007/978-3-658-44581-2_18

Mit verkaufsaktiver Kommunikationsstrategie zum „verkaufsextravertierten" Gestalter

Beginnen wir mit einer Grundsatzstrategie – und dabei wiederum mit dem Selbstverständlichen: Je komplexer und erklärungsbedürftiger Ihre Engpasslösungen sind, desto detaillierter sollten die Planung und Vorbereitung des Kundenkontakts ablaufen. Sie kennen Ihre Produkte und Dienstleistungen genau und sind in der Lage, virtuos und auch spontan im Gespräch eine Beratung durchzuführen (siehe Kap. „Impuls 5, Beratung") sowie entsprechende Problemlösungen zu formulieren.

> Sie verstehen nicht nur die technischen Aspekte, sondern darüber hinaus, wie Ihr Nutzenangebot die Probleme und Bedürfnisse Ihrer Kunden anspricht und deren Engpassproblem löst.

Das wiederum setzt die tiefgehende Kenntnis Ihrer Zielkunden voraus: Man kann Sie nachts um 2 Uhr wecken und Ihnen einen Kundennamen nennen – und Sie sind traumwandlerisch imstande, die Persönlichkeitsstruktur, die unternehmerische Situation und die Herausforderungen zu beschreiben, vor denen der Kunde steht. Ähnliches gilt für Ihre Kernbotschaft, Ihren Elevator Pitch, die prägnante Beschreibung des Nutzens, den Sie zu bieten haben (siehe Kap. „Impuls 22, Minutenpräsentation"). Dies ist dringend erforderlich, um im Telefonat:

- betonen zu können, dass und wie Sie die drängenden Probleme und Herausforderungen Ihrer Kunden zu lösen gedenken,
- Ihr Gesprächsverhalten und Ihre Kommunikation den Erwartungen des Kunden anzupassen (siehe den Kap. „Impuls 13, „Gesprächsführung"", den „Impuls 20, „Kundenmanagement und Kundentypen"" sowie den „Impuls 33 „Verhaltensweisen im direkten Kundenkontakt""").
- den Fokus auf die kundenorientierte Nutzenargumentation zu legen und

- die Aspekte „Cross-Selling und Up-Selling" sowie „Weiterempfehlung" nicht zu vergessen (siehe die Kap. „Impuls 8 – C wie Cross-Selling und Up-Selling" und „Impuls 21 – L wie Lieferanten managen, Kunden zurückgewinnen und Empfehlungen generieren"), die Kundenbindung zu stabilisieren und zufriedene Kunden zu Botschaftern für Ihre Leistungen zu entwickeln.

In die Grundsatzstrategie fließen naturgemäß viele weitere Impulse ein, die Sie in diesem Buch finden. Überlegen Sie zudem kundenspezifisch, welche Kommunikationskanäle Sie nutzen wollen, um Ihre Botschaft zu verbreiten (Multichannel-Ansatz), natürlich vor allem das Telefon und den PC bei der Online- und Videoberatung, aber auch die E-Mail und die sozialen Medien.

Vergessen Sie nicht, den Erfolg und die Ergebnisse der Strategie zu überprüfen und zu messen, um Stolpersteine beiseitezuschaffen und sie neuen Entwicklungen anzupassen. Beachten Sie dazu Aspekte wie Verkaufszahlen, Lead-Konvertierungen und Kundenfeedbacks, nach denen Sie aktiv fragen sollten.

Halten Sie zur Realisierung Ihrer Kommunikationsstrategie insbesondere für Ihre Telefonate bereit:

- alle relevanten Informationen zum Kunden,
- Interessewecker, um in der Eröffnungsphase die Kundenbeziehung und das Vertrauensverhältnis zu stärken (siehe Kap. „Impuls 6, Beziehungsmanagement"),
- alle notwendigen Informationen für die nutzenorientierte Beratungs- und Informationsphase,
- Informationen zur Einwandbehandlung in der Präsentations- und Argumentationsphase, um Überzeugungsarbeit leisten zu können (siehe Kap. „Impuls 34, Verhandlungsführung"),
- Informationen zur Preisverteidigung in der Abschlussphase (siehe Kap. „Impuls 26, Preisverteidigung") und
- Informationen zu „Cross-Selling und Up-Selling" sowie „Weiterempfehlung".

> Eine erfolgreiche Kommunikationsstrategie im Innendienst erfordert kontinuierliches Vorgehen, Geduld, Anpassungsfähigkeit und die Flexibilität, auf die spezifischen Kundenbedürfnisse angemessen zu reagieren.

Strategien für Nachfassaktionen und Nutzenargumentation

Es ist für den verkaufsaktiven Innendienst von besonderer Relevanz, in zwei Bereichen mit konkreten Kommunikationsstrategien zu arbeiten. Beginnen wir mit der Nachverfolgung Ihrer Angebote, bevor wir zum Thema der Nutzenargumentation kommen.

Die Dranbleib-Strategie

Die Nachverfolgung von Angeboten (Nachfassaktionen) gehört zu den klassischen Aufgaben des Außendienstes. Wiederum lässt sich eine verkaufsaktivere Kommunikationsstrategie implementieren:

- *Schritt 1:* Es ist kontraproduktiv, wenn Sie all die Energie, die Sie in die bisherigen Prozesse des Kundenkontakts investiert haben, zunichtemachen, indem Sie es an der Bereitschaft und Methodik mangeln lassen, in der Nachverfolgung konsequent zu agieren. Entscheidend ist Ihre Einstellung: „Ich bleibe dran und gebe nicht auf!" Ein Auftrag ist erst dann Realität, wenn die Unterschrift unter dem Vertrag steht.
- *Schritt 2:* Die neuen Medien eignen sich hervorragend dazu, Ihre Nachfass-Aktivitäten zu professionalisieren. Ein Erinnerungsanruf, eine E-Mail oder eine SMS – das gehört dazu; aber warum nicht überdies einen Video-Online-Call mit persönlichem Kontakt von Angesicht zu Angesicht einsetzen! Und der gute alte Nachfassbrief stößt beim Kunden auf Zustimmung, wenn Sie ihn von einem Boten persönlich an der Bürotür zustellen lassen. Onlinekontakte wirken oft anonym, daher führen Nachfassaktionen, die den persönlichen Kontakt intensivieren, zu verkaufsaktiven Vorteilen.

- *Schritt 3:* Gehen Sie kundenindividuell vor. Während der eine Kunde ein persönliches Telefonat bevorzugt, will der andere lieber per E-Mail kontaktiert und informiert werden. Der dritte schließlich wünscht Sprachnachrichten über eine Messenger-App. Sprechen Sie einen Kunden mit einem Mix an Online-Offline-Aktivitäten an: Sie kontaktieren ihn mithilfe von Videobotschaften, Video-Online-Calls, Social-Media-Kontakten und persönlichen Telefonaten. Der Telefonkontakt hat den Vorteil, dass Sie dabei Ihre Persönlichkeit ins Spiel bringen, auf Kundenäußerungen direkt eingehen und offene Fragen rasch beantworten können.

- *Schritt 4:* Angebote im B2B-Bereich sind oft sehr komplex. Die Entscheidungsfindung im Kundenunternehmen erfolgt in mehreren Abteilungen. Darum ist es sinnvoll, wenn Sie in der Nachfassphase im Team operieren. Stellen Sie ein internes Selling Center zusammen, also ein funktionsübergreifendes Verkaufsteam, das den Kontakt zum Buying Team im Kundenunternehmen hält und konsequent nachfasst. Binden Sie dazu Mitarbeiter aus den verschiedenen Abteilungen ein.

- *Schritt 5:* Überlegen Sie, wie sich die Entscheidung herbeiführen lässt: „Wie denken Sie heute über meine Engpasslösung, die ich im Angebot vom 15. Oktober zusammengefasst habe?" Sprechen Sie den Kunden darauf an, was Sie tun können, um ihm die Entscheidung zu erleichtern. Arbeiten Sie dabei mit einem verkaufsaktiven Bild: „Wenn Sie sich unsere Geschäftsbeziehung als Hundertmeterlauf vorstellen, wie viele Meter sind wir noch von Ihrem Entschluss, mein Angebot anzunehmen, entfernt?" Der Kunde antwortet, es seien noch 10 Meter. „Was muss geschehen, damit wir auch noch die letzten Meter erfolgreich zurücklegen?" Diese Taktik lässt sich fortsetzen, bis Sie fragen: „Was fehlt noch, damit wir gemeinsam die Ziellinie überqueren?"

> **Übernehmen Sie die Verantwortung für die Angebotsnachverfolgung. Richten Sie die Dranbleib-Aktivitäten kundentypspezifisch aus.**

Nutzen konkret formulieren

Die strikte Fokussierung auf den Nutzen des Kunden gelingt, indem Sie den Wert und den Nutzen höher einstufen als das Produkt oder die

Dienstleistung. So bieten Sie dem Kunden die Möglichkeit, einen Mehrwert und Nutzen einzukaufen. Bezüglich der Kommunikationsstrategie bedeutet dies, mit Fragen zu arbeiten wie etwa „Was ist Ihnen vor allem wichtig?", „Was erwarten Sie von dem Produkt/der Dienstleistung?" und „Weshalb ist Ihnen das wichtig?".

> Lösen Sie sich von der Vorstellung, über Merkmale sprechen zu müssen, sondern thematisieren Sie die Nutzen jener Eigenschaften, und zwar wiederum kundenindividuell.

Ein einfaches Beispiel: Dass ein Wagen in der Spitze 200 km/h fährt, bedeutet für den einen Kunden ein intensives Gefühl der Freiheit, für den anderen einen Zugewinn an Image und sozialer Anerkennung, für den dritten Fahrspaß und Fahrfreude und den vierten ein Gefühl der Sicherheit, weil sich der Wagen aufgrund seiner Beschleunigungskraft und Schnelligkeit rasch aus der Gefahrenzone manövrieren lässt. Und dem Fünften ist all dies gleichgültig, Hauptsache, in dem Wagen lassen sich die Großfamilie unterbringen und längere Fahrtstrecken bequem bewältigen, sei es nun aus beruflichen oder privaten Gründen.

Die objektive Information, der Wagen fahre 200 km/h, ist nicht relevant für die Kaufentscheidung. Relevant ist der emotionale und subjektive Nutzen, den sich der Kunde davon verspricht. Eigentlich sollte dies eine Selbstverständlichkeit sein, viele Verkäufer lassen sich jedoch immer noch – um bei dem Beispiel zu bleiben – von der objektiven Produktinformation „200 km/h!" mitreißen.

Zielführender ist es, die Nutzenaspekte mit nutzenversprechenden Verben in einen Kontext zu stellen: „Dieser Wagen fasziniert aufgrund seiner Schnelligkeit durch ungeheuren Fahrspaß" „Die Leistungsfähigkeit dieses Wagen erhöht die Sicherheit", „Dieser Wagen erleichtert Ihnen Ihre langen Außendienstfahrten/Ihre langen Urlaubsfahrten" oder „Um diesen Wagen wird Sie so mancher beneiden." Und Aussagen wie „Die Investition für diesen Wagen amortisiert sich rasch, weil …" und „Mit dem Wagen sparen Sie Zeit und gewinnen Zeit für …" begeistern so gut wie jeden Kunden.

Übung zur Nutzenargumentation: Erstellen Sie eine Nutzentabelle

* *Schritt 1:* Notieren Sie in Ihrer Nutzentabelle (Beispiel siehe Tab. 1), um welches Produkt oder welche Dienstleistung es geht.
* *Schritt 2:* Schreiben Sie in die linke Spalte nutzenversprechende Verben – anbei einige Beispiele:

  – spart, schützt vor, verbessert, aktiviert, stärkt, erhöht, maximiert
  – inspiriert, fasziniert, inspiriert, brilliert, motiviert, entdeckt, verschönert
  – bewahrt, garantiert, spart, reduziert, strukturiert, minimiert, kontrolliert
  – unterstützt, gibt, hilft, bringt, vereinfacht, erleichtert, sichert

* *Schritt 3:* Verbinden Sie die Verben mit dem Produkt oder der Dienstleistung und leiten Sie daraus Nutzenversprechen ab (so wie oben in dem Beispiel mit dem Wagen – siehe die Angaben in der Tabelle).

Tab. 1 Nutzentabelle erstellen

Produkt/Dienstleistung	
nutzenversprechendes Verb	**Nutzenversprechen**
fasziniert	Dieser Wagen fasziniert aufgrund seiner Schnelligkeit durch ungeheuren Fahrspaß.
erleichtert	Dieser Wagen erleichtert Ihnen Ihre langen Außendienstfahrten.

Impuls 19 – K wie Kompetenzen und Mindset eines Inside-Sales-Mitarbeiters

Entscheidend ist eine dynamische und veränderungsorientierte Einstellung

>> *Der Impuls zeigt, wie bedeutsam Ihre innere Einstellung und die Selbstmotivation für Ihren Erfolg als verkaufsaktiver Innendienstler sind und wie Sie die Kompetenzen auf- und ausbauen, mit denen Sie sich zu einem effektiven Inside-Sales-Mitarbeiter entwickeln.*

Wenn ich im Seminar, Training oder Coaching von den Kompetenzen spreche, über die ein Inside-Sales-Mitarbeiter verfügen sollte, schaue ich oft in erwartungsvolle Gesichter – und in ängstliche: „Soll ich mich nun ernsthaft in eine Eier legende Wollmilchsau verwandeln und neben all den Fähigkeiten, die ich als engagierter Innendienstler ja bereits habe, noch weitere Kompetenzen aufbauen?" Nun, die Entwicklung zur Eier legenden Wollmilchsau ist nicht notwendig. Gefragt sind allerdings Ihre Lern- und Leistungsfähigkeit sowie die innere Einstellung, als Innendienstler zunehmend verkaufsaktiv zu agieren und „von innen heraus zu verkaufen".

R. Koschinski, *40 Impulse für den neuen Vertriebsinnendienst*, https://doi.org/10.1007/978-3-658-44581-2_19

> Bauen Sie ein dynamisches wachstums- und veränderungsorientiertes Mindset auf, mithin eine Haltung, die es Ihnen erlaubt, die Möglichkeiten und Chancen zu sehen und zu ergreifen, die das Konzept des Inside Sales bietet.

Die Psychologin Carol S. Dweck unterscheidet zwischen einem „Groth Mindset" und einem „Fixed Mindset". Während Letzteres von der Haltung geprägt ist, die individuellen und persönlichen Möglichkeiten seien durch die angeborenen Talente limitiert und kaum veränderbar, sind Menschen, die ein „Growth Mindset" haben, davon überzeugt, sich verändern, wachsen und die eigenen Grenzen überschreiten zu können. Fehler werden als Chancen zur Weiterentwicklung der Persönlichkeit und der Potenziale begriffen. Im Fokus steht die Überzeugung, sich zum Regisseur seines Lebens entwickeln zu können.

Verkaufsaktives Mindset: Ihre innere Einstellung ist entscheidend

Ein dynamisches veränderungsorientiertes Mindset, das zu Ihrem Wachstum und Ihrer verkaufsaktiven Weiterentwicklung beiträgt, ist rasch gefordert. Wie jedoch lässt sich solch ein Mindset aufbauen? Zentral ist Ihre Bereitschaft zur Selbstreflexion: Wie schaut es mit Ihrer Haltung bezüglich Ihrer Arbeit, Ihrem Arbeitgeber und Ihrer Kunden aus? Eine positive und vor allem kundenorientierte Einstellung und die Identifikation mit Ihrer Tätigkeit bilden die wohl wichtigsten Erfolgsgrundlagen. Kunden haben zumeist ein feines Gespür dafür, ob ein Verkäufer wirklich an das glaubt, was er sagt und verkauft. Achten Sie darum darauf, stets kongruent zu sein: Es darf keinen Widerspruch geben zwischen dem, was Sie sagen, und dem, was Sie tun. Achten Sie darauf, dass Ihre verbale und nonverbale Kommunikation sowie Ihre Handlungen übereinstimmen und miteinander harmonieren.

Fatal wäre es, wenn der Kunde vermutet, Sie wollten ihm nicht einen größtmöglichen Nutzen stiften, sondern ihm lediglich etwas „andrehen". Vorrang hat Ihre innere Einstellung, die auf dem wahrhaftigen Interesse am Kunden und an der Lösung seiner Engpassprobleme beruht. Die allein auf Verkaufsziele ausgerichtete Einstellung hingegen ist kontraproduktiv.

In einem engen Zusammenhang mit der inneren Einstellung steht Ihre Selbstmotivation. Gehen Sie wiederum in die Selbstreflexion und bedenken Sie, dass Ihre positive innere Einstellung Ihre Selbstmotivation befördert. Zugleich gilt: Eine stark ausgeprägte Selbstmotivation beeinflusst die innere Einstellung in einem konstruktiven Sinn.

> **Innere Einstellung und Selbstmotivation bilden die Grundlage für die effektive Umsetzung Ihrer Verkaufskompetenzen.**

Sie erhöhen Ihre Selbstmotivation, indem Sie Ihre inneren Antreiber identifizieren. Wenn Ihr innerer Antreiber zum Beispiel der Sicherheitsaspekt ist, sagen Sie sich: „Wenn ich meine Ziele im verkaufsaktiven Innendienst erreiche, sichere ich meinen Arbeitsplatz/den Lebensstandard meiner Familie ab/meine Rente/ ..." (siehe dazu die Übung „Setzen Sie sich mit Ihren Handlungsmotiven auseinander" in Kap. „Impuls 3, „Aktive Akquisition"").

Entwickeln Sie die für Ihre Tätigkeit erforderlichen Kompetenzen

Die innere Einstellung und Ihre Selbstmotivation sind von enormer Relevanz, genügen aber nicht. Als Inside-Sales-Mitarbeiter sollten Sie Verkaufstechniken beherrschen, mit Einwänden konstruktiv umgehen und Abschlussstrategien einsetzen können. Ihre kommunikativen Fähigkeiten bilden das Fundament für einen effektiven Verkauf „von innen heraus". Ihre Produktkenntnisse sollten überdurchschnittlich ausgeprägt sein, damit Sie in der Lage sind, Kundenanfragen professionell zu beantworten und problemlösungsfokussierte Nutzenangebote zu präsentieren.

Beschäftigen Sie sich zudem mit den Tools und Techniken, die Sie dabei unterstützen, Ihre Verkaufsaktivitäten zu optimieren. Denken Sie beispielsweise an Softwarelösungen zur Vertriebsautomatisierung, um Ihre Kundenkontakte und -daten zu verwalten sowie Leads zu priorisieren. Hinzu kommen Kommunikationstools wie etwa die Videokonferenzsoftware, mit denen Sie Ihre Online- und Videoberatung von PC zu PC durchführen (siehe Kap. „Impuls 24, Online- und Videoberatung").

Letztendlich geht es um den Aus- und Aufbau von Kompetenzen in vier Bereichen (Thiemann & Skazel, 2022, S. 61), also um die Entwicklung von

- personalen Kompetenzen, die die Persönlichkeit betreffen,
- sozialen Kompetenzen
- Methodenkompetenzen und
- Handlungskompetenzen, die Ihnen helfen, in die Umsetzung zu gelangen, also Entscheidungen zu treffen, Veränderungen zu initiieren und ergebnisorientiert vorzugehen.

Mein Praxistipp ist:

> Entwickeln Sie ein auf Ihren konkreten Innendienst-Arbeitsplatz bezogenes Kompetenzmodell. Erstellen Sie eine Kompetenzanalyse und bearbeiten Sie auf dieser Basis gezielt diejenigen Kompetenzen, bei denen Sie eine Lücke festgestellt haben.

Nutzen Sie dazu die folgende Übung.

Übung: Entwickeln Sie sich zu einem modernen Verkaufsmitarbeiter im Innendienst

Fokussieren Sie sich auf die 15 Kern- und Schlüsselkompetenzen, die Sie benötigen, um sich zu einem effektiven verkaufsaktiven Innendienstler zu entwickeln. Auf einer Skala von 1 (= sehr schwach ausgeprägt) bis 10 (top ausgeprägt) beträgt das Kompetenz-Soll „10". Stellen Sie den Ausprägungsgrad (Kompetenz-Ist) der 15 Kompetenzen fest und ergreifen Sie bei Kompetenzgaps (Diskrepanz zwischen Kompetenz-Soll und Kompetenz-Ist von mehr als 3 Punkten, also bei Kompetenz-Ist von 6 oder weniger) Maßnahmen, um die Gaps zu schließen.
Beachten Sie dabei:

- Um welche 15 Kernkompetenzen es geht, können nur Sie selbst festlegen, am besten gemeinsam mit Ihrer Führungskraft, Ihren Innendienstkollegen und weiteren wichtigen Beteiligten.

- Die Festlegung und die Analyse des Ausprägungsgrads (Kompetenz-Ist) der 15 Kompetenzen sollten ebenfalls im Team und möglichst unter Beteiligung eines Kompetenzexperten erfolgen.
- Aus meiner Sicht gibt es zehn Kernkompetenzen, die auf jeden Fall mit dabei sein sollten. Ich stelle Sie Ihnen mit Begründung vor.

Zehn unumgängliche Kernkompetenzen für den verkaufsaktiven Innendienst

1. *Dynamisch-veränderungsorientiertes Mindset, innere Einstellung und Selbstmotivation:* Ohne Ihr mutiges und couragiertes Engagement und Ihren hundertprozentigen Einsatz für Kunde und Aufgabe ist alles nichts.
2. *Kundenverständnis und kundenorientiertes Handeln:* Ohne ein profundes Verständnis für die Bedürfnisse, Herausforderungen und Ziele der Kunden finden Sie keine nutzenorientierten Lösungen.
3. *Kundengewinnung und erfolgreiches Verkaufen:* Ihre Fähigkeit, Kunden zu akquirieren und zu binden, und die Beherrschung des modernen Verkaufs-Know-hows aus dem Effeff sind unerlässlich.
4. *Beziehungsaufbau durch Authentizität und sprachlich-kommunikatives Geschick:* Mit personalisierten Geschichten tragen Sie dazu bei, eine emotionale Kundenbeziehung aufzubauen.
5. *Multi-Channel-Kommunikation:* Weil Kunden online und offline auf mehreren Kommunikationskanälen unterwegs sind, ist Ihre Fähigkeit zur Multi-Channel-Kommunikation wichtig. Dies hilft bei der Nutzung der sozialen Netzwerke für Kundengewinnung und Beziehungsaufbau (Social Selling).
6. *Zielorientiertes Vorgehen:* Mit effizientem Zeitmanagement und selbstorganisiertem Arbeiten setzen Sie Prioritäten und richten den Fokus auf die aussichtsreichsten Verkaufschancen aus.
7. *Verhandlungsgeschick und -fähigkeiten:* Gute Ergebnisse lassen sich erzielen, wenn Sie auch schwierigste Verhandlungen und Gespräche erfolgreich führen und zu Win-Win-Lösungen gelangen können.
8. *Datenanalyse und CRM-Nutzung:* Wenn Sie Kundendaten professionell analysieren und die entsprechenden CRM-Systeme nutzen, sind Sie fähig, Verkaufschancen aktiv wahrzunehmen.
9. *Digitale Fähigkeiten:* Die profunde Kenntnis digitaler Tools und Techniken, der sozialen Medien, des E-Mail-Marketings sowie Technologien wie KI und Chatbots sind für Sie zwingend notwendig.

10. *Verknüpfung des Fachwissens mit Problemlösungsfähigkeit:* Sie können die Engpassprobleme Ihrer Kunden nur mithilfe detaillierter Kenntnisse der Produkte und Dienstleistungen Ihres Unternehmens lösen.

Füllen Sie jetzt die Tab. 1 aus; nutzen Sie dazu auch Ihr Strategiebuch.

Tab. 1 Kernkompetenzen für Inside Sales aufbauen

Kompetenz	Kompetenz-Ist und Gap	Maßnahmen zum Kompetenzaufbau
Mindset, innere Einstellung und Selbstmotivation		
Kundenverständnis und kundenorientiertes Handeln		
Kundengewinnung und erfolgreiches Verkaufen		
Beziehungsaufbau durch Authentizität und sprachlich-kommunikatives Geschick		
Multi-Channel-Kommunikation		
Zielorientiertes Vorgehen		
Verhandlungsgeschick und -fähigkeiten		
Datenanalyse und CRM-Nutzung		
Digitale Fähigkeiten		
Verknüpfung des Fachwissens mit Problemlösungsfähigkeit		

Literatur

Dweck, C. S. (2017). *Selbstbild. Wie unser Denken Erfolge oder Niederlage bewirkt* (6. Aufl.). Piper.

Thiemann, D., & Skazel, R. (2022). *Top-Verkäufer – Die Kompetenzen der Besten. Der strategische Entwicklungsplan zum High-Performer*. Springer Gabler.

Impuls 20 – K wie Kundenmanagement und Kundentypen

Vorgehen und Verhalten dem Persönlichkeitsprofil des Kunden anpassen

》 *Sie erfahren, wie Ihnen eine Kundentypologie aus dem Challenger Sale dabei hilft, Ihre Kontakte auf das Persönlichkeitsprofil und die Erwartungen des jeweiligen Kunden abzustimmen.*

Performer, Innovator, Bewahrer und Unterstützer. Roter Initiator, gelber Kommunikator, grüner Unterstützer und blauer Analytiker. Direktor und Motivator, Inspirator und Berater, Unterstützer und Koordinator, Beobachter und Reformer: Die Versuche, verlässliche Klassifizierungen von Persönlichkeitstypen festzulegen, die Verkäufer im Kundenkontakt dabei unterstützen, Charakter und Mentalität eines Kunden einzuschätzen, sind Legion. Eine zentrale Rolle spielen die Erfahrungen, die ein Verkäufer im Laufe der Zeit im Umgang mit seinen Kunden macht. Dabei entwickelt sich ein Bauchgefühl, mit dem er wahrscheinlich oft richtig liegt. Intuitiv schätzt er ein, mit wem er zu tun hat, wie der andere tickt und reagiert, um das weitere – auch kommunikative – Vorgehen da-

R. Koschinski, *40 Impulse für den neuen Vertriebsinnendienst*, https://doi.org/10.1007/978-3-658-44581-2_20

rauf abzustimmen. Zentral ist der Leitsatz, den anderen so zu behandeln, wie dieser behandelt werden möchte. Klassifizierungen mithilfe von Persönlichkeitstypologien unterstützen die Intuition. Jetzt kommt das große Aber: Die Landkarte (= Ergebnisse der Typologie) darf niemals für die Landschaft gehalten werden.

> Eine Persönlichkeitstypologie ermöglicht immer nur eine erste Einschätzung eines Menschen, die sich dann im persönlichen Gespräch durch interessiertes Nachfragen, aktives Zuhören oder die unmittelbare Kommunikation bestätigt – oder auch nicht.

Eine Typologie birgt stets das Risiko der unzulässigen Verallgemeinerung. Sie stellt darum ein zwar sinnvolles, aber lediglich unterstützendes Hilfsinstrumente dar. Wir dürfen bei der Einschätzung eines Menschen nie dessen Individualität und Einzigartigkeit außer Acht lassen.

Der Platinweg zum gelungenen Kundenmanagement

Ich will mich nun aber doch als Anhänger des Einsatzes von Persönlichkeitstypologien outen – sofern die genannten Einschränkungen Berücksichtigung finden und Sie den folgenden Aspekt beachten: Der Kunde schätzt auch Sie ein! Was heißt das?

Natürlich wollen Sie mit Ihrer Fragetechnik die Ist-Situation des Kunden einschätzen, sein Persönlichkeitsprofil analysieren und seinem existenziell bedrohlichen Engpassproblem auf die Spur kommen, um Ihr Vorgehen und Verhalten darauf abzustimmen. Als Branchenexperte und strategischer Berater möchten Sie die impliziten, vom Kunden oft selbst noch unerkannten Bedürfnisse identifizieren. Dazu bedarf es hoch entwickelter kommunikativer Fähigkeiten. Auf dieser Grundlage entwickeln Sie ein maßgeschneidertes Angebot mit individueller Nutzenargumentation (siehe Kap. „Impuls 7, Challenger Sale"). Und all das ist gut und richtig so. Allerdings sollten Sie bedenken, dass Ihre Kunden ihrerseits versuchen, Sie – also den Gesprächspartner auf der anderen Seite – einzuschätzen und ihr Verhalten darauf abzustellen.

Das gilt insbesondere für den B2B-Bereich, wenn geschulte und professionell agierende Einkäufer in Gesprächen und Verhandlungen, in denen es um erklärungsbedürftige und komplexe Produkte, Dienstleistungen und Angebote geht, auf ebenso geschulte und professionell agierende Verkäufer treffen. Und das wiederum bedeutet: Es geht nicht nur darum, dass Sie die Persönlichkeit Ihrer Gesprächspartner angemessen einschätzen können.

> **Sie sollten wissen, wer Sie selbst sind, wie Sie ticken und wie Sie auf Kunden und Einkäufer wirken!**

Der Platinweg lautet darum:

- Schätzen Sie, erstens, mithilfe Ihrer Intuition und einer Sie überzeugenden Persönlichkeitstypologie,
- in die Sie sich, zweitens, konsequent und fundiert einarbeiten, sodass Sie sie aus dem Effeff beherrschen und quasi im Blindflug einsetzen können,
- drittens Ihre Gesprächspartner ein und stimmen Sie Ihr Vorgehen und Verhalten darauf ab,
- ohne, viertens, zu vergessen, dass Ihr Gegenüber dasselbe versucht.

Welche Persönlichkeitstypologie Sie am besten anwenden sollten – das sollten Sie für sich selbst herausfinden. Ich kann Ihnen jedoch den Einsatz einer Typologie empfehlen, die in einem Zusammenhang mit dem Challenger-Sale-Konzept steht.

In der Pole-Position: Die Challenger-Customer-Typen

In Anlehnung an das Challenger-Sale-Konzept unterscheide ich sechs Kundentypen (Abb. 1). Dabei gilt: Die Kundentypen gibt es selten in Reinform. Üblich sind Mischformen – oftmals verfügt ein Kunde über mehrere „Anteile", von denen meistens einer dominiert. Diesen gilt es zu analysieren, um dort anzusetzen und das Kundenmanagement und die

Der vernunftgesteuerte
Rationalisierer

Der zukunftsorientierte
Visionär

Der vorsichtige
Skeptiker

Der beziehungsfokussierte
Empathiker

Der anpassungsfähige
Unterstützer

Der bewahrungswillige
Status-quo-Verteidiger

Abb. 1 Die sechs Challenger-Customer-Kundentypen

Gesprächsstrategie dem jeweiligen Challenger-Customer anzupassen. Bleiben Sie flexibel und anpassungsfähig, werden Sie nicht zum „Sklaven" der Persönlichkeitstypologie.

Der vernunftgesteuerte Rationalisierer

Dieser Kundentyp ist zahlen-, daten- und faktengesteuert, analytisch geprägt und sucht nach maximaler Effizienz und Effektivität. Er lässt sich mit stringenten Argumenten, aussagekräftigen Excel-Sheets und einer nüchternen Nützlichkeitsberechnung gewinnen. Präsentieren Sie überzeugende Informationen, um den Wert Ihres Angebots hervorzuheben. Zeigen Sie nachvollziehbar und glaubwürdig auf, wie Ihre Lösung ihm dabei hilft, Kosten und Zeit einzusparen, Prozesse zu optimieren und die Rentabilität zu steigern. Präsentieren Sie ihm klare ROI-Berechnungen, Fallstudien oder Benchmarking-Daten, mit denen Sie den Nutzen und die Vorteile Ihrer Lösung untermauern. Stellen Sie seine Effizienzgewinne in den Mittelpunkt.

Der zukunftsorientierte Visionär

Bei diesem Kundentyp ist zu beachten, dass er als innovativer Kreativler auf der Suche nach disruptiven Lösungen ist und die Zukunft mitdenkt. Präsentieren Sie ihm eine überzeugende Vision darüber, wie Ihr Angebot die Branche revolutioniert und transformiert sowie dabei hilft, Zukunft zu gestalten. Betonen Sie die langfristigen strategischen Vorteile, malen Sie ein kräftiges Bild davon, wie Ihr Angebot ihn dabei unterstützt, die Zukunftsvision zu erreichen. Bauen Sie in Ihr Kundenmanagement Fallstudien ein, mit denen Sie innovative Lösungen für ähnliche Probleme präsentieren und die belegen, wie Ihr Angebot den Kunden dabei unterstützt, sich von der Konkurrenz abzuheben und uneinholbare Wettbewerbsvorteile aufzubauen.

Der vorsichtige Skeptiker

Sie kennen bestimmt Kunden, die stets skeptisch alles hinterfragen, sogar bewährte gängige Praktiken kritisch beäugen und etwas besserwisserisch nach anderen Möglichkeiten suchen. Wichtig ist, diesem Kunden detaillierte Einblicke in die Nachteile der aktuellen Ansätze zu geben und die Schwächen der Wettbewerber zu betonen. Und dann bieten Sie ihm eine klare Alternative an, deren Nutzen und Vorteile Sie mit eindeutigen Beweisen unterfüttern. Allerdings: Machen Sie sich auf weitere Einwände und Bedenken, die Sie ausräumen, und zielorientierte Fragen gefasst, die Sie glasklar beantworten müssen. Liefern Sie hieb- und stichfeste Argumente, mit denen Sie Ihren Expertenstatus und Ihr überragendes und bewährtes Know-how untermauern.

Der beziehungsfokussierte Empathiker

Dieser Kundentyp legt hohen Wert auf persönliche Beziehungen und Vertrauen. Natürlich erwartet er ein Topangebot von Ihnen, aber ein Abschluss ohne eine gute Beziehung zu Ihnen ist für ihn kaum vorstellbar. Ja, solche Kunden gibt es noch, selbst im harten B2B-Bereich. Heben Sie die langfristige Partnerschaft hervor, die Sie implementieren wollen. Zeigen Sie ihm, wie Ihre Firma seine individuellen Bedürfnisse versteht und dass Sie ihm auf lange Sicht einen substanziellen Mehrwert bieten können. Investieren Sie viel Zeit und Gedankenschmalz in den Beziehungsaufbau. Wichtig ist, im Gespräch aktiv zuzuhören, empathisch zu agieren und Ihr Engagement zu belegen, die Ziele des Kunden erreichen zu wollen.

Der anpassungsfähige Unterstützer
Dieser Kundentyp ist in der Lage, sich rasch neuen Gegebenheiten anzupassen. Er sucht nach flexiblen Lösungen und ist bereit, sich fluide notwendigen Veränderungsprozessen unterzuordnen. Stellen Sie Ihr Kundenmanagement darauf ab, die individuelle Anpassungsfähigkeit Ihrer Lösung zu betonen. Ihr Angebot ist geeignet, sich wechselnden Anforderungen und Rahmenbedingungen anpassen zu können. Veranschaulichen Sie ihm, wie einfach es ist, Ihr Produkt oder Ihre Dienstleistung in seine bestehenden Abläufe und Prozesse zu integrieren. Unterfüttern Sie Ihre Argumentation mithilfe von Fallbeispielen und Best Practices – dieser Kunde liebt es sehr, wenn sich Ihre Lösung flexibilisieren lässt.

Der bewahrungswillige Status-quo-Verteidiger
Dieser Kundentyp ist traditionalistisch und konservativ eingestellt, er scheut Risiken, liebt die Sicherheit und hält gern an bewährten Lösungen fest. Zeigen Sie ihm auf, wie Ihr Angebot die bestehenden Prozesse verbessern hilft, ohne das gesamte System revolutionieren zu müssen. Betonen Sie das geringe Risiko bei der Umstellung auf Ihre Lösung. Nutzen Sie beim Status-quo-Verteidiger vor allem Referenzen und Erfolgsgeschichten von ähnlichen Kunden, die erfolgreich Ihre Lösungen einsetzen. Geben Sie Garantieleistungen und belegen Sie Ihre Zuverlässigkeit und Vertrauenswürdigkeit. Und zeigen Sie dem Kunden, wie er die Lösung schrittweise und ohne größere Veränderungsinitiativen implementieren kann.

Übung: Trainieren Sie den Einsatz der Kundentypologie

- Schritt 1: Gehen Sie in Ruhe Ihre Kundendatenbank durch.
- Schritt 2: Orden Sie jeweils einen Kunden einem der sechs Kundentypen zu.
- Schritt 3: Sie haben nun sechs Kunden – für jeden Typ einen – festgelegt. Beziehen Sie jeweilige Beschreibung auf die sechs Kunden, passen Sie die Beschreibung gegebenenfalls an.
- Schritt 4: Wie gehen Sie – angesichts der Beschreibung des jeweiligen Persönlichkeitsprofils – beim nächsten Gespräch (Telefonat/Onlineberatung) vor?

- Schritt 5: Berücksichtigen Sie dabei Ihr eigenes Persönlichkeitsprofil.
- Schritt 6: Entwickeln Sie jeweils einen kundentypbezogenen Gesprächsleitfaden für die sechs Kunden und stimmen Sie ab sofort Ihre Kontakte darauf ab (Tab. 1).

Tab. 1 Einsatz der Kundentypologie trainieren

Kundentyp	Typologische Hinweise für Gesprächsleifaden
Vernunftgesteuerter Rationalisierer Name des Kunden:	
Zukunftsorientierter Visionär Name des Kunden:	
Vorsichtiger Skeptiker Name des Kunden:	
Beziehungsfokussierter Empathiker Name des Kunden:	
Anpassungsfähiger Unterstützer Name des Kunden:	
Bewahrungswilliger Status-quo-Verteidiger Name des Kunden:	

Impuls 21 – L wie Lieferanten managen, Kunden zurückgewinnen und Empfehlungen generieren

Stets ratiomotional und individuell vorgehen

>> *Sie erhalten Hinweise und Tipps für spezifische Aufgaben eines Inside-Sales-Mitarbeiters: Lieferantenmanagement, Kundenrückgewinnung, Empfehlungsmanagement.*

Im Rahmen des Inside Sales übernehmen die Mitarbeiter verstärkt Aufgaben in den Bereichen Lieferantenmanagement, Kundenrückgewinnung und Empfehlungsmarketing. Der gemeinsame Nenner dieser drei unterschiedlichen Aufgaben besteht darin, ratiomotional vorzugehen – also die rationale und die emotionale Ebene zu berücksichtigen – und die Individualität des jeweiligen Gesprächspartners zu beachten.

Lieferanten professionell managen

Das Lieferantenmanagement im Innendienst erfordert eine strukturierte und zielorientierte Herangehensweise, um die reibungslose und rechtzeitige Versorgung des Unternehmens mit den Komponenten, Produkten und Dienstleistungen sicherzustellen, die es benötigt, um seinen Kernaufgaben nachzukommen.

> Dabei geht es in erster Linie darum, dass Sie geeignete Lieferanten sondieren und bewerten sowie Angebote einholen und verhandeln, um schließlich das Angebot auszuwählen, das den Bedürfnissen und Anforderungen Ihres Unternehmens entspricht.

Hinzu kommen die Überwachung der Liefertermine und -qualität sowie die Abwicklung von Änderungen oder Stornierungen von Bestellungen. Des Weiteren gehört die Zuarbeit in den Bereichen „Qualitätskontrolle" und „Reklamationsmanagement" zu Ihren Aufgaben. Sie nutzen dabei insbesondere Ihre Erfahrungen und Kompetenzen im Bereich des professionellen Telefonierens (siehe Kap. „Impuls 30, Telefonieren"), um etwa Reklamationen zu behandeln, falls die gelieferte Ware nicht den Anforderungen entspricht. Auch die regelmäßige Kommunikation mit Lieferanten, um sie über etwaige Änderungen im Bedarf oder in den Anforderungen zu informieren, und die Beziehungspflege, um Vertrauen aufzubauen und Win-win-Situationen herzustellen, sind Bestandteile Ihrer Lieferantenbetreuung.

Da Sie als Innendienstler in der Lage sind, kundenindividuell zu agieren und den Kontakt mit Gesprächspartnern auf das jeweilige Persönlichkeitsprofil des Lieferanten abzustimmen (siehe Kap. „Impuls 33, Verhaltensweisen im direkten Kundenkontakt"), können Sie hier wertvolle Unterstützung leisten. Und aufgrund Ihrer Fähigkeit, sowohl auf der rational-vernunftbasierten als auch der emotional-gefühlsmäßigen Ebene zu argumentieren, verfügen Sie über die Kompetenz, kommunikative Hürden im Lieferantenmanagement zu überwinden und bei unzuverlässigen Lieferungen und Qualitätsproblemen doch noch konstruktive Lösungen herbeizuführen. Meine wichtigsten Empfehlungen lauten:

- Seien Sie in der Kommunikation mit Lieferanten stets offen. Formulieren Sie Ihre Erwartungen transparent und halten Sie Vereinbarungen schriftlich fest.
- Bewerten Sie die Lieferanten regelmäßig, um ihre Leistung und die Beziehung zu ihnen zu überprüfen.

- Kommunizieren Sie bei Konflikten wertschätzend, erkennen Sie den Willen des Lieferanten an, konstruktiv mit Ihnen kooperieren zu wollen, und lösen Sie Konflikte partnerschaftlich.
- Nutzen Sie Software und Tools zur Automatisierung von Bestell- und Lagerverwaltungsprozessen. Verwenden Sie Datenanalysen, um den Bedarf besser prognostizieren und Lagerbestände optimieren zu können.
- Wichtig ist es, klare und standardisierte Prozesse für Angebotsanfragen, Preisverhandlungen und Bestellungen zu implementieren. Kommunizieren Sie Ihre Anforderungen und Erwartungen deutlich und regelmäßig.

Verlorene Kunden zurückgewinnen

Die Betreuung der Bestandskunden gehört zweifellos zu den zentralen Aufgaben des Inside-Sales-Mitarbeiters. Das ist keine neue Feststellung; was jedoch im Rahmen eines verkaufsaktivieren Agierens eine ungewöhnliche Forderung darstellt, ist die Aufgabe, sich als Innendienstmitarbeiter bei der Rückgewinnung verlorener Kunden verstärkt zu engagieren. Was ist damit gemeint?

Der Vertriebs- und Kommunikationsprofi Achim Jaeger (Jaeger, 2020) hat darauf aufmerksam gemacht, wie wichtig es sei, mit der richtigen Einstellung in Kundenrückgewinnungsaktionen zu gehen. Demnach ist es zielführend, verlorene Kunden als lediglich „ausgeliehene Kunden" zu betrachten, um dann mit der entsprechenden Motivation und Überzeugungskraft in das persönliche Gespräch zu gehen und den „verleasten Kunden" zurückzugewinnen. Er hält es für falsch, den Kunden vor allem mit Rabatten, Tiefstpreisen, Schnäppchenangeboten und Lockgeschenken zur Rückkehr bewegen zu wollen. Besser sei es, eine neue Geschäftsbeziehung auf Augenhöhe anzustreben.

An dieser Stelle kommt die ratiomotionale und kundenindividuelle Ansprache ins Spiel. Auch Jaeger betont, Kundenleasing verfolge das Ziel, ausgeliehene Kunden vor allem mit kundentypspezifischen Nutzen- und Vorteilsargumenten gewinnen zu wollen.

> Entscheidend ist, dem verlorenen – oder besser gesagt: dem ausgeliehenen – Kunden ein unschlagbares Angebot zu unterbreiten, das konsequent auf dessen Erwartungen, Bedürfnisse und Persönlichkeitsstruktur bezogen ist.

Dazu ist es notwendig, sich intensiv und detailliert auf das Gespräch mit dem ausgeliehenen Kunden vorzubereiten. Sie müssen wissen, mit welchem Kundentyp Sie zu tun haben und warum der Kunde seinerzeit gegangen ist. Dann sollte es Ihnen möglich sein, ihm mit Selbstbewusstsein und selbstüberzeugt ein Angebot zu unterbreiten, das er einfach nicht ablehnen kann, weil es ihm einen größeren Nutzen bietet, als dies bei dem derzeitigen Anbieter der Fall ist. Beweisen Sie ihm, dass es für ihn von großem Nutzen ist, zu Ihrem Unternehmen zurückzukehren. Eine erfolgversprechende Formulierung dafür ist:

- „Sie haben Ihren Vertrag seinerzeit gekündigt, weil die Konkurrenz Ihnen eine bessere Leistung anbieten konnte. Wir konnten uns längere Zeit nicht mehr sprechen und ich möchte daher die Gelegenheit nutzen, Ihnen zu zeigen, dass wir uns weiterentwickelt haben. Ich möchte Ihnen heute ein für Sie nützliches und wertvolles Angebot vorlegen, das nicht nur dieselben Konditionen wie das Konkurrenzangebot umfasst. Vielmehr sind wir in der Lage, Ihnen noch bessere Konditionen unterbreiten zu können. Zusätzlich bieten wir Ihnen neben < *das folgende Angebot sollte konsequent auf den jeweiligen Kundentyp bezogen sein* > auch noch eine Zufriedenheitsgarantie/ein Rundum-Sorglos-Paket/ein außerordentliches Kündigungsrecht an."

Falls der Kunde seinerzeit gegangen ist, weil er unzufrieden war – etwa wegen des Umgangs mit einer Beschwerde oder wegen eines Qualitätsproblems –, bietet sich diese Formulierung an:

- „Wir haben uns längere Zeit nicht mehr gesprochen. Ich nutze jetzt die Gelegenheit, Ihnen zu zeigen, dass und wie wir uns weiterentwickelt haben. Damals haben Sie den Vertrag gekündigt, weil Sie mit … unzufrieden waren. Mittlerweile haben wir, nicht zuletzt aufgrund Ihrer Beschwerde, das Problem erkannt und die Ursachen ausgeräumt. Und darum möchte ich Ihnen heute ein verbessertes Angebot unterbreiten, das wir zudem mit einer für Sie nützlichen und wertvollen Wiedergutmachung kombiniert werden, nämlich < *das folgende Angebot wieder auf den jeweiligen Kundentyp abstimmen* > …"."

Empfehlungen generieren

Insbesondere zufriedene Kunden sind exzellente Werbechefs. Als verkaufs-aktiver Inside-Sales-Mitarbeiter vergessen Sie darum bitte nie, nach dem erfolgreichen Abschluss – oder gegebenenfalls zu einem anderen Zeitpunkt des Kundenkontakts – das Thema „Weiterempfehlung" anzusprechen. Ent-weder fragen Sie den Kunden, ob er Ihnen namentlich Menschen nennen will, die, ähnlich wie er selbst, gleichfalls von Ihren Angeboten profitieren könnten. Eine mögliche Formulierung ist:

- „Wen gibt es in Ihrem persönlichen Umfeld – sei es eine Arbeitskollegin oder ein guter Freund oder Verwandter –, der zurzeit ein ähnliches Produkt/eine ähnliche Dienstleistung wie Sie gebrauchen und somit von Ihrer Empfehlung profitieren könnte? An wen konkret denken Sie dabei?"

Oder bitten Sie den Kunden, sich als Referenzkunde zur Verfügung zu stellen und ein Testimonial abzugeben. Zumindest jedoch sollten Sie ihn fragen, ob er Ihr Unternehmen und Sie weiterempfehlen möchte.

Übrigens: Falls Sie ein schlechtes Gewissen haben, weil Sie vielleicht die Euphorie eines zufriedenen Kunden nach dem Abschluss auszu-nutzen drohen: Solche Bedenken sind kontraproduktiv, solange Sie mit dem Kunden fair und offen umgehen, und betonen, dass Ihnen die Zufriedenheit und das Wohl sowohl des Empfehlungsgebers als auch des Empfehlungsnehmers am Herzen liegen. Denn oft wird der Empfehlungsgeber, also Ihr Kunde, ein gutes Gefühl haben, wenn er einen Dienstleister, mit dem er zufrieden ist, an einen guten Bekannten empfehlen kann und darf.

Übung: Die richtige Empfehlungsfrage finden

Wenn Ihr Kunde bereit ist, als Empfehlungsgeber – oder auch als Referenz-geber – aufzutreten, hat dies den Nutzen und Vorteil, dass Ihr Unternehmen und Sie beim Empfehlungsnehmer und potenziellen Neukunden über einen großen Vertrauensvorschuss verfügen. Darum ist es wichtig, sich die

Tab. 1 Empfehlungsfrage formulieren

Situation	Ihre Formulierung
Empfehlungsfrage allgemein	
Gespräch mit dem roten dominanten Machertyp	
Gespräch mit dem gelben beziehungsorientierten Kundentyp	
Gespräch mit dem grünen zurückhaltenden Kundentyp	
Gespräch mit dem blauen analytischen Kundentyp	

Empfehlungsfrage genau zu überlegen und Sie kundenspezifisch zu formulieren. Ein Beispiel („Wen gibt es in Ihrem persönlichen Umfeld …") haben Sie kennengelernt. Finden Sie Ihre eigenen branchenspezifischen und kundenindividuellen Formulierungen (Tab. 1). Berücksichtigen Sie dabei möglichst den jeweiligen Kundentyp (siehe Kap. „Impuls 20, Kundenmanagement und Kundentypen" und „Impuls 33, Verhaltensweisen im direkten Kundenkontakt"). Nutzen Sie auch hier Ihr Strategiebuch.

Literatur

Jaeger, A. (2020). Kundenleasing: Neue Wege der Kundenrückgewinnung. *KMU-Magazin*, 01–02/2020, S. 64–66.

Impuls 22 – M wie Minutenpräsentation
Botschaft kurz und prägnant auf das Wesentliche fokussieren

>> *Sie lernen ein Werkzeug kennen, mit dem Sie in kürzester Zeit auf Kundenseite eine größtmögliche Wirkung erzielen.*

Inside-Sales-Verkäufer arbeiten oft telefonisch oder per E-Mail, und das bedeutet, dass sie nur begrenzte Zeit haben, um das Interesse potenzieller Kunden zu wecken. Vielleicht kennen Sie das Zitat: „Ich hätte Ihnen einen kürzeren Brief geschrieben, aber ich hatte nicht genug Zeit." Dieser humorvolle Ausspruch, dessen Ursprung und Quelle nicht eindeutig zuzuordnen ist, umschreibt die Herausforderung, komplexe Informationen in kurzer Zeit verständlich und prägnant zu präsentieren. Es ist schwierig und zeitaufwendig, einen kurzen und knackigen informativen Text zu verfassen, in dem die Dinge auf den wesentlichen Punkt gebracht werden.

© Der/die Autor(en), exklusiv lizenziert an Springer Fachmedien Wiesbaden GmbH, ein Teil von Springer Nature 2024
R. Koschinski, *40 Impulse für den neuen Vertriebsinnendienst*,
https://doi.org/10.1007/978-3-658-44581-2_22

In der Kürze der Botschaft liegt die Würze

Meine Praxiserfahrung zeigt, dass prägnante, also kurze Präsentationen eine besonders hohe Chance auf erfolgreiche Verkaufsabschlüsse bieten. Die Idee der Minutenpräsentation basiert auf der Erkenntnis, dass insbesondere Mitarbeitende im Innendienst oft nur wenig Zeit zur Verfügung steht, das Interesse potenzieller Kunden zu wecken. Denn diese erwarten bei der Kontaktaufnahme durch einen Innendienstler eher nicht, Informationen zu erhalten, die relevant sind für eine Kaufentscheidung. Wer im Innendienst Kunden sofort und nachhaltig auf seine Seite ziehen will, sollte die Kunst der Minutenpräsentation beherrschen.

> Während eine Produktpräsentation dazu dient, das Produkt (oder die Dienstleistung) in allen Facetten vorzustellen, zielt die Minutenpräsentation darauf ab, den Kunden mithilfe einer kompakten Zusammenfassung schnell zu überzeugen und sein Interesse zu wecken, um rasch weitere Schritte einleiten zu können.

Insofern ist die Minutenpräsentation die Schwester des Elevator Pitch, bei dem es darum geht, während einer Fahrstuhlfahrt einen Menschen mithilfe einer fokussierten Kernbotschaft zu einem Interessenten zu entwickeln.

Lassen Sie uns konkret verbleiben: Eine Minutenpräsentation dauert in der Regel nicht länger als eine Minute. In dieser kurzen Zeit sollte der Innendienstler in der Lage sein, die Aufmerksamkeit des Kunden zu gewinnen, den Nutzen aufzuzeigen und ihn etwa für das Angebot zu interessieren. Vermeiden Sie es daher auf jeden Fall, zu viele Informationen in die Minutenpräsentation hineinzupacken. Erstellen Sie eine kompakte Zusammenfassung der wichtigsten Informationen und Argumente, die den Kunden überzeugen, wenn nicht sogar begeistern. Dieser hört Ihnen weiter zu und ist nach und nach bereit, sich näher mit dem Produkt oder der Dienstleistung auseinanderzusetzen.

Entscheidend dabei ist nicht nur das Was – also etwa die Vorteilsliste mit überzeugenden Argumenten –, sondern überdies das Wie, mithin die sprachliche Überzeugungskraft und Brillanz, mit der Sie kommunizieren. Insofern gehört die Minutenpräsentation durchaus zu den größten Herausforderungen – Sie meistern diese Herausforderung, indem Sie die folgenden Hinweise beherzigen.

Die Fünf-Elemente-Struktur beachten

Eine gut strukturierte Minutenpräsentation besteht aus fünf Elementen (Abb. 1):

1. *Einleitender Anker:* Starten Sie stets mit einer aussagekräftigen Frage, einer interessanten Statistik oder einer provokativen Aussage, um die Aufmerksamkeit des Kunden zu gewinnen und um ihn in Ihre Minutenpräsentation hineinzuziehen.
2. *USP (Unique Selling Proposition):* Präsentieren Sie Ihren einzigartigen Verkaufsvorteil oder Ihr Alleinstellungsmerkmal, das Ihr Produkt oder Ihre Dienstleistung von der Konkurrenz abhebt. Der USP hilft Ihnen dabei, sich von der Konkurrenz zu differenzieren und dem Kunden klarzumachen, warum er gerade bei Ihnen kaufen sollte.

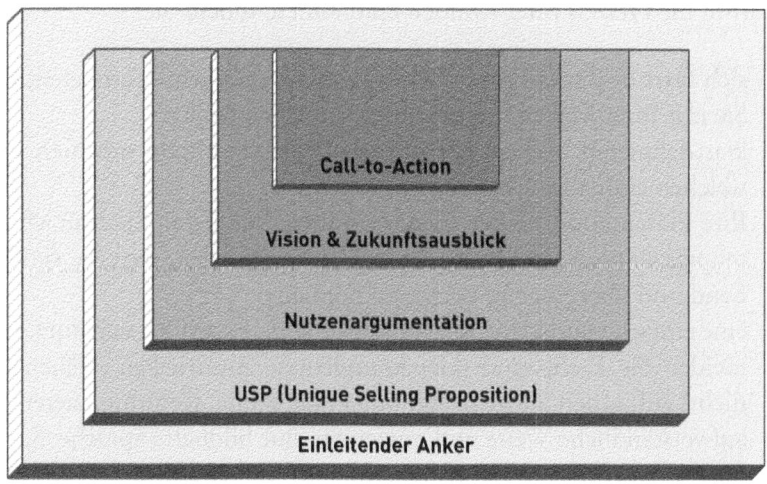

Abb. 1   Die fünf Elemente der Minutenpräsentation

3. *Nutzenargumentation:* Die Betonung des Nutzens zeigt dem Kunden, wie er von Ihrem Angebot profitieren kann und welche Probleme es für ihn löst. Zeigen Sie daher konkret auf, wie Ihr Angebot ihn dabei unterstützt, ein Problem zu lösen, einen Bedarf zu decken oder einen Mehrwert zu erringen. Konzentrieren Sie sich auf die größten Vorteile, die er bei Ihnen einkauft.

4. *Vision und Zukunftsausblick:* Verknüpfen Sie Ihr Angebot mit einer übergeordneten Vision oder einem langfristigen Ziel, um dem Kunden das Gefühl zu geben, dass er Teil von etwas Größerem ist, etwa einer größeren Bewegung oder eines höherrangigen Ziels.

5. *Call-to-Action:* Schließen Sie Ihre Minutenpräsentation mit einer klaren Handlungsaufforderung ab, beispielsweise mit einer Terminvereinbarung, der Anforderung einer Produktprobe oder der Nutzung einer weiterführenden Informationsquelle.

Minutenpräsentation mit starker Wirkung kreieren

Sorgen Sie dafür, dass sich Ihre Minutenpräsentation und Ihre Kernbotschaft in die Herzen Ihrer Kunden einbrennen, indem Sie:

1. sich klare und spezifische Ziele setzen und deutlich formulieren, was Sie mit Ihrer Minutenpräsentation erreichen wollen.

2. klar definieren, welche Kernbotschaft Sie vermitteln möchten und welchen einmaligen Nutzen Sie bieten.

3. Ihre Präsentation immer wieder einüben. Trainieren Sie Ihre Minutenpräsentation immer wieder, um sicherzustellen, dass Sie sie fließend und überzeugend vortragen können.

4. eine einfache und klare Sprache verwenden. Fassen Sie sich kurz, vermeiden Sie Fachjargon oder komplizierte Ausdrücken, blähen Sie nichts auf, gehen Sie nicht unnötig in die Breite. Kommunizieren Sie auf verständliche Weise und nutzen Sie eine bildhafte Sprache. Sagen Sie das, was Sie zu sagen haben, mit Saft und Kraft.

5. Ihre Präsentation dem individuellen Kunden und der Verkaufssituationen anzupassen. Berücksichtigen Sie die Bedürfnisse und Interessen des Kunden und stellen Sie sicher, dass Ihre Präsentation punkt-

und zielgenau auf ihn zugeschnitten ist. Vermeiden Sie eine allgemeine, nicht personalisierte Präsentation. Lieben Sie nicht sich selbst, sondern Ihre Kunden und Zuhörer.

6. sich konsequent an die Zeitvorgabe halten. Achten Sie darauf, dass Ihre *Minuten*präsentation tatsächlich innerhalb der Zeitgrenzen bleibt. Ansonsten verlieren Sie das Interesse des Kunden.
7. visuelle Hilfsmittel verwenden. Falls möglich – denkbar ist dies bei der Onlineberatung von PC zu PC und von Bildschirm zu Bildschirm oder einer Videokonferenz – unterstützen Sie Ihre Präsentation mit visuellen Elementen wie Grafiken oder Bildern, um die Aufmerksamkeit des Kunden zu verstärken.
8. authentisch und überzeugend agieren. Zeigen Sie Begeisterung und Leidenschaft für Ihr Angebot, um Ihr inneres Feuer, das Sie vorantreibt, beim Kunden anzufachen. So gewinnen Sie sein Vertrauen.
9. nach Feedback fragen. Bitten Sie Kollegen oder Mentoren um konstruktives und ehrliches Feedback zu Ihrer Minutenpräsentation. Nutzen Sie ihre Anregungen und ihre Kritik, um sich weiterzuentwickeln.
10. aus erkannten Fehlern Lernchancen ableiten. Fehler gehören zum Lernprozess dazu, sie ermöglichen es Ihnen, sich zu verbessern.

Höchst kontraproduktiv ist eine unzureichende Vorbereitung: Unterschätzen Sie auf keinen Fall den Aufwand und die Bedeutung der Vorbereitung. Eine Einstellung wie „Na ja, so viel kann in den paar Minuten ja nicht falsch laufen und schief gehen" hat schon oft zu vollkommen misslungenen Minutenpräsentationen geführt. Vergessen Sie vor allem nicht, am Ende eine klare Handlungsaufforderung (Call-to-Action) zu geben, damit der Kunde weiß, was als Nächstes zu tun ist.

Übung: Motivationsübung macht den Meister – verfassen Sie eine Minutenpräsentation

Die Minutenpräsentation ist ein effektives Werkzeug für Verkäufer im Innendienst, um das Interesse potenzieller Kunden zu wecken und ihre Ziele zu erreichen. Durch eine klare Struktur, die Betonung von USP,

Nutzen und Vision sowie regelmäßiges Üben und die Anwendung motivierender Techniken kann die Minutenpräsentation zu einer wirksamen Methode werden, um Kunden für Produkte und Dienstleistungen zu begeistern.

Nun zur eigentlichen Übung: Versuchen Sie jetzt, zu einem Ihnen wichtigen Thema eine Minutenpräsentation zu verfassen. Lesen Sie sich dazu diesen Impuls und meine Tipps nochmals in Ruhe durch.

Impuls 23 – N wie Nutzen des Kunden erhöhen

Entwickeln Sie sich zum innovativen Kundencoach

>> *Sie erfahren, wie Sie Ihrem Anspruch gerecht werden, sich konsequent auf den Kundennutzen zu fokussieren.*

„Herr Koschinski, was ist der wesentliche Unterschied zwischen einem klassischen Innendienstler und einem modernen verkaufsaktiven Inside-Sales-Mitarbeiter?" Das werde ich in meinen Trainings und Coachings des Öfteren gefragt, und natürlich ist die Liste der Unterschiede lang. Eine zentrale Abgrenzung ergibt sich durch die konsequente Vertriebsausrichtung und die strikte Kundenorientierung. Ein verkaufsaktiver Inside-Sales-Mitarbeiter besitzt so etwas wie ein Vertriebsgen und ist darauf fokussiert, stets den Kundennutzen in den Mittelpunkt seines Denkens und Handelns zu stellen. Er ist permanent auf der Suche nach innovativen Ideen, um den Kundennutzen zu erhöhen, und zwar bezüglich der gesamten Customer Journey (siehe Kap. „Impuls 9, Customer Journey") und jeden Tag, bei jedem Kundenkontakt, bei jedem Anruf und bei jeder E-Mail. Er entwickelt sich zum nutzenorientierten Kundencoach und

R. Koschinski, *40 Impulse für den neuen Vertriebsinnendienst*, https://doi.org/10.1007/978-3-658-44581-2_23

überlegt gemeinsam im Team und im Innovationsmeeting, wie sich die Anforderungen der Kunden noch besser erfüllen lassen.

> **Für einen nutzenorientierten Kundencoach genießen die Erwartungen des Kunden und seine Zufriedenheit und Begeisterung oberste Priorität.**

Der nutzenorientierte Kundencoach und sein Innovationsdrang

Ein nutzenorientierter Kundencoach weiß, dass er in der Wahrnehmung der Kunden dann eine einzigartige Stellung einnehmen kann, wenn er möglichst alle Fähigkeiten noch einen Schritt weiter entwickelt hat als seine Wettbewerber. Darum versucht er zuerst, den Kunden, dessen Engpassproblem und dessen Erwartungen zu verstehen, um auf dieser Grundlage eine nutzenorientierte und innovative Problemlösung zu entwickeln. Dies gelingt ihm mithilfe seiner Zuhörkompetenz und seiner Fragetechnik (siehe Kap. „Impuls 12, Fragetechniken") – er ist vor allem ein hervorragender Zuhörer, der die Bedürfnisse und Sorgen des Kunden ernst nimmt.

Die Kompetenzen des Kundencoachs
Es gibt fünf wesentliche Fähigkeiten, die einen nutzenorientierten Kundencoach auszeichnen (Koschinski & Lesch, 2018):

1. Ein Kundencoach bringt seinen Kunden initiativ voran, weil er dafür brennt, ihn weiterzuentwickeln und proaktiv dafür zu sorgen, dass er sich in seinem Markt behauptet.
2. Der Kunde von heute will persönliche Lösungsunikate. Der Kundencoach verkauft darum keine Produkte, sondern maßgeschneiderte und individuelle Lösungsanzüge. Er entwickelt sich zu einem vertrauenswürdigen Berater, der den geschäftlichen Erfolg des Kunden in den Mittelpunkt seines Denkens und Handelns stellt.
3. Der Kundencoach kommuniziert stets von Mensch zu Mensch. Darum legt er Wert auf seine Persönlichkeitsentwicklung. Zugleich baut er die Fähigkeit auf, die Persönlichkeit seiner Kunden einzuschätzen – so gelingt es ihm, Wir-Beziehungen zu knüpfen, die geprägt sind durch ein wechselseitiges Vertrauensverhältnis.

4. Der Kundencoach fühlt sich in der Online- und der Offlinewelt zu Hause. Er betrachtet die zwei Welten nicht als Gegensätze, sondern als Möglichkeiten, mit Kunden verschiedenster Ausrichtung in Kontakt zu treten. Er verfügt über Strategien für Offline-Kundenkontakte und über Online-Strategien: Er gewinnt und begeistert Kunden im persönlichen Gespräch ebenso wie über Facebook, Xing, LinkedIn und Co.

5. Der Kundencoach gleicht regelmäßig seine vorhandenen Fähigkeiten mit den erforderlichen Kompetenzen ab, um Defizite zu beseitigen. Er ist ein eiserner Verfechter des lebenslangen Lernens.

Mehrwert bieten
Haben Sie schon einmal proaktiv nach Ideen gesucht, durch die Sie Ihrem jeweiligen Kunden einen Mehrwert bieten können? Sie könnten zum Beispiel einen innovativen Verkaufsprozess aufsetzen, der dem Kunden eine personalisierte Einkaufserfahrung ermöglicht. Die Folge: Er fühlt sich bei Ihnen rundum wohl und genießt als Mensch, als Individuum und natürlich als Kunde ein aufregendes Einkaufserlebnis.

Im Telefonat versuchen Sie, durch eine kluge Gesprächsführung (siehe Kap. „Impuls 13, Gesprächsführung") und die bereits erwähnte zielorientierte Fragetechnik herauszufinden, was den Kunden im Innersten bewegt und berührt, um ihm als Ratgeber und Unterstützer zur Seite zu stehen. Im besten Fall empfindet er das Gespräch mit Ihnen und Ihre Beratung als stimulierende Erlebnisse, die er als positive Kundenerfahrungen einordnet. Dieses Empfinden steigern Sie, indem Sie sich innovative Wege zum Kundennutzen überlegen und umsetzen. Nutzen Sie dazu die Synergieeffekte, die durch Team- und eine enge Zusammenarbeit entstehen.

Gemeinsam sind wir stark

Wahrscheinlich sind Sie nicht der einzige Innendienstler, der vor der Herausforderung steht, sich zum verkaufsaktiven Inside-Sales-Mitarbeiter zu entwickeln. Mein Tipp: Schließen Sie sich mit Ihren Kollegen zusammen, arbeiten Sie gemeinsam an Ihrer verkaufsaktiven Weiterentwicklung, lernen Sie voneinander – auch und insbesondere bei der Ausbildung Ihrer Kompetenzen als Kundencoach. Es muss ja nicht jeder im Innendienst dieselben Fehler machen, sie können sich dazu austauschen

und voneinander lernen. Das gilt ebenso für die positiven Kundenerfahrungen und -erlebnisse. Führen Sie dazu ein Innovationsmeeting durch.

Mit Umkehrtechnik zu innovativen Ideen

In dem Innovationsmeeting geht es zum einen um den Erfahrungsaus-
tausch: Welche Ideen haben gezündet und tatsächlich zu einem Mehrwert für den Kunden geführt? Welche dieser Ideen lassen sich von den
anderen Teammitgliedern gleichfalls nutzen, gegebenenfalls nach ent-
sprechender Anpassung?

> Zum anderen dient das Innovationsmeeting dazu, im Team innovative Ideen
> erst einmal zu entwickeln, also etwa im Brainstorming oder im Brainwri-
> ting – oder mit einer anderen Kreativtechnik – Vorschläge zu Aktionen zu
> kreieren, die einen hohen Kundennutzen nach sich ziehen.

Ich bin ein großer Anhänger davon, im Innovationsmeeting die Um-
kehrtechnik anzuwenden:

- In einem ersten Schritt wird im Team überlegt, wie der Kundennutzen
  gering (!) gehalten werden kann und wie sich Kunden abschrecken
  und vergraulen (!) lassen.
- Allein die provokante Fragestellung versetzt die grauen Gehirnzellen
  der Teammitglieder in Alarmbereitschaft und Aufruhr und führt in
  der Regel zu einem großen Ideenoutput.
- Im nächsten Schritt wenden die Teilnehmer die Vorschläge ins Positive,
  um diese anschließend zu priorisieren.
- Dann wählt das Team die innovativsten Vorschläge aus, vertieft sie,
  arbeitet sie noch feiner aus und geht damit in die Umsetzung.

Der Kunde als Coach

Eine zielführende Idee besteht darin, den Kunden zum „Mit-Arbeiter" zu
entwickeln. Und das ist so gemeint: Sie stellen dem Kunden die Frage, ob
und inwiefern er Verbesserungspotenziale in Ihrem Vorgehen und in der
Vorgehensweis Ihres Unternehmens sieht. „Gibt es aus Ihrer Sicht An-
satzpunkte, wie wir für Sie noch nützlicher sein und Ihnen noch mehr
Nutzen bieten können?"

Ob sich Ihr Kunde tatsächlich als „Mit-Arbeiter" zur Verfügung stellt, hängt von seiner Mentalität ab. Handelt es sich um einen eher status-bewussten Menschen, für den Selbstbestimmung und Prestige bedeutende Faktoren seiner Persönlichkeitsstruktur sind, wird er vielleicht sogar stolz sein, wenn Sie ihn um Unterstützung und Rat bitten. Ähnliches gilt für den beziehungsorientierten Kunden, der sich darüber freuen wird, wenn er Ihnen behilflich sein kann.

Eventuell thematisiert der Kunde sogar Verhaltensaspekte. Das mag zuerst einmal peinlich sein, kann sich jedoch durchaus als Vorteil herausstellen: „Ihre Beratungsqualität hat, finde ich, in letzter Zeit ein wenig nachgelassen. Sie sind nicht mehr so aufmerksam wie früher." Fassen Sie dies nicht als Kritik an Ihrer Person auf, sondern als Hinweis auf die Möglichkeit, Ihre Ansprache und Ihr Vorgehen zu optimieren: „Danke für Ihre Ehrlichkeit. Was kann ich tun, um Sie wieder auf meine Seite zu ziehen?"

> **Jetzt steigen der Kunde und Sie in ein Coachinggespräch ein – wobei dieses Mal der Kunde der Coach ist.**

Ein weiterer Vorteil der Zusammenarbeit im Team besteht in der gegenseitigen Unterstützung: Wenn ein Kunde zum Beispiel etwas wünscht, das Sie als Kundencoach selbst nicht befriedigen können, greifen Sie auf das Team zurück. Sie nutzen die Kompetenzen der Teammitglieder und bieten dem Kunden doch noch eine prima Lösung.

Übung: Entwickeln Sie sich zum Kundencoach

Schätzen Sie bezüglich jeder Kundencoach-Kompetenz Ihren Ist-Zustand ein und legen Sie fest, was Sie wann tun werden, um die Kompetenz auszubauen.

- Kompetenz 1: Sie agieren mit strikt proaktiver Lösungsorientierung. Ihr Ist-Zustand:
    Nutzen Sie an dieser Stelle Ihr Strategiebuch für Notizen.
- Kompetenz 2: Sie kennen sich im Business des Kunden exzellent aus. Ihr Ist-Zustand:

Nutzen Sie an dieser Stelle Ihr Strategiebuch für Notizen.

- Kompetenz 3: Sie fühlen sich in der Offline- und der Onlinewelt zu Hause und verfügen über Strategien, um Kunden in beiden Welten konstruktiv anzusprechen. Ihr Ist-Zustand:
  Nutzen Sie an dieser Stelle Ihr Strategiebuch für Notizen.
- Kompetenz 4: Sie bieten dem Kunden einmalige Lösungen (Lösungs-Unikate). Ihr Ist-Zustand:
  Nutzen Sie an dieser Stelle Ihr Strategiebuch für Notizen.
- Kompetenz 5: Sie sind in der Lage, entlang der gesamten Customer Journey positive Kundenerfahrungen zu prägen und negative zu vermeiden. Ihr Ist-Zustand:
  Nutzen Sie an dieser Stelle Ihr Strategiebuch für Notizen.
- Kompetenz 6: Ob am Telefon, im Live-Chat, per Video-Konferenz, beim Skypen oder per E-Mail: Sie lassen jeden Kunden fühlen, dieser sei für Sie derzeit der wichtigste Mensch auf der Welt. Ihr Ist-Zustand:
  Nutzen Sie an dieser Stelle Ihr Strategiebuch für Notizen.
- Kompetenz 7: Sie halten den eigenen Redeanteil gering, beherrschen die Fragetechniken und betreten mit werteorientierten Fragen und aktivem Zuhören die Vorstellungswelt des Kunden, um eine optimale Lösung zu finden. Ihr Ist-Zustand:
  Nutzen Sie an dieser Stelle Ihr Strategiebuch für Notizen.
- Kompetenz 8: Sie sind zur Teamarbeit fähig und ein Netzwerker mit hoch entwickelter Team-Intelligenz. Ihr Ist-Zustand:
  Nutzen Sie an dieser Stelle Ihr Strategiebuch für Notizen.
- Kompetenz 9: Sie kommunizieren stets von Mensch zu Mensch. Ihr Ist-Zustand:
  Nutzen Sie an dieser Stelle Ihr Strategiebuch für Notizen.
- Kompetenz 10: Sie setzen die Forderung des lebenslangen Lernens konsequent um. Ihr Ist-Zustand:
  Nutzen Sie an dieser Stelle Ihr Strategiebuch für Notizen.

Literatur

Koschinski, R., & Lesch, E. (2018). Der proaktive Kundencoach ist mehr als ein Spitzenverkäufer. *KMU-Magazin*, 11–12/2018, S. 68–70.

Impuls 24 – O wie Online- und Videoberatung

„Sitzen Sie gerade vor dem Rechner?" – den Kunden professionell von PC zu PC beraten

» *Sie erfahren von den Möglichkeiten der Online- und Videoberatung und erhalten Kenntnis, wie Sie ein Beratungs- und Verkaufsgespräch von PC zu PC führen.*

Ich trainiere in den Büros der Innendienstabteilung eines Getränke- herstellers einige Mitarbeitende „on the Job", das heißt, ich sitze während der Telefonate neben einem Mitarbeiter und bereite mit ihm das folgende Gespräch vor. Nach dem Kundenkontakt gibt es produktiv-kritisches Feedback: Wir diskutieren, was gut gelaufen ist und was der Innendienst- ler beim nächsten Mal verbessern sollte.

Konkret: Ein Innendienstler führt mit einem Einkäufer ein Kaltakqui- setelefonat. Zwar spielt der Qualitätsaspekt bei Bier, Erfrischungs- getränken und Mineralwässern – die Produkte gehören zu den umsatz- stärksten Segmenten der Getränkeindustrie – eine große Rolle. Aber natürlich ist es doch meistens auch der Preis, der die Kaufentscheidung der Einkäufer maßgeblich beeinflusst. Der Innendienstler will daher ver-

R. Koschinski, *40 Impulse für den neuen Vertriebsinnendienst*, https://doi.org/10.1007/978-3-658-44581-2_24

hindern, dass das Gespräch sich allein um den Preis als Entscheidungskriterium dreht. Darum bietet er dem Einkäufer besondere Lieferkonditionen an und betont, effektiv, effizient und schnell zu liefern. Als „Sahnehäubchen" und zusätzlichen Service, mit dem der Einkäufer nicht rechnen kann, offeriert er dem Unternehmen die exklusive Mitgliedschaft im VIP-Kundenclub. Wobei diese Mitgliedschaft selbstverständlich mit Vergünstigungen verbunden ist …

„Sitzen Sie an Ihrem Rechner?"

So weit, so gut – so mögen viele Verkäufer agieren. Entscheidend jedoch ist, dass der Innendienstler den Einkäufer jetzt fragt: „Sitzen Sie gerade vor dem Rechner? Können Sie online gehen?" Fragen, die wohl die meisten Gesprächspartner mit Ja beantworten werden. Mithilfe einer speziellen Konferenz- und Präsentationssoftware loggt sich der Einkäufer auf der Website des Innendienstlers ein. Nun können sie zeitgleich auf ihren jeweiligen Bildschirmen dieselben Inhalte verfolgen. Sie kommunizieren von Bildschirm zu Bildschirm, sie können sich sehen und hören, ja, *fast* schon riechen und anfassen, jedenfalls im übertragenen Sinn.

> Es ist, als ob sich der Kunde und der Innendienstler, als ob sich der Einkäufer und Sie im Büro gegenübersitzen.

So ist es möglich, dass Sie:

- gemeinsam die Seite eines Presseportals besuchen – dort kann der Einkäufer einen Artikel lesen, in dem Ihr Unternehmen objektiv und sachlich bewerten wird.
- die Website der Stiftung Warentest besuchen, denn dort ist eines Ihrer Produkte oder eine Ihrer Dienstleistungen kritisch bewertet und für gut befunden worden. Oder Sie rufen die entsprechenden Seiten des Magazins, die Sie vorab eingescannt haben, auf dem Bildschirm auf und stellen dem Einkäufer die wichtigsten Ergebnisse der Bewertung vor.

- sich einen Videofilm anschauen, in dem die Vorteile Ihres Produkts oder Ihrer Dienstleistung anschaulich vorgestellt werden oder in dem sich ein Referenzkunde positiv zu Ihrer Firma äußert.
- sich gemeinsam Folien anschauen, die Sie im Vorfeld des Telefonats vorbereitet haben. Auf einer Folie sind in einer Tabelle die Vor- und Nachteile, die Pro- und Contra-Argumente einer Zusammenarbeit mit Ihnen und Ihrem Unternehmen aufgelistet, die der Einkäufer und Sie im Laufe des Gesprächs ergänzen können. Das heißt: Der Einkäufer sieht am Bildschirm in Echtzeit, wie sich seine Ideen und Ihre Vorschläge konkretisieren, indem sie Niederschlag finden in der Tabelle mit jenen Pro- und Contra-Argumenten.

Machbar ist dies durch den virtuellen Notizblock: Mit einem speziellen Eingabestift beschriften Sie die Folie, die der Einkäufer auf seinem Bildschirm sieht. So können Sie zum Beispiel in der Phase des Gesprächs, in der es um den Preis geht, am Bildschirm eine Musterrechnung aufstellen. Falls der Einkäufer Korrekturen oder Ergänzungen wünscht, ist das kein Problem: Die Konferenz- und Präsentationssoftware verfügt über eine Radierfunktion, mit der Sie die Berechnung aktualisieren können.

Beratung von Angesicht zu Angesicht

Das Grundprinzip bei der Online- und Videoberatung besteht darin, dass Sie das klassische Telefonat zu einem Gespräch von PC zu PC entwickeln und hautnah „von Angesicht zu Angesicht" mit dem Kunden interagieren können. Jan Helmut Hönle, Experte für Online- und Videoberatung (Hönle, 2017), betont, es seien vor allem die folgenden Punkte, die bei der Beratung von Bildschirm zu Bildschirm Berücksichtigung finden sollten:

- der Beziehungsaufbau über die Distanz hinweg,
- die professionelle Gestaltung der Folien und
- die Beherrschung der Technik.

Vertrauliche Beziehung von PC zu PC aufbauen

Es ist ein Vorurteil, dass der Beziehungsaufbau und die Emotionalisierung des Kundengesprächs über den Bildschirm und mit Mikrofon, Headset und Webcam nicht möglich seien. Entscheidend ist, Äquivalente zu den herkömmlichen Möglichkeiten des Vertrauensaufbaus zu finden und den Umgang damit einzuüben. Nehmen wir als Beispiel die Begrüßung: Dazu laden Sie eine Folie hoch – die der Kunde ja auf seinem Bildschirm sieht –, auf der Sie die interessantesten beruflichen und persönlich-privaten Informationen zu Ihrer Person aufgelistet haben, kombiniert mit einem Sympathie und Vertrauen erweckenden Foto. Oft knüpft sich daran ein Small Talk an, der Ihnen ebenfalls die Gelegenheit eröffnet, den Beziehungsaufbau voranzubringen und zu emotionalisieren.

Ein Innendienstler des oben erwähnten Getränkeherstellers berichtete mir, er habe es lange trainiert, über die Webcam intensiven Blickkontakt herzustellen – dieser gehört zweifelsohne zu den großen Vertrauenstreibern, mit denen sich Glaubwürdigkeit aufbauen lässt. Hilfreich ist zudem eine Präsentationsfolie mit mehreren (authentischen) Testimonials, die Sie dann im Einzelnen erläutern sollten.

Ein weiterer Tipp:

> Nutzen Sie den Online-Taschenrechner, um den Kunden selbst (!) ausrechnen zu lassen, welche finanziellen Vorteile es mit sich bringt, wenn er mit Ihnen und Ihrem Unternehmen zusammenarbeitet. Öffnen Sie auf dem Bildschirm des Kunden einen Online-Taschenrechner.

Mit professionellen Folien überzeugen

Die Präsentationsfolien gehören bei der Online- und Videoberatung zu den wichtigsten Arbeitsinstrumenten. Darum empfiehlt es sich, nicht mit semiprofessionellen handgefertigten Folien zu agieren, sondern – eventuell nach Rücksprache mit der Führungskraft – auf den Einsatz absoluter Top-Folien zu dringen. Am besten ist es, Sie arbeiten mit wenigen, aber äußerst prägnanten, aussagekräftigen und einprägsamen Folien. Falls Sie den Gesprächspartner bereits kennen, ist es von Vorteil, die Folieninhalte auf den Kundentyp abstimmen. Beim ZDF-Kunden etwa, der sich gern an Zahlen, Daten und Fakten orientiert, ist es klug, mit Statistiken und Musterrechnungen zu agieren.

Allerdings sollten Sie es nicht übertreiben: Zu viele Folien-Informationen sind kontraproduktiv, vermeiden Sie darum eine erschlagende Folienflut, die den Kunden nur ratlos zurücklässt.

Die neue Technik beherrschen

Wenn Sie die Webcam so einstellen, dass die Ausleuchtung miserabel, der Blickkontakt unmöglich ist und Ihr Gesprächspartner Ihnen nicht ins Gesicht schauen kann, sondern lediglich die Decke Ihres Aufenthaltsraumes bestaunen kann, ist dies wenig zielführend. Dasselbe gilt, wenn es Ihnen nicht gelingen will, die dringend benötigte Präsentationsfolie hochzuladen. Überdies kann sich der virtuelle Notizblock als Stolperstein erweisen – wer mit der entsprechenden Technik nicht zurechtkommt und mit dem Eingabestift hadert, verliert rasch die Aufmerksamkeit des Kunden. Und zwar für immer.

Wenn Ihre Notizen und Zeichnungen auf dem virtuellen Notizblock unleserlich und unverständlich sind, irritieren Sie mehr als Sie informieren. Bedenken Sie: Im Gespräch in der realen Welt akzeptieren Ihre Kunden es wohl auch nicht, wenn Sie auf dem Flipchart oder dem Whiteboard nur surrealistische Kleckse hinterlassen.

Worum es mir geht: Ein technischer Fehler konterkariert den Vertrauensaufbau zum Kunden und verhindert das vertrauliche Gespräch auf Augenhöhe – beim unsachgemäßen Umgang mit der Webcam sogar im wahrsten Sinn des Wortes. Darum ist es – nach dem Experten für Online- und Videoberatung Jan Helmut Hönle – von elementarer Bedeutung, bezüglich der Online- und Videoberatung neben der menschlichen und didaktischen überdies technische Medienkompetenzen aufzubauen (Hönle, 2017). Dies gilt insbesondere für Innendienstmitarbeitende, für die die Beratungs- und Verkaufstätigkeit an sich Neuland darstellt.

Übung: Wie ist es um Ihre Kompetenzen im Bereich der Online- und Videoberatung bestellt?

Check zu Ihren Kompetenzen bei der Video- und Online-Beratung

Legen Sie auf einer Skala von 1 (= sehr schwach ausgeprägt) bis 10 (top ausgeprägt) Ihre eigene Einschätzung zu den unten stehenden Aussagen fest. Dann legen Sie Maßnahmen fest, mit denen Sie eine Onlineberatungskompetenz auf- und ausbauen können. Dies sollten Sie auf jeden Fall bei den Kompetenzen tun, bei denen Sie sich für die Ausprägung 1 bis 6 entschieden haben.

- Ich kenne die notwendige Technik aus dem Effeff und wende sie professionell an.
- Ich setze onlinespezifische Treiber und Methoden ein, um Glaubwürdigkeit aufzubauen.
- Ich bin erwiesenermaßen zum vertrauensvollen Beziehungsaufbau fähig.
- Ich arbeite mit professionellen Präsentationsfolien, die auf die verschiedenen Kundentypen abgestimmt sind.
- Ich bin beim Einsatz des virtuellen Notizblocks ein Experte.
- Ich bin in der Lage, unterhaltsam, kompetent und informativ zu beraten.
- Ich setze in meinen Gesprächen dramaturgische Höhepunkte, um die Kunden emotional überzeugen zu können.
- Ich kenne Methoden, um das Gespräch zu emotionalisieren, und setze sie regelmäßig erfolgreich ein.
- Ich verstehe es, Körpersprache, Gestik und Mimik vertrauens- und verkaufsfördernd zu aktualisieren.
- Ich beteilige den Kunden am Entscheidungsprozess.
- Ich gehe in jeder Phase des Gesprächs strikt kundenzentriert und kundenindividuell vor.

Literatur

Hönle, J. H. (2017). *Online beraten und verkaufen. So führen Sie Kunden persönlich durch den Kaufprozess im Internet* (2. Aufl.). Springer Gabler.

Impuls 25 – P wie Planungs- und Organisationsmanagement

Aktivitäten klug planen, organisieren und umsetzen

》 *Sie lernen Methoden kennen, mit denen Sie Ihre Aktivitäten und Prozesse so planen und organisieren, dass Sie damit möglichst rasch, effektiv und erfolgreich in die Umsetzung gelangen.*

Vor einiger Zeit erhielt ich die geharnischte E-Mail einer Seminarteilnehmerin, die ich Ihnen nicht vorenthalten will:

„Guten Tag, Herr Koschinski,

Sie sind der Ansicht, ich solle jetzt als Innendienstmitarbeiterin verkaufsaktiv agieren. Wie bitte schön soll das denn gehen? Ihre Praxis- und Umsetzungstipps dazu sind klasse, allein: Wie soll ich das neben all meinen Aufgaben stemmen? Ich habe schlicht und einfach keine Ressourcen und keine Zeit, um nun auch noch die von Ihnen angesprochenen Verkaufsaktivitäten umzusetzen! Was also ist zu tun?

Herzlichst …"

© Der/die Autor(en), exklusiv lizenziert an Springer Fachmedien Wiesbaden GmbH, ein Teil von Springer Nature 2024
R. Koschinski, *40 Impulse für den neuen Vertriebsinnendienst*,
https://doi.org/10.1007/978-3-658-44581-2_25

Nun, der Frau kann geholfen werden. Und zwar durch konkrete Hinweise zu ihrem Planungs- und Organisationsmanagement und zu ihrem Zeitmanagement (siehe Kap. „Impuls 39, Zeitmanagement").

Der Klassiker: Ziele festlegen und Prioritäten setzen

Vielleicht können Sie es schon gar nicht mehr hören oder lesen: Aber die Grundlage eines effektiven Planungs- und Organisationsmanagements ist die Beschäftigung mit Ihren Zielen. Und zwar angefangen bei Ihren Lebenszielen und heruntergebrochen bis zu den Jahres-, Monats-, Wochen- und Tageszielen für Ihre Vertriebsarbeit: Welche Umsatzziele, Kundenbetreuungsziele oder andere Leistungsziele möchten Sie mithilfe Ihrer verkaufsaktiven Tätigkeiten erreichen?

„Wer den Hafen nicht kennt, in den er segeln will, für den ist kein Wind der richtige" – das soll der römische Philosoph Seneca (4. v. Chr. bis 65 n. Chr.) gesagt haben. Ohne Ziele keine Treffer, Ziele sind die Wegweiser zum Erfolg. Dabei gilt das Prinzip: Schriftlichkeit gewinnt. Wer Ziele lediglich mündlich formuliert, darf sich nicht wundern, wenn es selten gelingt, die Ziellinie zu überqueren. Mit der schriftlichen Zielfestlegung funktioniert dies in der Regel besser.

> Die Verschriftlichung von Zielen bietet den immensen Vorteil, dass Sie sich mehr auf die Realisierung fokussieren, weil Sie sich nicht nur gedanklich und emotional mit ihnen auseinandersetzen, sondern sie zudem schwarz auf weiß ausformulieren.

Des Weiteren ist die Priorisierung (Abb. 1) Ihrer Ziele relevant: Trennen Sie das Wesentliche vom Unwesentlichen, unterscheiden Sie zwischen dem Dringlichen und dem weniger Dringlichen. Setzen Sie zur Planung und Priorisierung Ihrer Ziele die gute alte Eisenhower-Matrix ein:

- Etwas ist dringlich und wichtig: Am besten, Sie erledigen das sofort – „Sofort machen"

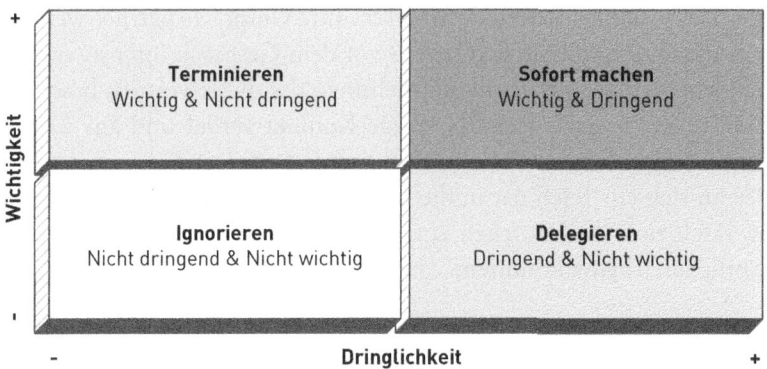

Abb. 1 Prioritäten setzen

- Etwas ist wichtig, aber nicht so dringlich: Legen Sie fest, wann Sie das erledigen wollen – „Terminieren"
- Etwas ist dringlich, jedoch nicht so wichtig: Überlegen Sie, ob sich das delegieren lässt – „Delegieren"
- Etwas ist nicht wichtig, aber auch nicht dringlich: Das können Sie später erledigen oder in der Ablage P entsorgen, im Papierkorb – „Ignorieren"

Eine einfache Alternative stellt das ABC-Prinzip dar. Erledigen Sie die wichtigen A-Aufgaben sofort – mit dem Sofort-Prinzip verhindern Sie Aufschieberitis. B-Aufgaben terminieren Sie, C-Aufgaben versuchen Sie zu delegieren.

Optimieren Sie den Umgang mit dem Telefon und den E-Mails

Zu Ihren zentralen Arbeitsinstrumenten zählen das Telefon und die E-Mail. Darum sollten Sie für diese Werkzeuge Methoden anwenden, die zu deren effektivem Einsatz beitragen.

Planungs- und Organisationstipps fürs Telefonieren
Legen Sie fest, wie Sie sich am Telefon kurz fassen – etwa, indem Sie zumindest die sehr wichtigen Telefonate genau vorbereiten und eventuell

mit einem Gesprächsleitfaden arbeiten. Ihre Gesprächspartner werden es Ihnen danken, wenn Sie sich bereits vor dem Gespräch intensiv mit dem Gesprächspartner und dem Unternehmen, das dieser vertritt, beschäftigt haben, und wissen, wie der bisherige Kontakt verlief und auf welchem Entwicklungsstand das Projekt ist, um das es nun geht.

Wenn sich ein Telefonat in die Länge zu ziehen droht, dringen Sie darauf, rasch zum Wesentlichen vorzustoßen: „Können wir jetzt bitte zum eigentlichen Thema kommen?"

> **Trauen Sie sich, den Gesprächspartner darauf hinzuweisen, dass Sie nur wenig Zeit haben.**

Überlegen Sie sich vor dem Anruf genau, welche zielorientierten und fokussierten Informationen Sie auf dem Anrufbeantworter hinterlassen, falls Sie die angerufene Person nicht erreichen. Überlegen Sie zudem, was Sie auf Ihrem Anrufbeantworter hinterlassen, damit der folgende Kommunikationsprozess effektiv verläuft.

Planungs- und Organisationstipps für Ihre E-Mails
Zu den großen Stärken eines effektiven Planungs- und Organisationsmanagements gehört der kluge und sachgemäße Umgang mit Ihren E-Mails. Meine erste Empfehlung lautet hier:

> **Lassen Sie bei Ihren E-Mails dieselbe Ordnung walten wie (früher) bei einem Brief, schreiben Sie also strikt empfängerorientiert.**

Das beginnt bei der Anrede und der Abschlussformel, setzt sich beim genauen Formulieren fort und hört bei einer korrekten Rechtschreibung noch lange nicht auf. Vermeiden Sie folgende E-Mail-Sündenfälle: Sie nutzen einen riesigen Verteiler, bleiben in der Betreff-Zeile vage und ungenau, klassifizieren jede E-Mail mit „sehr hoher Priorität" und verfallen dem CC-Wahn, senden also jedem jede E-Mail in Kopie zu. Aber all das muss nicht sein.

Überlegen Sie sich ein intelligentes „Ordner"-Management, etwa: Legen Sie einen Ordner „Bearbeiten" an, in dem Sie die zu erledigende Kommunikation ablegen. Der Ordner „Lesen" umfasst Nachrichten, die Sie bei nächster Gelegenheit lesen wollen. Richten Sie vor allem den Ordner „Erwarte Antwort" – oder „Offene Vorgänge" – ein, in dem sich alle E-Mails befinden, die vorrangige laufende Projekte betreffen, die Sie auf keinen Fall vergessen dürfen.

Schalten Sie Ihren Denkapparat ein, bevor Sie eine E-Mail versenden. Wahrscheinlich haben Sie schon einmal eine Nachricht verschickt, ohne sie sich nochmals genau durchzulesen und die etwaigen Folgen zu bedenken. Leider haben Sie schludrig, ungenau, unhöflich oder unsachlich formuliert – und bemerken dies erst, nachdem sich die E-Mail in den Weiten des World Wide Web befindet: „Das habe ich eigentlich anders gemeint. Jedenfalls nicht so, wie Sie es missverstanden haben ..." Zu spät, es ist nicht wieder gutzumachen.

Weitere Planungs- und Organisationstipps
Verbessern Sie Ihr Planungs- und Organisationsmanagement durch diese Tipps:

* Konzentrieren Sie sich auf Ihre EPAs, also auf die Erfolg produzierenden Aktivitäten. Das sind Verkaufsaktivitäten, die mit hoher Wahrscheinlichkeit schnelle Erfolgserlebnisse nach sich ziehen. Nutzen Sie das Pareto-Prinzip: Nach dem Grundsatz des Volkswirtschaftlers Vilfredo Pareto erbringen bereits 20 % der strategisch richtig eingesetzten Kraft und Zeit 80 % der Ergebnisse. Wo und wie gelingt es Ihnen, mit 20 % Ihres Aufwandes 80 % Ihrer Ergebnisse zu erzielen?
* Fokussieren Sie sich auf die verkaufsaktiven Aufgaben, die Ihr Vorhaben und Sie am effektivsten voranbringen und Ihre Zielerreichung und Produktivität erhöhen.
* Arbeiten Sie nach dem Sofort-Prinzip und erledigen Sie Wichtiges sofort (siehe Eisenhower und ABC). Vor allem Unangenehm-Lästiges, das Sie ansonsten gern vor sich herschieben würden, sollten Sie sofort erledigen, sofern es sich um Wichtiges handelt.
* Bündeln Sie ähnliche Aktivitäten, arbeiten Sie zum Beispiel Telefonate im Paket ab.

- Optimieren Sie Ihre Dokumenten- und Dateiablagen, sodass Sie immer alles sofort finden und zur Hand haben. Dabei gilt: Schaffen Sie einfache Ablagesysteme.
- Arbeiten Sie wo immer möglich mit Aufgaben- oder To-Do-Listen.
- Schaffen Sie Standards, vor allem bei Routinetätigkeiten: Supereinfaches Beispiel: Dokumente werden immer an denselben geeigneten Platz gestellt – das ist der Standard, der dafür sorgt, dass jeder sie schnell auffinden und benutzen kann.

Und über allem schwebt dieses Prinzip:

> **Schaffen und halten Sie stets Ordnung. Starten Sie ab und zu im Team eine Entrümpelungsaktion, bei der Sie Krempel und nicht mehr benötigte Dokumente (auch im PC!) konsequent aussortieren.**

Übung: Planvoll handeln

Gehen Sie in den folgenden Schritten vor: Notieren Sie fünf wichtige Zielkunden.

Legen Sie für jeden Kunden eine Tabelle (wie Tab. 1) an, in der Sie vermerken:

- Erfolg produzierende (verkaufsorientierte) Aktivitäten (EPAs), die Sie mit dem Kunden starten wollen
- Ziele, die Sie dabei verfolgen
- Kennzahl, mit der Sie feststellen können, ob Sie ein Ziel erreicht haben (zum Beispiel Umsatzzahl)
- Priorität bei der Zielsetzung
- To-dos oder Umsetzungsschritte

Und natürlich sollten Sie wieder Ihr Strategiebuch nutzen.

Tab. 1 Aktivitäten mit wichtigen Kunden planen

Zielkunde	
EPA	
Ziele	
Kennzahl (Ist und Soll)	
Priorität	
To-dos	

Impuls 26 – P wie Preisverteidigung

Ohne Identifikation gelingt es nicht, den Preis durchzusetzen

》 *Sie erfahren, dass die Verteidigung Ihres Preises stets auf der Kommunikation des Mehrwerts Ihrer Lösung und der Überzeugung des Kunden basiert, Ihr Preis sei aufgrund dieses Mehrwerts gerechtfertigt.*

„Also das Thema ‚Preisverhandlung' ist für mich eines der schwierigsten, Herr Koschinski!" „Stopp", rufe ich an dieser Stelle aus. „‚Preisverhandlung' – das ist der falsche Begriff. Sie dürfen den Preis nicht verhandeln, Sie sollen, ja Sie müssen ihn verteidigen. Dazu gehört die feste Überzeugung, dass Ihr Preis gerecht und der richtige ist und einen Gegenwert hat, also zum Nutzen Ihres Angebots und Ihrer Lösung in einem angemessenen Verhältnis steht."

Sprechen Sie ruhig von „Mein Angebot, meine Lösung und ich", denn so bringen Sie zum Ausdruck, dass Sie sich mit dem Preis identifizieren – und damit mit Ihrem Unternehmen, Ihrem Arbeitgeber, Ihren Produkten und Dienstleistungen. So senden Sie ein starkes Signal an Ihre Kun-

© Der/die Autor(en), exklusiv lizenziert an Springer Fachmedien Wiesbaden GmbH, ein Teil von Springer Nature 2024
R. Koschinski, *40 Impulse für den neuen Vertriebsinnendienst*,
https://doi.org/10.1007/978-3-658-44581-2_26

den, die sich mit hoher Wahrscheinlichkeit von Ihrer Identifikationskraft beeindruckt zeigen werden. Das ist häufig gerade bei Entscheidern der Fall, die genau wissen, was sie wollen, und denen es oft imponiert, wenn sie auf Gesprächspartner treffen, die so ähnlich gepolt sind.

Ihre Einstellung sollte sich demnach wie folgt zusammenfassen lassen:

> „Ich glaube an den Nutzen und den Wert meines Angebots. Meine Lösung und ich sind es wert, verteidigt zu werden!"

Zeigen Sie sich überzeugt von Ihrem Preis

Wenn Sie nicht an die Angemessenheit des Preises glauben, wer sonst? Selbstverständlich sollten Sie Ihre Spielräume bezüglich der Preisgestaltung mit Ihrer Führungskraft absprechen. Da geht es Ihnen nicht anders als den Kollegen aus dem Außendienst, zu deren tagtäglichem Geschäft es gehört, den Preis zu verteidigen. Mitarbeitende aus dem Innendienst jedoch stehen oft vor einer neuen Herausforderung, denn die Preisverteidigung zählt im klassischen Innendienst nicht zu den prioritären Aufgaben. Die stärkere verkaufsaktive Ausrichtung allerdings bringt es mit sich, dass Sie von Kunden öfter auf den Preis angesprochen werden. Aber wahrscheinlich war es auch „früher" nicht unüblich, dass Kunden im Gespräch mit Ihnen den Preis thematisiert haben.

Die folgenden Strategien eignen sich insbesondere für Innendienstler, die noch nicht über allzu viele Erfahrungen mit der Preisverteidigung verfügen.

Preisverteidigungsstrategie Nummer 1: Erklären Sie Ihren Preis
Dem Kunden ist der Preis zu hoch, er steht aus seiner Sicht in keinem angemessenen Verhältnis zum Nutzen. Oder ihm liegt ein „besseres" Angebot vom Wettbewerb vor. Oder er ist ein notorischer Rabattjäger. Und natürlich gehört es im B2B-Bereich für Einkäufer zu deren originären Aufgaben, den größtmöglichen Nutzen zum geringstmöglichen Preis einzukaufen. Verdeutlichen Sie sich die Gründe, aus denen heraus Ihr Kunde den Preis drücken will und Ihnen mit dem Klassiker „Zu teuer!" begegnet – und Sie werden verstehen, dass es die normalste Sache in der

Einkaufs- und Verkaufswelt ist, dass Ihr Gesprächspartner und Sie den Preis diskutieren. Es gibt überhaupt keinen Anlass, sich vor dieser zweifellos schwierigen Gesprächsphase zu ängstigen.

> Gehen Sie sachlich vor und machen Sie es zu Ihrer Preisverteidigungsstrategie Nummer 1, dem Kunden Ihren Preis in Ruhe und sachlich zu erklären. Das gelingt am besten, indem Sie den Nutzen und den Wert Ihres Angebots und Ihrer Lösung in den Mittelpunkt rücken.

Letztendlich kauft kein Mensch einen Preis. Ein Kunde kauft vielmehr den Nutzen, den er sich durch den Kauf etwa eines Produktes verspricht. Und der Nutzen ist abhängig von dem Wert, den der Kunde mit dem Produkt verbindet. Darum ist es so wichtig, dem Kunden nicht ein Produkt oder eine Leistung zu verkaufen, sondern ihn den Nutzen oder den Wert erkennen und einkaufen zu lassen. Wenn der Preis den empfundenen Wert nicht aufwiegt, erklärt der Kunde den Preis als zu teuer – er kauft nicht. Erst wenn der Wert mehr wiegt als der Preis, kauft er ein. Dabei ist meistens nicht entscheidend, welchen materiellen Wert etwa eine Maschine objektiv hat, sondern welchen Nutzen und Vorteil der Kunde für das Unternehmen erkennen kann, wenn er diese Maschine einkauft.

Den Nutzen kleiden Sie am besten in Formulierungen wie diese ein: „Sie gewinnen damit …", „Sie sparen damit … ein" oder „Sie erreichen so …"

Preisverteidigungsstrategie Nummer 2: Der Preis muss dem Fisch schmecken

Während es bei der Preisverhandlung darum geht, den Preis selbst zu thematisieren und zu verhandeln, liegt bei der Preisverteidigung der Fokus auf der Kommunikation des Werts und des Nutzens Ihrer Lösung oder Angebots. Darum: Nennen Sie den Preis nie „nackt", sondern rahmen Sie ihn durch zwei positive Nutzen ein: also Nutzen/Wert – Preis – Nutzen/Wert. Und rechnen Sie den Preis auf die Nutzungsdauer um oder setzen Sie ihn in Verbindung mit der Einsparung, die dem Kunden winkt, etwa weil er nun schneller agieren kann.

Wählen Sie zudem die richtige Bezugsgröße: „Unser Verkaufspreis entspricht nur x Prozent Ihrer gesamten Investition." Zerlegen Sie Ihr Angebot in kleinere Einheiten oder Teile, die klar abgrenzbar und damit einzeln leicht zu verteidigen sind.

Zu guter Letzt: Relativieren Sie Ihren eventuell höheren Preis durch die Betonung der hochwertigen Nutzenaspekte Ihres Angebots.

> **Die Gemeinsamkeit dieser Tipps ist, den Preis nie für sich stehen zu lassen, sondern ihn stets mit dem Nutzen und Wert Ihrer Lösung in Beziehung zu setzen.**

Preisverteidigungsstrategie Nummer 3: Arbeiten Sie mit Musterformulierungen

Weil Innendienstler bei der Preisverteidigung in der Regel noch nicht über so viel Erfahrung verfügen, empfiehlt es sich, mit entsprechenden Mustersätze zu arbeiten, die ihnen Sicherheit geben und natürlich auch im Team erarbeitet werden können. Wenn Sie zum Beispiel den besonderen Nutzen und Wert Ihrer Lösung im Vergleich zum Wettbewerb betonen wollen, ist dieser Mustersatz denkbar:

- „Wir bieten Ihnen eine 99 %ige Verfügbarkeit an, die weniger Ausfallzeiten nach sich zieht und zur Steigerung Ihrer Produktivität führt. Das ist ein Angebot, das Ihnen nachweisbar < möglichst Beleg anführen > kein anderes Unternehmen offerieren kann."

Falls Sie den Preis verteidigen wollen, indem Sie dem Kunden nach dem Einkauf einen exklusiven Service anbieten, argumentieren Sie wie folgt:

- „Zu unserer IT-Lösung bieten wir Ihnen als Zusatzleistungen praxisorientierte Schulungen und überdies einen rund um die Uhr erreichbaren kostenlosen Kundensupport an. So sorgen wir für eine nahtlose Implementierung unserer Lösung, und Sie können sofort loslegen."

Ein letztes Beispiel: Sie verteidigen Ihren Preis durch außergewöhnliche Garantien, etwa eine „Geld-zurück-Garantie" oder ein dezidiertes Zufriedenheitsversprechen:

* „Nutzen Sie doch einfach unsere 30-tägige Geld-zurück-Garantie, um Ihr Risiko zu minimieren. Diese Karte können Sie ziehen, wenn Sie mit unserer Lösung wider Erwarten nicht hundertprozentig zufrieden sind."

Übrigens: Rabatte und Nachlässe sind weniger ein Thema der Preisverteidigung als der Preisverhandlung, bei der der Grundsatz gilt: Kein Rabatt ohne Zugeständnis des Kunden. Eine Preisreduktion muss immer gleichbedeutend sein mit einer Leistungsreduktion. Wer es billiger haben will, der muss damit rechnen, weniger Leistung zu erhalten (siehe Kap. „Impuls 34, Verhandlungsführung").

Übung: Selbstmotivation in fünf Schritten – keine Angst vor dem Preis!

* *Schritt 1: Verdeutlichen Sie sich, warum die Preisverteidigung so wichtig ist.* Wer seinen Preis durchsetzt und Rabatte und Nachlässe vermeidet, trägt zur Profitabilität des Unternehmens bei. Der Kunde versteht, dass er für sein Geld eine Top-Lösung erhält, in der Folge steigt die Kundenzufriedenheit. Zudem stärken Sie so Ihre Position als Anbieter qualitativ hochwertiger Lösungen.
* *Schritt 2: Verdeutlichen Sie sich die fatalen Folgen eines zu raschen Nachgebens.*
  Wer zu schnell auf Kundenforderungen eingeht und zum Beispiel einen Nachlass gewährt, verringert seine Gewinnmarge und erweckt beim Kunden den Eindruck, die Angebote und Lösungen hätten nicht den Nutzen und Wert, die behauptet werden. So gehen Vertrauen und Glaubwürdigkeit verloren.

- *Schritt 3: Erhöhen Sie den Identifikationsgrad.*
  Verdeutlichen Sie sich die Gründe, die dafür sprechen, sich mit Ihrem Unternehmen, mit Ihrem Arbeitgeber, Ihren Produkten und Dienstleistungen sowie Ihren Angeboten und Lösungen zu identifizieren.
- *Schritt 4: Nennen Sie den Preis stets aus einer starken Position heraus.*
  Verdeutlichen Sie Ihre Bereitschaft, eine langfristige Geschäftsbeziehung anzustreben und gemeinsam mit dem Kunden wachsen zu wollen.
- *Schritt 5: Bauen Sie Ihre Ängste ab.*
  Verdeutlichen Sie sich: Im schlimmsten Fall reagiert der Kunde ablehnend. Aber dann bleibt Ihnen immer noch die Option der Preisverhandlung.

Impuls 27 – Q wie Qualitäts- und Erfolgsmessung

Kennzahlen zur Überprüfung und Evaluierung der Verkaufsaktivitäten

》 *Der Impuls sensibilisiert Sie für die Notwendigkeit der Qualitäts- und Erfolgsmessung und beschreibt zentrale Kennzahlen.*

Eine der gewöhnungsbedürftigen Umstellungen für den verkaufsaktiven Inside-Sales-Mitarbeiter besteht darin, sich bezüglich der Qualität und Erfolge seiner Verkaufsaktivitäten überprüfen und evaluieren zu lassen – und dies in gleich zweifacher Hinsicht:

- Zum einen möchte die Vertriebsleitung wissen, welche qualitativen und quantitativen Erfolge sich durch die „neue" vertriebliche Ausrichtung erreichen lassen. Inwiefern gelingt es, auf diese Weise zum Beispiel die Anzahl der Terminvereinbarungen zu steigern, welche konkreten Auswirkungen haben die vertrieblichen Maßnahmen des Innendienstes auf den Umsatz und den Gewinn und wie schaut es mit der Konversionsrate aus? Letztere zeigt, wie effektiv es einem Mitarbeiter gelingt, Interessenten in zahlende Kunden umzuwandeln.

© Der/die Autor(en), exklusiv lizenziert an Springer Fachmedien Wiesbaden GmbH, ein Teil von Springer Nature 2024
R. Koschinski, *40 Impulse für den neuen Vertriebsinnendienst,*
https://doi.org/10.1007/978-3-658-44581-2_27

- Zum anderen wird es Sie selbst als Inside-Sales-Mitarbeiter brennend interessieren, welche Ihrer verkaufsaktiven Tätigkeiten qualitative und quantitative Erfolge nach sich ziehen. Es erfüllt Sie vielleicht mit Stolz, wenn sich schwarz auf weiß nachweisen lässt, dass und wie Ihre Verkaufsaktivitäten erfolgreich verlaufen.

Evaluierung und Erfolgsmessung erlauben eine Einschätzung, welche Ihrer Maßnahmen zu den gewünschten Ergebnissen führen und darum verstärkt zum Einsatz gelangen sollten – und welche eher nicht. Dazu ein Beispiel: Im Kap. „Impuls 33 – V wie Verhaltensweisen im direkten Kundenkontakt" lernen Sie, mithilfe eines Persönlichkeitsdiagnostik- tools Ihre Selbst -und Menschenkenntnis zu verbessern und sich und Ihre Gesprächspartner typologisch einzuschätzen. Sie besitzen nun die Kompetenz, sich und die Kunden dem roten, gelben, grünen oder blauen Persönlichkeitstypus zuzuordnen. Wenn Sie nachweislich wissen, dass diese neue Kompetenz die Optimierung Ihrer Gesprächsführung und die Steigerung der Terminabsprachen und Abschlüsse ermöglicht, sollten Sie den Weg der persönlichkeitsorientierten Gesprächsführung konsequent weiterverfolgen. Dasselbe Prinzip gilt bei vielen weiteren Ihrer neuen Aktivitäten als verkaufsaktiver Innendienstler.

> Die Beschäftigung mit positiven erfolgsorientierten Kennzahlen üben auf die Inside-Sales-Mitarbeiter oft eine motivierende Selbststeuerung aus. Sie animieren sie dazu, den einmal beschrittenen Erfolgsweg weiter zu ver- folgen, und zwar mit noch mehr Engagement und Einsatzwillen. Denn nichts motiviert mehr als der Erfolg.

Nutzen Sie elementare Kennzahlen als Navigator

Aus den zwei genannten Gründen ist es klug und zielführend, sich mit den verschiedenen Qualitäts- und Erfolgsparametern zu beschäftigen. Doch welche Parameter sind entscheidend und von besonderer Relevanz? Meine Erfahrungen mit verkaufsaktiven Inside-Sales-Mitarbeitern lassen mich die folgenden Kennzahlen als besonders bedeutsam einschätzen.

Auf der Suche nach dem Anteil am Zustandekommen eines Erfolgs

Beginnen wir mit der *Anzahl Ihrer Anrufe und Kontakte*. Sie sind Innendienstmitarbeiter, aber ein verkaufsaktiver. Darum stellt die Anzahl Ihrer Anrufe und Kontakte, etwa per E-Mail, eine elementare Kennzahl für Ihre quantitative Verkaufsaktivität dar. Sie hilft überdies sicherzustellen, dass genügend Aktivitäten stattfinden, um potenzielle Kunden zu identifizieren.

Die bereits erwähnte *Konversionsrate* zeigt, wie effektiv es Ihnen gelingt, Interessenten in Kunden umzuwandeln, die einen Abschluss tätigen. Eine höhere Konversionsrate bedeutet eine bessere Effizienz.

> Da Sie als Innendienstler meistens nicht als einziger Mitarbeiter zum Gelingen des Kundenkontakts und zum Abschluss beitragen – oft sind Sie eher Weg- und Vorbereiter –, ist es klug, bei der Bestimmung der Konversionsrate Ihren prozentuellen Anteil am Zustandekommen etwa eines Abschlusses festzustellen.

Natürlich – es ist häufig nicht einfach, diesen prozentuellen Anteil zu quantifizieren. Aber um Ihre Erfolgsbeteiligung nachzuweisen, ist es notwendig, diese Quantifizierung anzugehen.

„Von den Besten lernen!"

Kommen wir zum *durchschnittlichen Auftragswert*: Diese Kennzahl misst den durchschnittlichen Wert der abgeschlossenen Verkäufe. Sie ist wichtig, um sicherzustellen, dass Sie und die anderen Vertriebsmitarbeiter nicht nur viele, sondern überdies möglichst profitable Geschäfte abschließen. Hinzu kommt der *Umsatz pro Mitarbeiter*: Diese Kennzahl hilft in ganz besonderem Maße bei der Identifizierung von Topleuten und brachliegenden Verbesserungspotenzialen.

Wie für die Konversionsrate gilt für den durchschnittlichen Auftragswert und den Umsatz pro Mitarbeiter: Wenn diese Kennzahlen bei einem bestimmten Inside-Sales-Mitarbeiter besonders hoch sind, kann dies an der Kompetenz, den Verhaltensweisen des Mitarbeiters und an den Methoden liegen, die er einsetzt.

Es liegt nahe, dass diese Verhaltensweisen und Methoden vom gesamten Sales-Team verstärkt eingesetzt werden sollten. Das Motto lautet: „Von den Besten lernen!"

Die *Vertriebszyklusdauer* ist eine weitere zentrale Kennzahl. Sie gibt an, wie lange es von der ersten Kontaktaufnahme mit einem Interessenten bis zum Abschluss dauert. Eine kürzere Vertriebszyklusdauer weist auf effektivere Verkaufsprozesse hin. Klar ist wiederum: Der Innendienstler ist wahrscheinlich nur ein Glied der Erfolgskette, sein Anteil am Erfolg sollte daher so exakt wie möglich bestimmt werden.

Das gilt selbstverständlich ebenso für Kennzahlen wie die *Kundenzufriedenheit*, die mit der *Kundenbindung* in einem Zusammenhang steht. Beide stellen vor allem Indikatoren für den langfristigen Erfolg dar. Die Kundenzufriedenheit lässt sich durch Kundenumfragen oder Feedbackbewertungen messen. Die Kundenbindung wird meistens durch den prozentualen Anteil der Kunden ausgedrückt, die mit Ihrem Unternehmen seit langer Zeit zusammenarbeiten. Das Gegenstück dazu ist die Abwanderungsrate. Mit ihr drückt man den Prozentsatz der Kunden aus, die die Zusammenarbeit beenden. Hier lassen sich wiederum Kundenumfragen nutzen, um den Gründen auf die Spur zu kommen – in diesem Fall für die Abwanderung.

Kennzahlen stets im Zusammenhang interpretieren
Eine zentrale Aussagekraft für Sie haben die *Anruf- und Kontaktdauer*, vor allem in Kombination mit einer hohen Terminvereinbarungs- oder Abschlussquote. Die Dauer Ihrer Anrufe und Kontakte lässt Rückschlüsse auf die Effizienz und die Qualität Ihrer Interaktionen mit Interessenten und Kunden zu. Das gilt ebenso für die *Anzahl der Kundenbeschwerden*, die oft Indikator für Qualitätsprobleme ist. Um es auf den Punkt zu bringen: Wenn Ihre Anrufe mit Interessenten kurz ausfallen und diese das Telefonat rasch beenden, die Anzahl der Kundenbeschwerden hingegen im Vergleich zur Vertriebsabteilung, zum Team und zu den Kollegen hoch ist, dann stimmt etwas nicht!

Gut – wahrscheinlich werden Ihre Führungskraft und Sie dies auch ohne die Messung der entsprechenden Kennzahlen gemerkt haben. Aber jetzt lässt sich der „Verdacht" messbar belegen. Der Handlungsdruck steigt. Umgekehrt gilt: Eine hohe Anruf- und Kontaktdauer und eine niedrige Anzahl an Beschwerden deuten auf einen Inside-Sales-Mitarbeiter hin, der vieles richtig macht.

Bei der Interpretation und Bewertung von Kennzahlen sollten diese stets im Zusammenhang gesehen und analysiert werden. Denn eine hohe Anruf- und Kontaktdauer kann auch durch minutenlanges Gerede ohne Zielorientierung und mit wenig Informationswert für den Kunden zustande kommen!

Übung: Mit Kennzahlen zur Verbesserung

Die Arbeit mit Kennzahlen erlaubt Ihnen eine motivierende Selbststeuerung. Indem Sie sich an ihnen orientieren, können Sie Ihre Leistung bewerten und steuern. Bei eher positiven Kennzahlen wissen Sie, in welchen verkaufsaktiven Bereichen Sie auch zukünftig erfolgreich agieren werden und sich besonders engagieren sollten. Bei eher negativen Kennzahlen wissen Sie, dass Veränderungs- und Verbesserungsbedarf besteht und Sie sich weiterbilden sollten. Der Vorteil der Selbststeuerung liegt darin, dass Sie mehr Verantwortung für Ihren Erfolg übernehmen und gezielt an Ihren Schwachstellen arbeiten können. Wenn Sie sehen, dass Ihre Aktivitäten die Kennzahlen positiv beeinflussen, ist oft ein Motivationsschub die Folge.

Die Tab. 1 hilft Ihnen, die richtigen Umsetzungsschritte zu gehen. Nutzen Sie ergänzend auch Ihr Strategiebuch.

Tab. 1 Mit Kennzahlen arbeiten

Kennzahl: zu hoch oder zu niedrig?	Gründe dafür	Maßnahmen
Anzahl Anrufe und Kontakte		
Konversionsrate		
durchschnittlicher Auftragswert		
Umsatz		
Vertriebszyklusdauer		
Kundenzufriedenheit		
Kundenbindung		
Anruf- und Kontaktdauer		
Anzahl der Kundenbeschwerden		

Impuls 28 – R wie Reklamationsbehandlung

Die Beschwerde als Chance und Herausforderung begreifen und nutzen

>> *Sie lernen das „Paradox der Reklamation" kennen und erfahren, wie Sie die Beschwerdesituation nutzen, um erboste Kunden doch noch zu begeistern und langfristig ans Unternehmen zu binden.*

Das Reklamationsgespräch gehört für die meisten Innendienstmitarbeitenden zu den unangenehmsten Herausforderungen, weil sie sich durch eine Beschwerde oft persönlich angegriffen fühlen. Dabei geht es dem Kunden doch zunächst einmal nur darum, seinen – aus seiner Sicht – berechtigten Ärger loszuwerden! Und da kommen Sie ihm gerade recht. Mein Tipp dazu: Versuchen Sie, dem Beschwerdeführer musikalisch auf die Sachebene zurückzuführen (Koschinski, 2015). Und zwar mit der *CDEFGAHC*-Reklamations-Tonleiter. Dabei steht jeder „Ton" für eine Phase des strukturierten Beschwerdegesprächs. Das zeigt die Abb. 1.

© Der/die Autor(en), exklusiv lizenziert an Springer Fachmedien Wiesbaden GmbH, ein Teil von Springer Nature 2024
R. Koschinski, *40 Impulse für den neuen Vertriebsinnendienst*,
https://doi.org/10.1007/978-3-658-44581-2_28

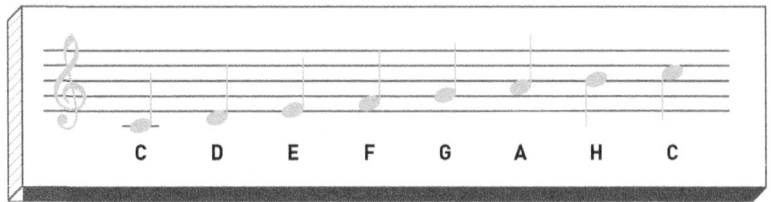

Abb. 1   Die CDEFGAHC-Reklamations-Tonleiter

Den richtigen Ton treffen

Was verbirgt sich konkret hinter den einzelnen Tönen? In aller Kürze: Nutzen Sie die Beschwerde als Chance zur Verbesserung der Kundenbeziehung und um eine Win-win-Lösung herbeizuführen. Danken Sie dem Kunden dafür, dass er den Finger in die Wunde legt und Sie darauf hinweist, was in den Abläufen und Prozessen nicht funktioniert. Indem Kunden sich beschweren, geben sie Ihrem Unternehmen die Möglichkeit, auf ihre Anliegen einzugehen und zu zeigen, dass Ihr Unternehmen und Sie die Kunden ernstnehmen. Der Kunde ist aus seiner subjektiven Wahrnehmung heraus vollkommen zu Recht verärgert und hat daher jedes Recht, sich zu beschweren, selbst wenn er dabei verbal über die Stränge schlagen sollte. Es ist Ihre Aufgabe, das Gespräch wieder auf die sachliche Ebene zu bringen, dem konkreten Beschwerdegrund auf die Spur zu kommen, eine Einigung in Aussicht zu stellen und die persönliche Verantwortung dafür zu übernehmen. Dies gelingt, indem Sie vor allem Fragen stellen, um die Ursachen für die Reklamation zu identifizieren und auf dieser Basis Lösungsvorschläge zu erarbeiten, am besten in Gemeinschaft mit dem Kunden.

> Indem Sie gemeinsam einen Hit und eine Lösung komponieren, stärken Sie die Kundenbeziehung nachhaltig über den Tag hinaus.

Der nächste Ton auf der Reklamations-Tonleiter ist das A: Managen Sie die Aufgaben, die notwendig sind, um die Lösung umzusetzen und überprüfen Sie (= Hinterhergehen), ob die getroffenen Vereinbarungen eingehalten werden. Ihrer Zusage, den Kunden – zum Beispiel – spätestens morgen zurückzurufen, sollten unbedingt konkrete Taten folgen. Sagen Sie nur Dinge zu, die Sie hundertprozentig einhalten können – Sie sind der Chorleiter, der für die reibungslose Aufführung des Musikstücks verantwortlich ist und dafür sorgt, dass die Kollegen, die in den Reklamationsprozess involviert sind, ihre Zusagen einhalten.

Bleibt noch der letzte Ton, wieder ein C: Optimieren Sie Ihr Beschwerde-Know-how im Unternehmen durch Training und Coaching, verbessern Sie Ihre Kompetenz auch in diesem Bereich kontinuierlich. Denn so gelingt es Ihnen, die paradoxe Situation, die bei einer Beschwerde entstehen kann, für sich zu nutzen.

Paradoxe Situation herbeiführen und nutzen

Das Reklamations-Paradoxon bezieht sich auf die scheinbar widersprüchlichen Auswirkungen von Kundenbeschwerden auf die Kundenbeziehung und das Geschäftsergebnis. Auf den ersten Blick könnten Reklamationen als negative Ereignisse angesehen werden, die die Kundenzufriedenheit beeinträchtigen und potenziell Geschäftsverluste verursachen. Und gerade das ist ja – leider – die Assoziation, die viele Innendienstler mit dem Begriff „Reklamation" verbinden. Tatsächlich jedoch können Reklamationen auch als Chance und als wichtiger Bestandteil einer gesunden Kundenbeziehung betrachtet werden. Wer im Reklamationsfall angemessen – zum Beispiel mithilfe der Reklamations-Tonleiter – und problemlösungsorientiert kommuniziert, dem wird es gelingen, das Paradoxon aufzulösen und die Kundenbeziehung sogar noch zu festigen.

> Indem Unternehmen kundenorientierte Lösungen für Beschwerden anbieten, gewinnen sie das Vertrauen verärgerter Kunden zurück, die sich nun wertgeschätzt und respektiert fühlen. Und dies führt häufig zu einer stärkeren Kundenbindung.

Zwei weitere Vorteile liegen auf der Hand: Indem Sie die Beschwerdeursachen beseitigen, verbessern Sie Ihre Prozesse und Abläufe, oft auch die Qualität der Produkte und Dienstleistungen. Letztendlich also erhöhen die Probleme, die von Ihren Kunden identifiziert und in der Folge von Ihnen gelöst werden, die Wettbewerbsfähigkeit: „Vielen Dank, lieber Beschwerdeführer!"

Hinzu kommt: Wenn Kunden zufrieden sind, wie ihre Beschwerden behandelt wurden, sind sie eher bereit, Ihre positiven Erfahrungen anderen mitzuteilen. Und positive Mundpropaganda lockt neue Kunden an.

Übung: Selbstmotivation – so gelangen Sie zu einer kundenorientierten Reklamationsbehandlung

Gerade im B2B-Bereich führen kundenorientierte Lösungen im Reklamationsfall zu langfristigeren Geschäftsbeziehungen. Wenn Sie die folgenden Tipps erfolgreich umsetzen, erhöhen Sie nicht nur Ihre Reklamationskompetenz, sondern steigern überdies Ihre Motivation, „von innen heraus zu verkaufen". Notieren Sie zu jedem Tipp, wie Sie in die Umsetzung gelangen wollen.

Tipp 1: Bleiben Sie sachlich
In der emotionalen Phase lässt der verärgerte Kunde Dampf ab. Bleiben Sie auf der Sachebene und ruhig. Lassen Sie sich nicht provozieren. Der Kunde will Sie nicht angreifen, sondern seinen Ärger kommunizieren.

Ideen zur Umsetzung:
Nutzen Sie an dieser Stelle Ihr Strategiebuch für Notizen.

Tipp 2: Dringen Sie zu den Beschwerdeursachen vor
In der Entstressungsphase beruhigt sich der Kunde, weil Sie mit kluger Fragetechnik und wertschätzenden Verständnisfragen zum Beschwerdegrund vordringen. Der Kunde spürt, dass Sie ihn ernstnehmen, ihm helfen und seine Beschwerde nutzen wollen, sich zu verbessern.

Ideen zur Umsetzung:
Nutzen Sie an dieser Stelle Ihr Strategiebuch für Notizen.

Tipp 3: Vereinbaren Sie eine konkrete Problemlösung
In der Lösungsphase finden der Kunde und Sie gemeinsam eine akzeptable und nachhaltige Lösung. Fragen Sie ihn nach „seiner" Lösung, unterbreiten Sie zudem eigene Vorschläge.

Ideen zur Umsetzung:
Nutzen Sie an dieser Stelle Ihr Strategiebuch für Notizen.

Tipp 4: Sorgen Sie für das Kunden-Jawort (Commitment)
In der Vereinbarungsphase erklärt sich der Kunde mit der Lösung einverstanden. Legen Sie möglichst detaillierte Umsetzungsschritte fest und vermeiden Sie Versprechungen, die sich nicht einhalten lassen. Sorgen Sie dafür, dass Zusagen eingehalten werden, insbesondere, wenn Dritte (Kollegen) beteiligt sind.

Ideen zur Umsetzung:
Nutzen Sie an dieser Stelle Ihr Strategiebuch für Notizen.

Tipp 5: Kommunizieren Sie strikt kundenbezogen
Hören Sie gut zu, lassen Sie den Kunden ausreden, entemotionalisieren Sie das Gespräch, analysieren Sie durch Fragen, fassen Sie den Stand der Dinge immer wieder zusammen.

Ideen zur Umsetzung:
Nutzen Sie an dieser Stelle Ihr Strategiebuch für Notizen.

Tipp 6: Stellen Sie stets den Gesprächspartner in den Fokus
Konzentrieren Sie sich auf das Wesentliche, schweifen Sie nicht ab und signalisieren Sie dem Kunden: „Deine Reklamation ist mir wichtig!" Zudem gilt: Bearbeiten Sie nichts anderes nebenbei. Es ist ein Unding, während des Reklamationsgesprächs ein Telefonat anzunehmen und den reklamierenden Kunden zu bitten, sich „kurz" zu gedulden.

Ideen zur Umsetzung:
Nutzen Sie an dieser Stelle Ihr Strategiebuch für Notizen.

Tipp 7: Achten Sie auf Ihre Sprache
Vermeiden Sie negative Formulierungen, Besserwisserei und ein über-
hebliches Auftreten. Halten Sie Ihre eigenen Emotionen heraus, achten
Sie sprachlich die Gefühle des Kunden, vermeiden Sie Schuldzu-
weisungen, wälzen Sie die Verantwortung nicht auf andere Schultern ab
(„Das hat wohl mein Kollege verbockt …"). Kommunizieren Sie ehrlich
und authentisch.

Ideen zur Umsetzung:
Nutzen Sie an dieser Stelle Ihr Strategiebuch für Notizen.

Tipp 8: Bedanken Sie sich für die Beschwerde
Eine mögliche Formulierung: „Vielen Dank für Ihre Unterstützung. So
helfen Sie uns, unsere Prozesse und Abläufe zu optimieren. Die anderen
Kunden werden es Ihnen danken!" Vielleicht ist es sogar möglich, dem
Kunden ein kleines Präsent zukommen zu lassen.

Ideen zur Umsetzung:
Nutzen Sie an dieser Stelle Ihr Strategiebuch für Notizen.

Literatur

Koschinski, R. (2015). *Musik liegt im Vertrieb. Kunden emotional erreichen.* Haufe.

Impuls 29 – S wie Sales Development Representative

Der SDR als neues Berufsbild im Innendienst – Jobbeschreibung und Aufgabenbereiche

---

》 *Sie bilden sich zu Sales Development Representatives fort und übernehmen Schnittstellenaufgaben zwischen Außendienst und Innendienst.*

Der Vorstandsvorsitzende eines bayrischen Großkonzerns liebt es, seine Führungskräfte und Topmitarbeitenden einmal im Jahr auf die Alm zu schicken. Stets gegen Ende des Jahres gibt es hoch oben auf dem Berg eine Zukunftswerkstatt, bei der in motivierender und kreativer Atmosphäre die Entwicklungsleitlinien für das nächste Jahr diskutiert und festgelegt werden. Manchmal sogar für die nächsten Jahre. Ich bin in diesem Jahr mit dabei und stelle den Führungskräften und Schlüsselmitarbeitenden eine neue Mitarbeiterin vor, die zukünftig als Sales Development Representative tätig sein wird, kurz: als SDR.

Ein Aufstöhnen geht durch die Reihen. Obwohl es sich um eine Zukunftswerkstatt handelt: Widerstände bei Neuerungen gibt es selbst hier. Ich führe aus: Der Paradigmenwechsel im Vertrieb, der sowohl den Außendienst- als auch den Innendienstmitarbeitenden neue Aufgaben zuweist,

R. Koschinski, *40 Impulse für den neuen Vertriebsinnendienst*, https://doi.org/10.1007/978-3-658-44581-2_29

189

führt zur Ausbildung neuer Berufsbilder. Dazu gehört der Sales Development Representative, dessen Hauptaufgabe darin besteht, potenzielle Interessenten und Kunden zu identifizieren und/oder diese Interessenten und Kunden dem Außendienst zuzuführen. Als SDR sorgt die neue Mitarbeiterin dafür, dass die Vertriebspipeline stets mit Interessenten und möglichen Neukunden gefüllt ist. Sie entwickelt die Interessenten quasi durch den Vertriebstrichter systematisch immer weiter in Richtung „Kunden".

Jetzt sind die Führungskräfte und Schlüsselmitarbeitenden doch neugierig geworden und wollen von mir Konkreteres wissen: Wie sieht die Jobbeschreibung eines SDR aus?

Auf der Suche nach dem „idealen Interessenten und Kunden"

Ein Sales Development Representative betreibt nicht nur, aber auch Kaltakquisition (siehe Kap. „Impuls 3 – A wie Aktive Akquisition"). Die Aufgabenstellung ist weitaus umfassender: Dem SDR schwebt ein „idealer Interessent oder Kunde" vor dem geistigen Auge. Bei jedem Kontakt, bei jedem Gespräch mit einem Interessenten, den er im Outboundtelefonat anspricht, und bei Inboundtelefonaten scannt er den Anrufer, ob es sich möglicherweise um einen potenziellen Interessenten und Kunden handelt.

> **Die konsequente Fokussierung auf mögliche Interessenten und Kunden ist nur im Verbund mit einer dezidierten Beratungshaltung und strikten Vertriebs- und Verkaufsausrichtung möglich.**

Das heißt, der SDR beschäftigt sich intensiv mit dem Bild des idealen Interessenten und Kunden, er arbeitet mit einem Avatar oder einer Persona, also der Beschreibung eines Lieblingsinteressenten und -kunden. Mit diesem Wunschkandidaten gleicht er jeden Anrufer und jeden Kontakt ab, um zu entscheiden, ob es sich lohnt,

- entweder selbst den Kontakt mit dem Avatar aufrecht zu erhalten und zu qualifizieren und zu pflegen, also in eine Beratung einzusteigen und/oder ein Verkaufsgespräch zu führen,

* oder die Kontaktdaten an einen Außendienstler weiterzugeben, weil es angemessen erscheint, ein Treffen mit diesem Wunschinteressenten und Lieblingskunden zu vereinbaren und ihn persönlich aufzusuchen. Die weitere Betreuung erfolgt durch Kollegen oder andere Teammitglieder, eben etwa dem Außendienst.

Die drei wichtigsten innovativen Aufgaben des SDR

Welche Aufgabenbereiche übernimmt ein SDR? Was unterscheidet ihn von den Innendienstlern herkömmlicher Couleur? Aus meiner Sicht sind dies vor allem die folgenden Aufgaben:

* die Beschäftigung mit dem Avatar oder Lieblingskunden (Persona),
* die Leadgenerierung und
* die konsequente Nutzung aller Medien und Beherrschung eben jener Medien.

Beschäftigung mit dem Avatar oder Lieblingskunden

Hier geht es um nichts anderes als um die möglichst umfassende und detaillierte Beschreibung der Zielgruppe. Dies an sich ist eigentlich nicht der Erwähnung wert – aber die meisten klassischen Innendienstler und sogar viele Inside-Sales-Mitarbeitende betreten damit Neuland. Der SDR widmet sich intensiv der Aufgabe und beschreibt, welche Wünsche, Erwartungen und den Avatar umtreiben, welche Werte ihm wichtig sind, welchen Nutzen und welche Vorteile er von der konstruktiven Beziehung zu Ihnen und Ihrem Unternehmen erwartet und erhofft. Diese Beschreibung erfolgt schriftlich. Dazu arbeitet er eng mit der Marketingabteilung zusammen, um die selbst recherchierten Informationen zu ergänzen und abzurunden. Ich kenne manche SDR, die diese Beschreibung mit den Zügen einer bekannten Persönlichkeit verknüpfen, um die Wahrscheinlichkeit einer emotionalen Identifikation mit dem Kunden-Avatar und der Wunschzielgruppe zu erhöhen.

Für den Lieblingskunden hält der SDR einen Sales Pitch bereit, also eine anschauliche Kurzbeschreibung der Nutzenaspekte, den er und sein

Unternehmen ihm zu bieten haben. So ist der SDR in der Lage, den Avatar mit wenigen prägnanten Worten in kürzester Zeit zu informieren und mit rationalen und emotionalen Argumenten zu überzeugen (siehe Kap. „Impuls 22 – M wie Minutenpräsentation").

Leadgenerierung: Immer ein voller Trichter
Neben der Beschreibung des Lieblingskunden hat der SDR stets „seinen" Vertriebstrichter liegen, der ihn daran erinnert, alle verfügbaren Kommunikationskanäle zu nutzen, um den oberen Bereich des Trichters mit Adressen potenzieller Interessenten und Kunden zu befüllen. Danach ist es die gemeinsame Aufgabe der gesamten Vertriebsabteilung, die Adressen der Lieblingskunden immer weiter zu qualifizieren und die Avatare schließlich zu „wirklichen" Kunden zu entwickeln. Aber wie bereits gesagt:

> Es liegt primär in der Zuständigkeit und Verantwortung des SDR, vor allem in den frühen Phasen des Verkaufszyklus einzugreifen und Leads zu identifizieren, zu qualifizieren und zu generieren, mithin Sorge dafür zu tragen, dass der obere Trichterbereich stets gut gefüllt ist.

Dazu nutzt er alle verfügbaren Kommunikationskanäle und Kommunikationsmedien, angefangen vom Telefon und PC bis hin zu den sozialen Netzwerken. Das wiederum setzt voraus, dass er sich nicht nur mit den klassischen Werbemedien auskennt, sondern darüber hinaus mit dem Onlinemarketing und der Suchmaschinenoptimierung, kurz: mit der Leadgenerierung im Offline- und im Onlinebereich.

Konsequente Nutzung aller Medien
Das ist wahrscheinlich der größte Unterschied zwischen einem SDR und einem klassischen Innendienstler und einem Inside-Sales-Mitarbeiter: Der SDR kennt sich mit den Möglichkeiten der Leadgenerierung aus und weiß zum Beispiel,

- wie mithilfe klassischer Werbemedien neue Interessenten und Kunden angesprochen werden können,
- dass die Website eine wichtiges Instrument ist, um die Aufmerksamkeit potenzieller Interessenten und Kunden auf sich zu ziehen,

- wie eine Website aufgebaut sein sollte, damit sie einen optimalen Beitrag zur Leadgenerierung leisten kann (etwa durch eine hervorragende Landingpage),
- wie wichtig das Suchmaschinenmarketing und die Festlegung der Keywords für die Leadgenerierung ist,
- wie es gelingt, im Rahmen der Search Engine Optimization (SEO) mit der Website im Ranking der Suchmaschinen vordere Plätze zu belegen,
- was zu tun ist, um mithilfe von Search Engine Advertising (SEA) effektive Werbeimpulse im Internet zu setzen, und
- an welchen Stellschrauben in den sozialen Netzwerken gedreht werden sollte, damit sich über die Social-Media-Kanäle Interessenten gewinnen lassen; der SDR hat zum Beispiel ein großes Interesse daran, auf LinkedIn, Xing, Facebook, Pinterest, Instagram und Co. Mit einem aussagekräftigen Profil, das eine hohe Sogwirkung auf potenzielle Interessenten und Kunden entfaltet, präsent zu sein.

Um keinen falschen Eindruck zu erwecken: Ein SDR muss nicht zum Spezialisten für Onlinemarketingmaßnahmen und zum Experten für das Suchmaschinenmarketing mutieren. Aber er sollte sich in diesen Bereichen auskennen und auch über diese Schiene den Vertriebstrichter (Abb. 1) mit potenziellen Interessenten und Kunden füllen können. Und es ist zielführend, wenn er imstande ist, gegebenenfalls den Kontakt über die Qualifizierung bis hin zur Terminvereinbarung und zum Beratungs- und Verkaufsgespräch – inklusive Abschluss! – begleiten zu können.

Zumindest jedoch sollte er die Kompetenz besitzen, den Kontakt so vorzubereiten, dass der Außendienst übernehmen und den Interessenten zum Kunden entwickeln kann.

Übung: Reif für die Veränderung?

Trauen Sie es sich zu, als Sales Development Representative tätig zu werden? Beantworten Sie die zehn Fragen – wenn Sie mindestens sechs Fragen mit einem deutlichen Ja beantworten, bringen Sie die Grundvoraussetzungen mit, die Aufgaben des SDR gut auszufüllen. Ansonsten empfehle ich, die entsprechenden Kompetenzen aufzubauen.

Abb. 1 Der SDR und
sein Vertriebstrichter

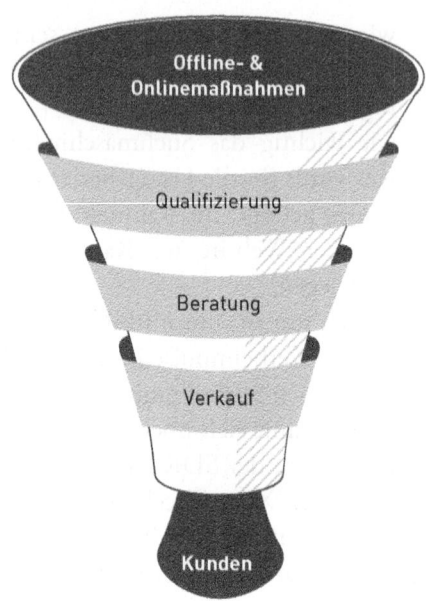

SDR-Reifeprüfung

Ich bin bereit, mir das Wissen anzueignen/die Kompetenz aufzubauen,

1. stets den Vertriebstrichter zu befüllen (Ja/Nein)
2. professionell Leadgenerierung zu betreiben (Ja/Nein)
3. eng mit der Marketingabteilung zusammenzuarbeiten (Ja/Nein)
4. unseren Lieblingskunden/Avatar zu beschreiben (Ja/Nein)
5. eine Minutenpräsentation (Sales Pitch) für den Lieblingskunden zu entwerfen (Ja/Nein)
6. alle für die Leadgenerierung relevanten Kommunikationskanäle zu bespielen (Ja/Nein)
7. die Leads zu qualifizieren und ggf. Beratungs- und Verkaufsgespräche mit ihnen zu führen (Ja/Nein)
8. die Leads so vor- und aufzubereiten, dass der Außendienst übernehmen und sie weiterentwickeln kann (Ja/Nein)
9. mit Ablehnung, die bei der Leadgenerierung unausbleiblich ist, konstruktiv umzugehen (Umgang mit Interessenten- und Kunden-Nein) (Ja/Nein)
10. mich zum Problemlöser des Kunden zu entwickeln (Ja/Nein)

Impuls 30 – T wie Telefonieren

Ungewöhnliche Wege einschlagen, um im Telefonat zu ungewöhnlichen Ergebnissen zu gelangen

>> *Sie erfahren, wie Sie das Telefon so einsetzen, dass Ihre Telefonate Ihre Verkaufsaktivitäten unterstützen. Dabei gilt: Mehr Innovation wagen und neue Wege gehen!*

Innendienstmitarbeitende benötigen in der Regel keine Tipps, wie sie mit dem Telefon angemessen umzugehen haben. Schließlich gehört es zu ihrem Berufsalltag, zum Telefon zu greifen und mit Interessenten und Kunden zu sprechen. Aber gerade darin liegt eine Gefahr: Ich kenne viele Innendienstler, deren Telefongespräche allzu konventionell, routiniert und nach Schema F ablaufen. Sie machen zwar keine groben Fehler, zumal sie häufig mit Gesprächsleitfäden arbeiten. Doch das Feuer der Begeisterung entfachen sie nicht, indem sie im alten Trott verharren. Das Entlanghangeln an bewährten Gewohnheiten führt zu uninspirierten Gesprächen, die beim Adressaten gähnende Langeweile erzeugen. Das ist natürlich kontraproduktiv, wenn sie verkaufsaktiv agieren und den Telefonpartnern nutzenorientiere Lösungen für Engpassprobleme bieten wollen. Darum gilt: Nutzen Sie das Instrument „Telefon" mit Inspiration und Kreativität.

R. Koschinski, *40 Impulse für den neuen Vertriebsinnendienst*, https://doi.org/10.1007/978-3-658-44581-2_30

Das Ziel: Gehen Sie mit Ihrem Alltagsinstrument kreativ um

In den Krea-Tipps geht es weniger um Selbstverständlichkeiten, die Sie mit einiger Wahrscheinlichkeit sowieso beherrschen. Dass Sie das Gespräch ordentlich vorbereiten, genau wissen, mit wem Sie zu tun haben, und strikt kundenindividuell vorgehen, also bei der Begrüßung die Mentalität und Persönlichkeitsstruktur des Angerufenen berücksichtigen, gehört zu diesen Selbstverständlichkeiten. Und eine Formulierung wie „Darf ich gleich zum Punkt kommen (um Ihre kostbare Zeit nicht zu vergeuden)?" zählt spätestens seit Kaltakquiseprofi Tim Taxis zu den Standardeinstiegen eines Innendienstlers (Taxis, 2018). Allerdings:

> Ist nicht auch diese Formulierung mittlerweile eine Standardfloskel, bei der der Angerufene ahnt, warum Sie sie einsetzen? Es ist von zentraler Bedeutung, wieder zu einem kreativen Umgang mit dem Alltagsinstrument „Telefon" zu gelangen.

Krea-Tipp 1: Erheben Sie das Telefon zum verlängerten Arm Ihrer Persönlichkeit

Persönlichkeit verkauft. Verdeutlichen Sie sich, dass es primär Ihre Persönlichkeit ist, mit der Sie andere Menschen überzeugen und Interessenten und Kunden zu der Überlegung motivieren, den Kauf Ihrer Lösung in Erwägung zu ziehen. Gehen Sie mit der Haltung ins Telefonat, dem Kunden *nicht* etwas verkaufen zu wollen, sondern seinem Engpassproblem auf die Spur zu kommen und gemeinsam mit ihm eine Lösung zu entwickeln: „Verkaufen, ohne zu verkaufen". Meine Erfahrung ist: Wenn Sie Ihre Telefonate mit Elan, Souveränität und Überzeugungskraft angehen, dann klappt es mit dem Verkaufen nicht immer, aber oft fast von allein (siehe Kap. „Impuls 6 – Beziehungsmanagement").

Krea-Tipp 2: Werden Sie zum telefonischen AAA-Anhänger

Wenn Sie die Haltung „Verkaufen, ohne zu verkaufen" leben, unterscheiden Sie sich bereits von den meisten Anrufern. Trauen Sie sich, am besten unter Berücksichtigung des jeweiligen Kundentyps (siehe

Kap. „Impuls 20 – K wie Kundenmanagement und Kundentypen"), mit einer ungewöhnlich-kreativen Ansprache das Interesse des Angerufenen zu wecken. Prüfen Sie, inwiefern Sie dabei provokant auftreten sollten. Es ist schwierig, Musterformulierungen vorzugeben, denn Sie sollen ja Muster durchbrechen! Und nur Sie allein wissen, mit welchem Menschen Sie am anderen Ende der Leitung zu tun haben. Darum will ich es bei einer allgemeinen Empfehlung belassen:

> **Folgen Sie bei der Suche nach zielführenden Formulierungen dem AAA-Prinzip. Seien Sie stets *Anders Als die Anderen*.**

Arbeiten Sie zum Beispiel mit ungewöhnlichen Gesprächseinstiegen, indem Sie einen Referenzkunden zitieren oder einen Empfehlungsgeber nennen, den der Angerufene kennt. Überlegen Sie sich für jedes Telefonat einen individuellen und spezifischen Gesprächseinstieg. Sicher: Das ist nicht einfach und oft sehr aufwendig, aber es lohnt sich. Legen Sie Ihre Gesprächseinstiege unter die kritische Lupe und prüfen Sie, ob diese beim Angerufenen lediglich die Assoziation hervorrufen, Sie wollten etwas verkaufen. Besser ist es, wenn die Assoziation mitschwingt, Sie wollten ihm nützlich sein!

Krea-Tipp 3: Nutzen Sie das Zauberwort

Bauen Sie wo immer möglich den Namen des Kunden in Ihre Telefonate ein. Das gelingt, indem Sie bildhaft und konkret sprechen und kurze Sätze nutzen, denn dies ermöglicht Ihnen, den Kundennamen oft zu nennen. Verknüpfen Sie Ihre Botschaften mit einer kurzen Story, in der der Kunde die Hauptrolle spielt, sodass Sie seinen Namen einfließen lassen können. Stellen Sie viele Fragen und zeigen Sie ihm immer wieder seinen Nutzen auf, den Sie dann mit seinem Lieblingswort verbinden. „Ist das in Ihrem Sinn, Frau Müller? Diese Lösung hat für Ihr Unternehmen und Sie, Herr Schmitt, den folgenden Nutzen … Ich fasse für uns zusammen, Frau Meier, …".

Was dabei oft unterschätzt wird, ist die Bedeutung der korrekten Aussprache und Artikulation des Namens, insbesondere, wenn es sich um einen schwierigen und komplizierten Namen handelt. Falls Sie den Namen vor dem Gespräch nicht kennen, lassen Sie ihn sich notfalls buchstabieren. Scheuen Sie sich nicht, nachzufragen, denn ein falsch ausgesprochener Name kann das zarte Vertrauenspflänzchen rasch zerstören: „Habe ich Sie korrekt verstanden, Sie heißen Herr Szymaneck-Kurtoglu?"

Krea-Tipp 4: Schaffen Sie eine ratiomotionale Gesprächsatmosphäre
Gespräche am Telefon verlaufen dann in Ihrem Sinn, wenn Sie ratiomotional agieren und rationale und überdies emotionale Gesichtspunkte beachten. Stellen Sie bei der Gesprächsvorbereitung und -durchführung diese zwei Aspekte in den Fokus:

- *Aspekt 1 – thematisieren Sie die rationalen „Klimafaktoren":* Was wollen Sie erreichen, welche Ziele verfolgen Sie? Und welche Ziele verfolgt der Telefonpartner, welcher Nutzen ist (aus seiner Sicht) für ihn relevant und entscheidend? Zudem ist es wichtig, mit handfesten Belegen und Beweisen zu arbeiten, Testauswertungen und Prüfberichte anzuführen und Expertenaussagen zu zitieren, kurz: alles das anzuführen, was die rationale Diskussion Ihres Gesprächsanliegens ermöglicht. Der Telefonpartner möchte einschätzen können oder wissen, was für ihn dabei herausspringt, wenn er mit Ihrem Unternehmen zusammenarbeitet.
- *Aspekt 2 – berücksichtigen Sie die emotionalen „Klimafaktoren":* Kaufentscheidungen fallen so gut wie immer auf der emotionalen Ebene, oft liefert der Verstand lediglich vernünftige Begründungen für eine Entscheidung nach, die emotional getroffen wurde. Darum ist es Ihre Aufgabe, zum einen am Telefon Beziehungsmanagement zu betreiben und zum anderen die rationalen Argumente emotional zu verpacken und „rüberzubringen" sowie durch Storytelling zu emotionalisieren.

Krea-Tipp 5: Konzentrieren Sie sich darauf, Fragen zu stellen
Der Begriff der „Fragumentation" (Stempfle & Zartmann, 2015, S. 147 ff.) meint, sich nicht auf die klassische Argumentation zu verlassen, sondern einzig und allein die Frage in den Mittelpunkt des Dialogs zu stellen. Ganz so weit möchte ich nicht gehen. Richtig jedoch ist, dass Sie es trainieren sollten, sich im telefonischen Kontakt auf das Fragen und das aktive Zuhören zu konzentrieren.

Mit einiger Wahrscheinlichkeit werden Sie das Fragearsenal gut kennen und zahlreiche Fragetechniken beherrschen. Die Herausforderung besteht darin, sich im Dialog nicht allein auf die argumentative Schiene zu begeben und Produktinformationen, Nutzenversprechen und Vorteilsargumente anzuführen, sondern das, was Sie zum Ausdruck bringen wollen, immer wieder in Fragen zu kleiden. Denn so vermitteln Sie dem Telefonpartner das Gefühl, *er* steuere das Gespräch.

Hinzu kommt: Wenn Sie viel fragen, erhöhen Sie den Redeanteil des Telefonpartners und erfahren mit jeder seiner Äußerungen Wissenswertes über ihn und seine Ziele. Und dieses Wissen hilft Ihnen, Ihr Angebot noch kundenorientierter auszugestalten.

Meine Empfehlung lautet, die „Gesprächssteuerung mithilfe von Fragen" intensiv einzuüben. Wenn dann ein Interessent zum Beispiel mit dem Totschlagargument „Zu teuer!" agiert, sind Sie zu der folgenden Erwiderung in der Lage: „Ist es für die Verwirklichung Ihrer zentralen Ziele wirklich richtig, Qualitätsaspekte zurückzustellen und sich allein auf den Preis zu fixieren?"

> Sie wandeln jede Äußerung und jeden Einwand des Telefonpartners in Fragen um – darin besteht die Zielsetzung des Fragumentationstrainings.

Krea-Tipp 6: Entwickeln Sie positive Energien

Zum Schluss dieses Impulses ein von vielen als banal empfundener, aber äußerst wichtiger Hinweis: Rufen Sie nur an, wenn Sie sich in einer guten Stimmung befinden. Wenn Sie – aus welchem Grund auch immer – wütend sind oder von dunklen Gefühlen beherrscht werden, wird Ihr Telefonpartner dies bemerken oder zumindest unterschwellig spüren. Die Menschen sprechen lieber mit Personen, die „gut drauf sind" und positive Energien versprühen. Wenn Sie solch eine Person sind, werden Ihre Telefonpartner Sie lieben und offen(er) sein für Ihr Anliegen. Darum: Fokussieren Sie sich auf die positiven Seiten Ihres Telefonpartners, dann sind auch Sie positiv(er) gestimmt. Falls Sie den Telefonpartner nicht kennen, erfüllt die Konzentration auf ein authentisches Erfolgserlebnis, das noch nicht allzu lange zurückliegt, denselben Zweck.

Übung: Entwickeln Sie einen kreativen Gesprächsleitfaden

Sich als Persönlichkeit einbringen – Anders sein Als die Anderen und neue Wege einschlagen – rhetorisch geschickt agieren und dem Telefonpartner immer wieder mit seinem Namen ansprechen – eine ratiomotionale Gesprächsatmosphäre aufbauen – das Gespräch mit Fragen führen – positive Energie bei sich selbst und beim Telefonpartner entfachen: Das ist ein hoher Anspruch. Entwickeln Sie auf dieser Basis einen Gesprächsleitfaden für Ihre zukünftigen Telefonate.

Literatur

Stempfle, L., & Zartmann, R. (2015). *In 12 Runden zum Erfolg. Wie Sie hart behandeln, sich durchboxen und gewinnen.* Wiley-VCH.

Taxis, T. (2018). *Heiß auf Kaltakquise. So vervielfachen Sie Ihre Erfolgsquote am Telefon* (4. Aufl.). Haufe.

Impuls 31 – U wie Umsatz- und Ertragsplanung

Steuerung mit messbaren Zielen und Kennzahlen

>> *Der Impuls sensibilisiert Sie für die Beachtung der finanziellen und ökonomischen Performance Ihrer verkaufsaktiven Tätigkeiten und zeigt Ihnen, wie Sie bei der Umsatz- und Ertragsplanung vorgehen können.*

Im klassischen Innendienst gehört es nicht zu den Hauptaufgaben der Innendienstler, sich Gedanken um Aspekte wie Umsatz, Ertrag und Gewinn zu machen. Im Inside Sales sieht das anders aus: Indem die Innendienstmitarbeiter aktiv ins Verkaufsgeschehen eingreifen, nehmen sie unmittelbar Einfluss auf diese Aspekte. Einmal mehr geht es um einen Bewusstseinswandel:

> Verdeutlichen Sie sich, dass Sie als Inside-Sales-Mitarbeiter auch für das ökonomische und finanzielle Wohlergehen Ihres Unternehmens verantwortlich sind.

Die Bedeutung der Schlüsselkennzahlen

Meiner Erfahrung nach fällt dieser Bewusstseinswandel vielen Mitarbeitern im Inside Sales nicht leicht. So manchen Innendienstlern war es gar nicht unrecht, an ihren Schreibtischen vor allem die Termine der Außendienstler zu koordinieren und ab und zu ein Angebot zu verfassen. Jetzt jedoch geht es ans Eingemachte: Sie tragen unmittelbar zum wirtschaftlichen Erfolg – oder auch Misserfolg – Ihres Unternehmens bei. Und darum sollten Sie sich zumindest ansatzweise ein Wissen zu den genannten Aspekten aneignen und sich Ihrer Mitverantwortung für Umsatz, Umsatzplanung, Ertrag und Gewinn bewusst sein – und dieser Verantwortung auch gerecht werden. Beachten Sie dabei: Bei den meisten der folgenden Überlegungen und Vorschläge sind der Austausch und die Zusammenarbeit mit Ihrer Führungskraft erforderlich.

Der Vertriebsleiter vereinbart mit Ihnen bezüglich Ihrer verkaufsaktiven Arbeit konkrete Ziele und unterlegt diese Ziele mit sogenannten KPI-Schlüsselkennzahlen: Damit sind *Key Performance Indicators* gemeint, die in diesem Fall Ihre vertriebliche Leistung widerspiegeln (Lesch & Koschinski, 2016). Indem die Ziele mit KPIs verknüpft werden, ist es möglich, sie messbar zu machen und die Zielerreichung zu überprüfen.

> Wenn die Ziele dann auch noch *SMART* formuliert sind, also *S*pezifisch, *M*essbar, *A*kzeptiert, *R*ealistisch und *T*erminierbar sind, entfalten sie meistens eine hohe Umsetzungs- und Gestaltungskraft.

Bleibt die Frage, welche Kennzahlen für Sie von besonderer Relevanz sind. Dies ist von mehreren Faktoren abhängig. Entscheidend für die Festlegung der Kennzahlen ist der Bereich, um den es geht. Im Außendienst ist die Anzahl der Kunden von Bedeutung, die der Außendienstmitarbeiter jeden Tag besucht. Für den Mitarbeiter im Innendienst hingegen sind die Anzahl der Anrufe und der prozentuale Anteil der Anrufe, bei denen er tatsächlich einen Entscheider erreichen konnte, von größerer Bedeutung.

Ein ausführliches Beispiel zeigt die bereichsspezifische Abhängigkeit der KPIs: Auf der Internetseite snapADDY werden als wichtige Kennzahlen für den Vertrieb acht KPIs genannt (snapADDY, 2023):

* Marktanteil Produktsegment versus Wettbewerber
* Kundenzufriedenheit, Churn-Rate (wie viele Kunden haben im Vergleich zum gesamten Kundenstamm gekündigt?)
* Umsatz pro Regionen, Kanal, Produkten, Deckungsbeitrag
* Effizienz des Vertriebs: Vertriebskosten versus Umsatzerlöse
* Conversion-Quote
* Verhältnis Neukunden/Bestandskunden

Für Sie als verkaufsaktivem Innendienstler sind weitere Kennzahlen bedeutsam. So kann es sein, dass Sie Anfragen erhalten – in diesem Fall spielen diese Kennzahlen eine Rolle (unter Anlehnung an Treter, 2022):

* First Response Time: Diese Kennzahl misst, wie viel Zeit durchschnittlich zwischen der Kundenanfrage und Ihrer Reaktion vergeht.
* First Contact Resolution: Sie misst, wie häufig eine Anfrage direkt mit einer einzigen Antwort gelöst wird.
* Average Handling Time: Sie misst die durchschnittliche Zeit bis zur Lösung des Kundenanliegens.
* Customer Effort Score: Die Kennzahl gibt an, wie viel Aufwand Ihr Kunde aufbringen muss, bis Sie sein Anliegen klären.
* Gesamtauflösungsrate: Diese qualitative Kennzahl misst, wie viele Anfragen Sie durchschnittlich klären.
* Customer Retention Rate: Die Kennzahl zeigt an, wie viele Kunden Sie über einen bestimmten Zeitraum halten können (Kundenbindung).
* Net Promoter Score: Damit lässt sich die Zufriedenheit Ihrer Kunden messen.
* Eskalierende Anfragen: Es geht um die Anfragen, die Sie selbst nicht klären können und darum weitergeben.

Des Weiteren ist die Unterscheidung zwischen qualitativen und quantitativen KPIs zu berücksichtigen:

- Zu den qualitativen Kennzahlen gehören die Kundenservicequalität, die Kundenbetreuungsqualität, die Kundenbindung, die Kundenzufriedenheit und die Qualität der Produkte und Dienstleistungen.
- Stornoquote, Reklamationsquote, Wiederkaufsrate, Abwanderungsrate, Kontaktfrequenz, Conversion Rates und das Verhältnis von Neu- und Bestandskunden zählen zu den quantitativen Kennzahlen.

Fokussierung auf die erfolgskritischen Kennzahlen

Sie sehen: Die Anzahl möglicher Kennzahlen ist vielfältig. Welche KPIs für Sie entscheidend sind, ergibt sich aus Ihren spezifischen Zielen.

> **Es gilt der Grundsatz: Erst die Ziele formulieren, dann die entsprechenden Kennzahlen dazu bestimmen.**

Zu empfehlen ist, die erfolgskritischen Kennzahlen in den Fokus zu rücken. Wenn für den Erfolg etwa primär das Cross-Selling, das Up-Selling, die Zusatzverkäufe bei Bestandskunden und die Anzahl der Weiterempfehlungen sowie die zusätzlichen Verkaufschancen durch umgewandelte Reklamationen wichtig sind, ist es zielführend, sich auf die entsprechenden Kennzahlen zu konzentrieren. Wenn sie nicht erreicht werden, ist der unternehmerische Erfolg insgesamt gefährdet.

Die Kennzahlenfrage sollte am besten im Kontext des gesamten Vertriebsprozesses geklärt werden – hier steht wiederum Ihre Führungskraft in der Verantwortung. Sie selbst sollten aber auf jeden Fall nachvollziehen können, warum welche Schlüsselzahlen für Ihre Arbeit von Bedeutung sind. Sobald Sie dies wissen, empfehle ich Ihnen, die Zahlen zur Umsatz- und Ertragsplanung wie einen Businessplan zu betrachten. Überlegen Sie, welche Schritte Sie gehen und welche Aktivitäten Sie durchführen wollen, um die Ziele zu realisieren. Dabei hilft die folgende Übung.

Übung: Verbessern Sie Ihre ökonomische Performance durch zielgerichtete verkaufsaktive Tätigkeiten

- Legen Sie gemeinsam mit Ihrer Führungskraft verkaufsaktive SMARTe Ziele fest.
- Unterfüttern Sie die Ziele mit Schlüsselkennzahlen, sodass sie messbar sind. Gehen Sie dabei von der Überlegung aus, welche Zahlen für Ihren Erfolg oder Misserfolg besonders wichtig sind.
- Denken Sie insbesondere an die umsatzorientierten Kennzahlen, wie etwa „Umsatz durch Zusatzverkauf pro Bestandskunde", sowie die Anzahl der Telefonate und der erreichten Terminvereinbarungen.
- Überlegen Sie wiederum gemeinsam mit der Führungskraft, mit welchen verkaufsaktiven Tätigkeiten Sie zur Erreichung der Ziele beitragen können.
- Gehen Sie in die Umsetzung und überprüfen Sie mithilfe der Schlüsselkennzahlen, inwiefern Sie die Zielvorgaben erfüllen konnten.
- Nutzen Sie die Ergebnisse der Evaluierung, um Verbesserungen, Anpassungen und Veränderungen vorzunehmen, durch die Sie in Zukunft noch größere verkaufsaktive Erfolge erreichen.

Literatur

Lesch, E., & Koschinski, R. (2016). Effizienz und Effektivität des Vertriebsinnendienstes: Innendienst-Management durch motivierende Selbststeuerung mit messbaren Zielen und KPI-Kennzahlen. *Vertriebs Experts,* 08/2016, S. 11–12.

snapADDY. (2023). KPI Vertrieb – Beispiele und Tipps für Kennzahlen in Ihrer Vertriebsabteilung. www.snapaddy.com/de/ratgeber/kpi-vertrieb.html. Zugegriffen am 01.12.2023.

Treter, D. (2022). Kundenservice Kennzahlen – 10 wichtige KPIs. www.flixcheck.de/kundenservice-kennzahlen/. Verfasst am 28.02.2022. Zugegriffen am 01.12.2023.

Impuls 32 – U wie Unique Value Proposition

Alleinstellungsmerkmale durch ein wertvolles Nutzenversprechen aufbauen – und durch einen kompetenten Inside-Sales-Mitarbeiter

>> *Sie erfahren, wie Sie Ihre Unique Value Proposition und Ihre Unique Sales Proposition analysieren.*

Wir alle kennen die USP, die Unique Sales Proposition. Im Fokus steht ein einzigartiges Verkaufsargument, das dem Unternehmen und Ihnen in der Kundenwahrnehmung ein Alleinstellungsmerkmal garantiert. Dies könnte zum Beispiel die Lösung sein, die Sie für das Engpassproblem des Kunden in Ihrem Angebotsportfolio haben. Denn im Unterschied zum Wettbewerb haben Sie sich darauf konzentriert, gemeinsam mit dem Kunden zu definieren, welche existenzielle Herausforderung seine Wettbewerbsfähigkeit gefährdet. Und für genau diese Herausforderung können Sie eine Problemlösung anbieten und so gegenüber der Konkurrenz unschlagbare strategische Wettbewerbsvorteile aufbauen. Weniger bekannt ist die UVP, die Unique Value Proposition, also das einzigartige Wert- und Nutzenversprechen, das Ihr Angebot – Ihr Produkt oder Ihre Dienstleistung – für den Kunden bedeutet.

R. Koschinski, *40 Impulse für den neuen Vertriebsinnendienst*, https://doi.org/10.1007/978-3-658-44581-2_32

Beachten Sie als Inside-Sales-Mitarbeiter beide Aspekte: die USP und die UVP – wobei der Unique Value Proposition eine höhere Wertigkeit zukommt, weil bei der UVP der Kunde selbst im Fokus steht. Bereits im Kap. „Impuls 10 zum Dream-Team (Tandem)" ist von der Bedeutung des Value Selling die Rede. Gemeint ist, dass Sie dem Kunden nicht nur ein Produkt oder eine Leistung verkaufen, sondern einen Nutzen oder Wert. Der Schwerpunkt liegt weniger auf dem Verkaufen – den einzigartigen Verkaufsargumenten –, sondern auf dem Kundenwert und Kundennutzen. Dies bedeutet eine substanzielle Verschiebung der Perspektive in die Richtung der Haltung „Verkaufen, ohne zu verkaufen".

> Die Einstellung „Verkaufen, um dem Kunden zu nutzen" rückt in den Vordergrund. Bei der UVP wird die Frage beantwortet, warum Ihr Angebot für den Kunden so enorm wertvoll und nützlich ist.

Verschaffen Sie sich Klarheit über Ihre Alleinstellungsmerkmale

Ich mache in den Unternehmen immer wieder die Erfahrung, dass sowohl der USP als auch der UVP von den Mitarbeitenden nicht eindeutig benannt werden kann. Dieses Unvermögen setzt sich oft bis auf die Führungsetage fort. Darum sollte es ein umfassendes Brainstorming mit der Zielsetzung geben, dass alle Beteiligte das oder die Alleinstellungsmerkmale auf den treffenden Punkt bringen können.

Dabei ist zwischen den allgemeinen und den kundenspezifischen Alleinstellungsmerkmalen zu unterscheiden. Bei Letzteren werden die Differenzierungsmerkmale in Bezug auf einen bestimmten Kunden festgezurrt. Denn es kann durchaus sein, dass Ihr Unternehmen sich aus der Sicht des Kunden A aufgrund der Serviceorientierung vom Wettbewerb uneinholbar abhebt, während beim Kunden B eine innovative Produktfunktionalität den entscheidenden Wettbewerbsvorsprung garantiert. Und beim dritten Kunden stellt der unschlagbare Preis das Alleinstellungsmerkmal dar.

Ein Brainstorming, bei dem es um kundenspezifische Alleinstellungsmerkmale geht, läuft wie folgt ab:

- Die Ist-Situation des Kunden, um den es geht, wird exakt beschrieben.
- Die Teilnehmenden erstellen eine Liste aller relevanten Merkmale der
  Produkte, Dienstleistungen und Engpasslösungen, die diesen Kunden
  unterstützen könnten, wieder oder weiterhin erfolgreich am Markt
  zu agieren.
- Die Teilnehmenden vergleichen diese Merkmale mit denen der
  Wettbewerber, um den Wert, den Nutzen und die Vorteile ihrer Produkte,
  Dienstleistungen und Engpasslösungen punktgenau zu benennen.
- Es entsteht eine Liste mit Alleinstellungsmerkmalen (von Produkten,
  Dienstleistungen und Engpasslösungen), über die der Wettbewerb
  nicht verfügt. Oder die Konkurrenz verfügt zwar ebenfalls über ähn-
  liche Lösungen, aber in einem weitaus geringerem Ausprägungsgrad
  oder in einer weitaus geringeren Qualität.
- Die Teilnehmenden formulieren die kundenspezifischen Alleinstel-
  lungsmerkmale so, dass der Kunde erkennt: „Dieses Unternehmen hat
  eine Problemlösung, die mir kein anderes Unternehmen bieten kann.
  Es eröffnet mir einen Wert, einen Nutzen und einen Vorteil, den ich
  unbedingt einkaufen möchte!"
- Die Teilnehmenden erstellen prägnante Sales Pitches und/oder Value
  Pitches (siehe Kap. „Impuls 22, Minutenpräsentation"), in denen die
  kundenspezifischen Alleinstellungsmerkmale im Mittelpunkt stehen.
  Auch Sie als Inside-Sales-Mitarbeiter sind nun in der Lage, jene Alleinstel-
  lungsmerkmale kundenorientiert und überzeugend zu benennen.
- Sie setzen die Pitches in den Gesprächen mit den Kunden ein.

Der Inside-Sales-Mitarbeiter als Differenzierungsfaktor

Findet die Herangehensweise stringente Anwendung und wird von Ihnen
im Kundenkontakt gelebt, entwickeln Sie selbst sich zu einem Differenzierungsfaktor, zu einem Alleinstellungsmerkmal. Denn die Wirkkraft
sowohl der Unique Sales Proposition als auch der Unique Value Proposition
hängt in einem entscheidenden Maß davon ab, dass und inwiefern die Hal-

tung „Verkaufen, um dem Kunden zu nutzen" von den Mitarbeitenden im Innendienst umgesetzt und gelebt wird. Darüber sollten Sie sich im Klaren sein: Sie tragen erheblich dazu bei, dass die Produkte und Dienstleistungen und Ihr Unternehmen insgesamt in der Kundenwahrnehmung den Status der Einzigartigkeit aufbauen können. Denn die Ausprägung der Beziehung eines Kunden zu Ihrem Unternehmen wird entscheidend durch die Menschen mitbestimmt, denen der Kunde auf seiner Customer Journey (siehe Kap. „Impuls 9, Customer Journey") begegnet.

> Selbst einzigartige Produkte und Dienstleistungen sind darauf angewiesen, dass ihre Qualität und Güte wahrnehmbar kommuniziert werden – und zwar von Ihnen, von den Mitarbeitenden im Innendienst, aber natürlich auch von den Außendienstlern und allen anderen Menschen, die im Kundenkontakt stehen.

Übrigens: Die Bedeutung der Mitarbeitenden als Differenzierungsfaktor und Alleinstellungsmerkmal findet meines Erachtens zu wenig Beachtung. Es ist aber der kompetente Mitarbeiter, der es versteht, den einzigartigen Nutzen und Wert eines Angebots, eines Produktes oder einer Dienstleistung zu transportieren, der in den Augen der Kunden den entscheidenden Unterschied ausmacht. Mithilfe seiner strikt kundenorientierten Darstellung und Präsentation des Wertes und des Nutzens stellt er oft das wichtigste und manchmal sogar das einzige Unterscheidungsmerkmal zur Konkurrenz dar. Dieser Umstand sollte von der Geschäftsleitung, dem Management und den Führungskräften endlich stärker beachtet werden – und auf der Seite der Mitarbeitenden, also auf Ihrer Seite, dazu führen, dass deren Selbstbewusstsein und Selbstwertgefühl eine Steigerung erfährt.

Übung: Selbstmanagement – analysieren Sie Ihre Fähigkeit, Kunden mit Alleinstellungsmerkmalen zu überzeugen

Bewerten Sie Ihren Fähigkeitsgrad auf einer Skala von 1 (= sehr schwach ausgeprägt) bis 10 (top ausgeprägt). Handlungsbedarf besteht auf jeden Fall bei den Ausprägungsgraden 1 bis 6: Legen Sie dann Maßnahmen fest, um den Fähigkeitsgrad zu erhöhen.

Fähigkeit 1: Einzigartigkeit des Unternehmens
* „Ich kann genau sagen, was unser Unternehmen einzigartig macht und von der Konkurrenz unterscheidet."
* Fähigkeitsgrad:
* Maßnahmen und Umsetzungsschritte bei Handlungsbedarf:
Nutzen Sie an dieser Stelle Ihr Strategiebuch für Notizen.

Fähigkeit 2: Alleinstellungsmerkmale identifizieren
* „Ich bin in der Lage, die allgemeinen und kundenspezifischen Alleinstellungsmerkmale meiner Angebote, Produkte und Dienstleistungen zu identifizieren."
* Fähigkeitsgrad:
* Maßnahmen und Umsetzungsschritte bei Handlungsbedarf:
Nutzen Sie an dieser Stelle Ihr Strategiebuch für Notizen.

Fähigkeit 3: Alleinstellungsmerkmale benennen
* „Ich besitze die Kompetenz, die Alleinstellungsmerkmale konkret zu benennen und zu beschreiben."
* Fähigkeitsgrad:
* Maßnahmen und Umsetzungsschritte bei Handlungsbedarf:
Nutzen Sie an dieser Stelle Ihr Strategiebuch für Notizen.

Fähigkeit 4: Interessante Darstellung
* „Ich verbinde die Alleinstellungsmerkmale auf eine spannende und Interesse weckende Weise mit der Gründungsgeschichte unseres Unternehmens, sodass sie im Gedächtnis der Kunden haften bleiben."
* Fähigkeitsgrad:
* Maßnahmen und Umsetzungsschritte bei Handlungsbedarf:
Nutzen Sie an dieser Stelle Ihr Strategiebuch für Notizen.

Fähigkeit 5: USP und UVP beschreiben
* „Ich kann die USP (einzigartige Verkaufsargumente) und die UVP (Wert und Nutzen der Produkte und Dienstleistungen) kundenindividuell beschreiben."
* Fähigkeitsgrad:
* Maßnahmen und Umsetzungsschritte bei Handlungsbedarf:
Nutzen Sie an dieser Stelle Ihr Strategiebuch für Notizen.

Fähigkeit 6: Mitarbeiter als Differenzierungsfaktor

- „Ich bin mir der Aufgabe bewusst – und versuche ihr gerecht zu werden –, dass der Kunde wegen mir (meiner kundenzentrierten Vorgehensweise) bei uns einkauft, und nicht bei der Konkurrenz."
- Fähigkeitsgrad:
- Maßnahmen und Umsetzungsschritte bei Handlungsbedarf:
  Nutzen Sie an dieser Stelle Ihr Strategiebuch für Notizen.

Impuls 33 – V wie Verhaltensweisen im direkten Kundenkontakt

Selbst- und Menschenkenntnis nutzen, um zu guten Gesprächsergebnissen zu gelangen

》 *Sie lernen ein Persönlichkeitsdiagnostiktool kennen, mit dem Sie sich und Ihre Gesprächspartner typologisch einschätzen können. Der Nutzen: Wer weiß, wie man selbst tickt und wie andere Menschen ticken, kann seine Kommunikation und Gesprächsführung darauf abstimmen.*

Stellen Sie sich vor, Sie sind ein extravertierter, willensstarker und ehrgeiziger Innendienstler, der genau weiß, was er will, sich gut durchzusetzen versteht und andere Menschen im Gespräch gern dominiert. Und Sie wissen das auch. Wenn Sie mit einem Kunden telefonieren, der so ähnlich tickt wie Sie, mithin zwei Feuerköpfe aufeinanderprallen, sollten Sie sich anders verhalten als im Gespräch mit einem Kunden, der introvertiert, scheu, leise und zurückhaltend auftritt. Falls Sie Ihre Ziele erreichen wollen, sollten Sie Ihr Vorgehen dem jeweiligen Charakter Ihres Gegenübers anpassen.

R. Koschinski, *40 Impulse für den neuen Vertriebsinnendienst*, https://doi.org/10.1007/978-3-658-44581-2_33

> Mit dem Persönlichkeitsdiagnostiktool Insights MDI® by Scheelen gelingt es, die eigene Persönlichkeitsstruktur und die seiner Mitmenschen einzuschätzen und den Kundenkontakt zu optimieren.

Herzstück des Tools sind vier Grundtypen, die durch Farbbenennungen anschaulich beschrieben werden und sich jeweils durch bestimmte Eigenschaften auszeichnen. Es gibt den roten, gelben, grünen und den blauen Persönlichkeitstyp.

Die Grundzüge der vier Farbtypen

Die folgenden Beschreibungen basieren auf (Scheelen, 2023, S. 61 f. und Scheelen, 2020, S. 21 f.).

Der rote dominante Machertyp
Dieser Typ ist extravertiert, risikofreudig und fordernd, er tritt entschlossen, entscheidungsfreudig und willensstark auf und geht sach- und zielgerichtet und ergebnisorientiert vor. Er ist voller Energie, sagt, was er denkt, und nimmt auf Empfindlichkeiten keine Rücksicht. Umgekehrt kann man ihm deutlich zu verstehen geben, was Sache ist. Er ist sehr kritisch, aber gute Arbeit anderer erkennt er gern an.

Mein konkreter Hinweis für Sie: Sie sind ein roter Innendienstler, wenn Sie gern Problemkunden beraten, abschlussorientiert agieren, als Experte auftreten und beim Kunden-Nein erst recht zur Höchstform auflaufen.

> Ein roter Kunde will die Gesprächsführung übernehmen, alles mit Fakten belegt haben und ist bestens informiert. Am Beziehungsaufbau ist er nicht sonderlich interessiert.

Der gelbe beziehungsorientierte Typ
Er kann als initiativ, umgänglich und fröhlich, offen und überzeugend beschrieben werden. Er verfügt über eine positive und inspirierende kreative

Ausstrahlung und will exzellente Beziehungen aufbauen. Wie der rote Typ ist er eher extravertiert. Er ist sehr eloquent und liebt es, in der Masse zu baden. Er hat einen großen Bekanntenkreis und kommt mit Fremden schnell ins lockere Gespräch. Darum ist er ein gern gesehener Partygast.

Mein Hinweis für Sie lautet hier: Sie sind ein gelber Innendienstler, wenn Sie ein Vertrauensverhältnis mit dem Kunden anstreben, eine gute zwischenmenschliche Beziehung aufbauen wollen und mit Small Talk arbeiten.

> **Ein gelber Kunde stellt dauernd persönliche Fragen, stimmt Ihnen rasch zu, weicht bei schwierigen Gesprächsthemen oft aus und ist an Detailinformationen eher nicht interessiert.**

Der grüne zurückhaltende Typ

Er ist eher introvertiert veranlagt und gilt als stetiger, gewissenhafter, achtsamer, mitfühlender und geduldiger Zeitgenosse. Er agiert beständig und zuverlässig und ist um das Wohl seiner Mitmenschen, mit denen er stets eine spannungsfreie Beziehung aufbauen möchte, besorgt. Er liebt die Sicherheit bietende Umgebung und möchte andere Menschen wo immer möglich unterstützen und ihnen helfen. Er ist ein Familienmensch und hat wenige, aber gute Freunde.

Mein konkreter Hinweis für Sie ist: Sie sind ein grüner Innendienstler, wenn Sie dem Kunden lieber zuhören als selbst zu reden, sich an Ihrem Gesprächsleitfaden orientieren und vermuten, Ihre Möglichkeiten der Einflussnahme seien eher gering.

> **Ein grüner Kunde überlässt Ihnen gern die Gesprächsführung, stellt kaum Fragen und ist auf Sicherheit bedacht und eher unsicher und entscheidungsschwach.**

Der blaue analytische Typ

Er geht methodisch, systematisch, vorsichtig und präzise vor. Er hinterfragt Informationen und überlegt sich eine Sache lieber einmal zu viel als zu wenig. Er ist introvertiert, distanziert und durchdenkt ein Problem bis ins letzte Detail, um dann die perfekte Lösung zu liefern. Er braucht einen Plan und eine Struktur. Spontane Aktivitäten, Entscheidungen und Veränderungen zählen nicht gerade zu seinen Stärken.

Auch hier ein konkreter Hinweis für Sie: Sie sind ein blauer Innendienstler, wenn Sie Kunden faktenorientiert überzeugen und auf der Verstandesebene ansprechen wollen sowie auf persönliche Fragen verzichten. Sie meinen, Erfolg zu haben, wenn Sie alles über das Produkt wissen und alle Kundenfragen beantworten können.

> Ein blauer Kunde kommt gleich auf den Punkt, wünscht keinen Small Talk, ist an Details, Zahlen, Daten und Fakten interessiert und stellt immer wieder Zwischenfragen.

Strategien zum Verhalten im konkreten Kundenkontakt am Telefon

Wenn Sie wissen, zu welchem Typ Sie gehören, ist es zielführend, Ihr Verhalten auf den jeweiligen Kundentyp abzustellen und die Strategien kundentypbezogen einzusetzen.

Strategien für den roten Inside-Sales-Mitarbeiter
Beim *roten Kunden* sollten Sie:

- möglichst rasch und direkt zur Sache kommen,
- auf Zeichen der Ungeduld achten,
- bei der Darstellung eines Produkts schnell voranschreiten,
- möglichst viele Optionen zur freien Auswahl anbieten und
- das Gespräch zügig und ergebnisorientiert aufbauen.

Beim *gelben Kunden* ist es hilfreich:

- sich gesellig und offen zu geben,
- eher Fragen zu stellen als zu argumentieren,
- ihn (durch kluge Fragetechnik) wo immer möglich einzubeziehen,
- ihn nicht unter Zeitdruck zu setzen und
- sich offen und begeistert zu zeigen.

Beim *grünen Kunden* ist es zielführend:

- eher langsam zu reden und bedächtig vorzugehen,
- ihn nach seiner Meinung zu fragen,
- eine Antwort herauszufordern,
- Feedback einzuholen und auf die Nutzenaspekte hinzuweisen und
- sich Zeit zu lassen und Interesse zu bekunden.

Den *blauen Kunden* unterstützen Sie, indem Sie:

- formell agieren und gleich zum Geschäftlichen kommen,
- Ihre Expertise unter Beweis stellen,
- mit Zahlen, Daten und Fakten arbeiten und Ihre Produktkenntnisse unter Beweis stellen,
- ihm seine finanziellen Vorteile aufzeigen und
- systematisch, methodisch und gut organisiert vorgehen.

Strategien für den gelben Inside-Sales-Mitarbeiter

Überzeugen Sie den *roten Kunden*, indem Sie:

- nicht zu lässig, sondern eher geschäftsmäßig agieren,
- im „roten" Tempo vorgehen, also rasch und zügig, und bei der Sache bleiben,
- Möglichkeiten aufzeigen, aber die Entscheidung ihm überlassen,
- seine Ziele unterstützen und
- präzise und effizient vorgehen und nicht persönlich werden.

Achten Sie beim *gelben Kunden* darauf:

- sich zu disziplinieren und sich an einem Gesprächsleitfaden zu orientieren,
- sich Notizen zu machen, um auf Themen zurückzukommen,
- Ihre Aussagen unterhaltsam und zügig vorzutragen,
- ihn zu nichts zu drängen und
- entspannt und dennoch zielorientiert zu interagieren.

Agieren Sie beim *grünen Kunden* so:

- nicht zu forsch vorgehen und mit Empfehlungen einsteigen,
- personenbezogene Fragen stellen und konsequent zuhören,
- Aussagen mit Empfehlungen untermauern,
- sich persönlich ins Gespräch einbringen und
- Anteilnahme zeigen.

Dem *blauen Kunden* kommen Sie entgegen, wenn Sie:

- eher formell und nicht zu direkt vorgehen,
- strukturierte Fragen stellen,
- Ihre Aussagen belegen,
- logisch vorgehen und Alternativen aufzeigen und
- alle Details und Preise offen ansprechen und auf den Tisch legen.

Strategien für den grünen Inside-Sales-Mitarbeiter
Im Umgang mit dem *roten Kunden* ist es wichtig:

- direkt vorzugehen und nicht zu zaudern,
- keine Unsicherheit an den Tag zu legen,
- sich seinem Tempo so weit wie möglich anzupassen,
- sachlich und gut organisiert zu argumentieren und
- sich auf Fakten zu fokussieren, nicht auf Gefühle.

Den *gelben Kunden* überzeugen Sie, indem Sie:

- gesellig und freundlich auftreten,
- ab und zu in die Einzelheiten gehen,
- möglichst unterhaltsam und begeistert argumentieren,
- die Vorteile und Nutzen, die zukünftig zu erzielen sind, betonen, und
- immer wieder direkt auf den Punkt kommen.

Beim *grünen Kunden* sollten Sie:

- ein vertrauliches und freundschaftliches Verhältnis aufbauen,
- sich Zeit lassen, die Probleme zu durchdenken,

- sich auf Kundenempfehlungen berufen,
- persönliche Versicherungen abgeben und
- das Gespräch ruhig und unaufgeregt führen.

Beim *blauen Kunden* ist zu beachten, dass Sie:

- eher formell als offen agieren,
- detaillierte und sachliche Fragen stellen,
- Ihre Aussagen immer durch Belege und Beweise stützen,
- logische Alternativen aufzeigen und
- sich top vorbereiten und für die Beantwortung aller möglichen und unmöglichen Fragen präpariert sind.

Strategien für den blauen Inside-Sales-Mitarbeiter

Im Umgang mit dem *roten Kunden* zeigen Sie Kompetenz, indem Sie:

- rasch und ohne Verzögerung zur Sache kommen,
- sich auf seine Ziele und deren Erreichung fokussieren,
- ihm Entscheidungsoptionen eröffnen,
- konkrete Ergebnisse anstreben und
- sich seinem Tempo anpassen.

Legen Sie beim *gelben Kunden* Wert darauf:

- gesellig aufzutreten, selbst wenn es Ihnen schwerfällt,
- sich nicht in Einzelheiten zu verlieren,
- in Ihre Argumentation Kundenstorys einzubauen,
- ihm permanent Anreize und neue Angebote zu bieten und
- ihm Ihr wahrhaftiges Interesse zu belegen.

Beim *grünen Kunden* ist es entscheidend:

- direkt zu sein und ihm Ihr persönliches Interesse zu zeigen,
- Anteilnahme zu bekunden und ab und an persönlich zu werden,
- Ihre menschliche Seite durchscheinen zu lassen,
- persönliche Versicherungen abzugeben und
- aufrichtig und offen zu interagieren.

Beim *blauen Kunden* ist es zielführend:

- sofort in medias res zu gehen,
- sich nicht durch Unwesentliches ablenken zu lassen,
- systematisch und methodisch zu argumentieren,
- nicht zu drängeln und zu hetzen und
- alle Ergebnisse exakt zu kommunizieren und zu dokumentieren.

Übung: Setzen Sie die Strategien ein

Ordnen Sie sich selbst und Ihre Kunden einem der vier Typen zu. Passen Sie die genannten Strategien Ihren Gegebenheiten an und setzen Sie sie im Kundenkontakt ein. Evaluieren Sie Ihre Erfolge und passen Sie Ihre Strategien gegebenenfalls an.

Literatur

Scheelen, F. M. (2020). *Menschenkenntnis auf einen Blick. Sich selbst und andere besser verstehen* (5. Aufl.). mvg.

Scheelen, F. M. (2023). *Unternehmen Exzellenz. It's a Match: Was Unternehmen wirklich brauchen, um mit starken Teams Krisen zu meistern* (2. Aufl.). Bildungsverlag by Scheelen®.

Impuls 34 – V wie Verhandlungsführung

Die wichtigsten Tipps für das professionelle Verhandeln am Telefon und bei der Onlineberatung

> **»** *Sie lernen das Rüstzeug des professionellen Verhandelns kennen und entwickeln Verhandlungsgeschick und Verhandlungssouveränität. So gelingt es Ihnen, selbst schwierige Verhandlungssituationen zu einem guten Ende zu führen.*

Es gehört zu den Hauptaufgaben des Außendienstes, Abschlüsse vorzubereiten und zu realisieren. Auf dem Weg dorthin ist das Verhandlungsgeschick des Außendienstlers gefragt, der oft genug „auf der anderen Seite" mit ausgepufften und dominanten Verhandlungsprofis zu tun hat, die mit allen Verhandlungswassern gewaschen sind und gegen die es sich durchzusetzen und durchzuboxen gilt. Aber auch Inside-Sales-Mitarbeitende werden am Telefon oder im Rahmen der Onlineberatung von PC zu PC (siehe Kap. „Impuls 24, Online- und Videoberatung") immer wieder Verhandlungs- und Preisgespräche führen. Um diese für sie ungewohnten Situationen meistern zu können, sollten sie das Rüstzeug der professionellen Verhandlungsführung souverän beherrschen (siehe Stempfle & Zartmann, 2015).

© Der/die Autor(en), exklusiv lizenziert an Springer Fachmedien Wiesbaden GmbH, **221** ein Teil von Springer Nature 2024
R. Koschinski, *40 Impulse für den neuen Vertriebsinnendienst*,
https://doi.org/10.1007/978-3-658-44581-2_34

Entwickeln Sie Ihre individuelle Vorgehensweise

Weil Sie im Innendienst und Inside Sales vermutlich noch nicht allzu viel Verhandlungserfahrung gesammelt haben, ist es notwendig, sich mit den Grundlagen des Verhandelns vertraut zu machen und eine Vorgehensweise zu entwickeln, die zu Ihnen passt und Ihnen Orientierung und Sicherheit gibt. Ich empfehle Ihnen, die sieben Schritte des folgenden Verhandlungsfahrplans Ihren Rahmenbedingungen und Gegebenheiten anzupassen, den Fahrplan einzuüben und zu trainieren und ihn dann im konkreten Telefonat – und bei der Onlineberatung – einzusetzen. Evaluieren Sie Ihre Erfolge und Fortschritte und passen Sie Ihre Vorgehensweise gegebenenfalls nochmals an.

Verhandlungsfahrplan, Schritt 1: Erst verteidigen, dann verhandeln
Wie beim Thema „Preismanagement" (siehe Kap. „Impuls 26, Preisverteidigung") gilt, dass die Verhandlung immer nur die zweitbeste Lösung ist. An erster Stelle steht die Verteidigung etwa Ihres Angebots oder Preises. Dabei handelt es sich nicht um Wortklauberei: Wenn der Preis zum Beispiel 5000 € beträgt, der Kunde den Einwand „Zu teuer!" bringt und 4000 € zahlen will, ist es denkbar, dass der Kunde und Sie in eine Verhandlung bezüglich jener 1000 € Unterschied einsteigen. Sie kennen das – meistens landen Ihr Gesprächspartner und Sie bei der berühmt-berüchtigten goldenen Mitte.

> Bei der Preisverteidigung verhält es sich anders: Es geht um Ihre 5.000 €, die Sie vehement verteidigen! Sie verteidigen IHREN Preis!

Verhandlungsfahrplan, Schritt 2: Definieren Sie Ihre Verhandlungsziele
Gehen Sie nie ohne eine konkrete Vorstellung darüber in die Verhandlung, was Sie erreichen wollen. Bedenken Sie, dass Sie dabei oft von den Vorgaben und Erwartungen Ihrer Führungskraft abhängig sind. Diese Vorgaben und Erwartungen sollten Sie bei Ihrer Zielformulierung berücksichtigen. Grundsätzlich gibt es diese Optionen (siehe Abb. 1):

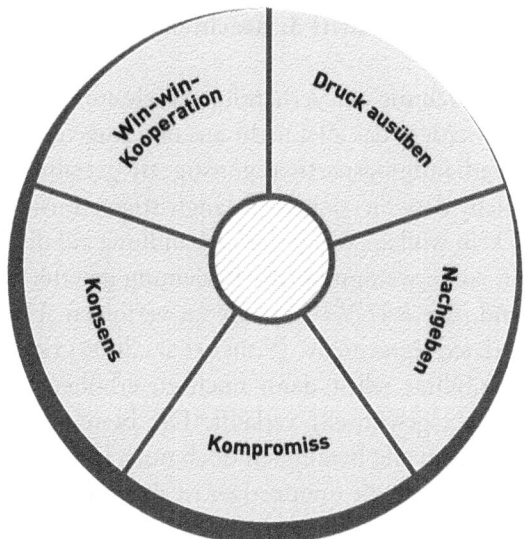

Abb. 1 Verhandlungsstrategien

- Sie können Druck ausüben, weil Sie sich in der stärkeren Position befinden (Gewinner-Verlierer-Strategie).
- Sie werden wohl nachgeben müssen, weil Ihre Position die schwächere ist (Verlierer-Gewinner-Strategie).
- Die Verhandlung läuft auf einen Kompromiss hinaus, bei dem beide Parteien substanziell nachgeben müssen und sich darum eher als Verlierer fühlen (Verlierer-Verlierer-Strategie).
- Ein Konsens ist möglich, wenn sich die Beteiligten eher als Gewinner fühlen. Alle machen Zugeständnisse, setzen aber auch substanzielle Forderungen durch, ohne jedoch die andere Partei zu düpieren (eingeschränkte Gewinner-Gewinner-Strategie).
- Der Königsweg besteht in der Win-win-Kooperation, bei der sich alle als wahre Gewinner fühlen (Gewinner-Gewinner-Strategie).

Wägen Sie mit Hinblick auf Ihre Verhandlungssituation ab, welche Strategie die richtige ist, und leiten Sie daraus Ihre Ziele ab.

Verhandlungsfahrplan, Schritt 3: Beachten Sie die Sach- und die Beziehungsebene

Selbst bei Nichterreichung der Verhandlungsziele auf der Sachebene ist es klug, wenn Sie trotzdem das Ziel nicht aus den Augen verlieren, die Beziehung zum Verhandlungspartner günstig zu gestalten. Denn es ist durchaus möglich, dass Sie sich zum langfristigen Businesspartner des Kunden entwickeln wollen. Wenn die Verhandlung auf der Sachebene zu scheitern droht, sollte wenigstens die Beziehung gerettet werden. Dann ist es zielführend, die *BATNA*-Strategie zu verfolgen. Das „*Best Alternative To Negotiated Agreement*" (Fisher et al., 2004) zielt darauf ab, die Verhandlungsflexibilität selbst dann noch zu erhöhen, wenn die Verhandlung nicht wie gewünscht verläuft. Die beste Alternative ist ein Kompromiss, mit dem alle Beteiligten doch noch leben können. Es handelt sich um eine Lösung, die ungünstiger ist als ein Konsens, jedoch dem Scheitern vorzuziehen ist. Es kommt zwar zu keiner Einigung, aber der Kunde und Sie verständigen sich darauf, im Gespräch zu bleiben oder einen zeitnahen nächsten Termin zu vereinbaren. Wichtig ist: Stellen Sie Ihre Überlegungen zur besten Alternative *vor* der Verhandlung an und legen Sie *vorab* eine Option fest.

Verhandlungsfahrplan, Schritt 4: Definieren Sie Ihre Verhandlungsspielräume

Sprechen Sie mit Ihrer Führungskraft das Maximalziel, das Optimalziel und das Minimalziel ab. Daraus ergeben sich die Spielräume, die Sie in der Verhandlung ausfüllen und nutzen können. Ich empfehle: Machen Sie nie Zugeständnisse, ohne eine Gegenleistung dafür zu erhalten. Wenn Sie Ihrem Verhandlungspartner entgegenkommen, muss auch dieser einen Schritt auf Sie zugehen.

Eine kluge Alternative besteht darin, gleich zu Beginn des Gesprächs eine extreme Position einzunehmen, um im weiteren Verlauf etwas davon abzuweichen. Aber Achtung: Passen Sie auf, dass Ihnen dies nicht als Nachgiebigkeit ausgelegt werden kann. Denken Sie daran, eine Gegenleistung zu verlangen.

Verhandlungsfahrplan, Schritt 5: Legen Sie für sich Prinzipien fest, die Sie auf jeden Fall beachten werden

Es wird Ihren Verhandlungspartner beeindrucken, wenn er merkt, dass Sie über eherne Grundsätze verfügen, an denen Sie sich jederzeit orientieren. Gerade „harten Verhandlungshunden" nötigt eine feste Haltung Respekt ab.

Ein elementarer Grundsatz ist, immer professionell zu agieren und ruhig und sachlich zu bleiben, selbst wenn die Verhandlung aus dem Ufer zu laufen droht und hitzig wird.

> Wenn Sie allzu emotional vorgehen, schwächen Sie Ihre Verhandlungsposition. Der Gesprächspartner erkennt, wie er Sie aus der Fassung bringen kann.

Verhandlungsfahrplan, Schritt 6: Wappnen Sie sich gegen Verhandlungstricks

Rechnen Sie damit, dass die Verhandlungspartner unlautere und sogar unfaire Methoden anwenden. Lassen Sie sich nicht auf das durchschaubare Spiel des Verhandlungspartners ein, verbleiben Sie auf der sachliche Ebene. Wenn dieser Fakten bezweifelt, Sie persönlich angreift oder zermürben will, nutzen Sie die folgenden Sprachmuster:

* „Lassen Sie uns doch auf das gemeinsame Ziel zurückkommen, unser beider Interessen zu wahren und zu verwirklichen. Ich schlage vor, dass wir zusammen ..."
* „In unseren bisherigen Gesprächen ist es uns stets gelungen, Ihrer Vision und Ihren Zielen einen Schritt näherzukommen, und das wird uns auch heute gemeinsam gelingen. Ich schlage daher vor, ..."

Verhandlungsfahrplan, Schritt 7: Bleiben Sie stets souverän

Gewiefte Verhandlungspartner setzen Sie unter zeitlichen Druck oder arbeiten gar mit einem Ultimatum, nach dem Motto: „Mit dem unerfahrenen Innendienstler können wir es ja ruhig mal versuchen!" Überraschen Sie den Gesprächspartner mit einer souveränen Reaktion, mit der er bestimmt nicht rechnet:

- „Es gefällt mir, wenn Sie so auf die zeitliche Tube drücken. Klar, Zeit ist Geld. Damit Sie Geld sparen, will ich nochmals auf die drei für Sie wichtigsten Nutzen unserer Lösung eingehen …"

Übung: Vermeiden Sie bei Ihrer Verhandlungsführung grobe Fehler

Es gibt Stolpersteine, die eine Verhandlung scheitern lassen können. Prüfen Sie die folgenden Tipps und passen Sie sie Ihren Rahmenbedingungen an.

Stolperstein 1: Sie reagieren zu emotional – oder glauben, eine Verhandlung laufe stets auf der Verstandsebene ab.

Tipp: Wenn der Verhandlungspartner angreift, dürfen Sie nicht die Nerven verlieren. Verabschieden Sie sich von dem Irrglauben, es würden immer nur Vernunftgründe ausgetauscht. Finden Sie die richtige ratiomotionale Balance: Reagieren Sie sachlich, gestehen Sie sich aber zugleich zu, dass Sie ein Mensch mit Gefühlen und Emotionen sind.

So vermeide ich diesen Fehler:
Nutzen Sie an dieser Stelle Ihr Strategiebuch für Notizen.

Stolperstein 2: Sie lassen sich einschüchtern und geben zu früh nach

Tipp: Vermeiden Sie es, bereits zu Beginn der Verhandlung nachzugeben und etwa einen Rabatt zu gewähren. Erhalten Sie sich Ihre Verhandlungsflexibilität.

So vermeide ich diesen Fehler:
Nutzen Sie an dieser Stelle Ihr Strategiebuch für Notizen.

Stolperstein 3: Sie gehen zu aggressiv vor

Tipp: Bei aller Verhandlungstaktik: Entscheidend ist, dass Sie das Vertrauen des Kunden nicht verlieren und glaubwürdig bleiben. Reagieren Sie auf Druck nicht mit Gegendruck. Lassen Sie sich nicht zu einer schnellen Entscheidung hinreißen. Versprechen Sie nichts, was Sie nicht einhalten können.

So vermeide ich diesen Fehler:
Nutzen Sie an dieser Stelle Ihr Strategiebuch für Notizen.

Stolperstein 4: Sie fallen auf die Salamitaktik herein

Tipp: Es ist ein beliebter Trick von Verhandlungspartnern, (Ihnen) nach und nach kleinere Zugeständnisse abzuverlangen. Hüten Sie sich davor, auf diese Salamitaktik hereinzufallen. Hören Sie genau zu, um diesen Trick frühzeitig zu erkennen.

So vermeide ich diesen Fehler:
Nutzen Sie an dieser Stelle Ihr Strategiebuch für Notizen.

Stolperstein 5: Sie verbleiben zu unverbindlich und treffen keine klaren Vereinbarungen

Tipp: Achten Sie darauf, dass die Verhandlungsgespräche am Telefon zu klaren Ergebnissen führen. Halten Sie die Ergebnisse fest und bestätigen Sie sie im Nachgang des Telefonats, zum Beispiel mit einer E-Mail.

So vermeide ich diesen Fehler:
Nutzen Sie an dieser Stelle Ihr Strategiebuch für Notizen.

Stolperstein 6: Sie haben Angst vor der Verhandlungsniederlage

Tipp: Stärken Sie Ihre Widerstandskräfte, greifen Sie dabei auf Ihre Resilienzkompetenz zurück: Was macht Sie stark, widerstandsfähig, optimistisch und positiv (zum Beispiel Hobbys, Familie, Natur, Sport)? Identifizieren und nutzen Sie Ihre persönlichen Kraftquellen.

So vermeide ich diesen Fehler:
Nutzen Sie an dieser Stelle Ihr Strategiebuch für Notizen.

Stolperstein 7: Sie verfügen über keine Verhandlungsalternativen

Mein Tipp: Versuchen Sie stets, einen Plan B zu entwickeln. Wer über Optionen verfügt, kann Verhandlungssouveränität und Verhandlungsflexibilität aufbauen.

So vermeide ich diesen Fehler:
Nutzen Sie an dieser Stelle Ihr Strategiebuch für Notizen.

Literatur

Fisher, R., Ury, W., & Patton, B. (2004). *Das Harvard-Konzept*. Campus.
Stempfle, L., & Zartmann, R. (2015). *12 Runden zum Erfolg. Wie Sie hart behandeln, sich durchboxen und gewinnen*. Wiley-VCH.

Impuls 35 – W wie Weiterbildung

Sich mit Eigenengagement und Selbstcoaching zum verkaufsaktiven Innendienstler weiterbilden

>> *Sie erfahren, welchen Beitrag Sie selbst leisten können, um sich zum Inside-Sales-Mitarbeiter zu qualifizieren.*

Wenn ich im Seminar oder Training mit den Teilnehmern die Frage anspreche, was zu tun ist, um die für Inside Sales erforderlichen Kompetenzen aufzubauen, heißt es oft: „Ich bin ja von der Geschäftsleitung und meiner Führungskraft abhängig, welche Weiterbildungs- und Coachingmöglichkeiten mir angeboten werden. Wie soll ich denn da etwas selbst beisteuern? Das geht doch gar nicht." Das stimmt nur bedingt. Denn Sie können tatsächlich selbst sehr viel dazu beitragen, um den Entwicklungssprung zum Inside-Sales-Mitarbeiter zu schaffen. Etwa indem Sie Weiterbildungsmaßnahmen einfordern und darüber hinaus selbst aktiv werden und Lernprozesse eigeninitiativ in Gang setzen.

© Der/die Autor(en), exklusiv lizenziert an Springer Fachmedien Wiesbaden GmbH, **229**
ein Teil von Springer Nature 2024
R. Koschinski, *40 Impulse für den neuen Vertriebsinnendienst*,
https://doi.org/10.1007/978-3-658-44581-2_35

Qualifikationsgespräch führen und Weiterbildungsmaßnahmen einfordern

Wahrscheinlich wissen Sie selbst am besten, welche Kompetenzen Sie noch auf- und auszubauen haben, um den Inside-Sales-Herausforderungen gerecht werden zu können. Scheuen Sie sich nicht, proaktiv mit Ihrer Führungskraft ein entsprechendes Qualifikationsgespräch zu führen. Informieren Sie sich über die wichtigsten Kompetenzen, über die Sie als verkaufsaktiver Innendienstler verfügen sollten (siehe Kap. „Impuls 19, Kompetenzen und Mindset eines Inside-Sales-Mitarbeiters"). Analysieren Sie gemeinsam mit der Führungskraft den jeweiligen Ausprägungsgrad der Kompetenzen. So erhalten Sie Aufschluss über Ihre Kompetenzlücken und können direkt im Qualifikationsgespräch zusammen mit der Führungskraft Maßnahmen festlegen, die Kompetenzlücken zu schließen.

Gewiss hat Ihre Führungskraft Vorstellungen darüber, welche Fähigkeiten Ihnen noch fehlen, um sich zu einem „guten" verkaufsaktiven Inside-Sales-Mitarbeitenden zu entwickeln. Zielführend ist es, im Qualifikationsgespräch einen Konsens zu finden und konkrete Weiterbildungsaktivitäten festzulegen, bei denen Ihre Ambitionen und die Zielsetzungen der Vertriebsabteilung und des Unternehmens gleichermaßen Berücksichtigung finden.

> Entscheidend ist, die Kompetenzanalyse auf ein gesichertes Fundament zu stellen. Eine Stärken-Schwächen-Analyse, bei der eine Fremd- und eine Selbstanalyse einfließen, eine Potenzialanalyse oder eine 360-Grad-Feedback-Analyse geben Sicherheit.

Bei Letzterer erfolgt die Beurteilung anhand ausgewählter Kriterien aus möglichst vielen unterschiedlichen Perspektiven: Der Mitarbeiter selbst, seine Führungskräfte, aber auch und vor allem seine Kollegen und – falls dies möglich ist – Kunden geben ihr Feedback zu den Leistungen einer Person ab. Zudem legen Führungskraft und Mitarbeiter fest, welche Weiterbildungsmaßnahmen geeignet sind. Ob externes Seminar, unternehmensinternes Training, Supervision oder die Begleitung „onthe-job" durch einen Paten, Mentor oder Coach: Die verschiedenen Möglichkeiten werden diskutiert, um schließlich wiederum im Konsens eine Entscheidung zu treffen.

Eigeninitiativ Weiterbildung und Selbstcoaching planen und umsetzen

Erfolgreicher verkaufsaktiver Innendienst beginnt bei Ihnen selbst! Fragen Sie sich, was Sie selbst beisteuern können, um sich zum verkaufsaktiven Innendienstler weiterzuentwickeln. Aus der Sicht des Praktikers gibt es einige bewährte Methoden und Techniken, um einen substanziellen Beitrag zur persönlichen Weiterbildung zu leisten. Die Grundlagen stellen stets die Antworten auf Fragen dar wie etwa: „Was steckt in mir? Was treibt mich an? Welche Dinge und Ziele sind mir wichtig? Was will ich erreichen?" Oder um es auf den Punkt zu bringen:

> „Wer bin ich und wohin will ich mich entwickeln – privat und beruflich?"

Wer diese Fragen für sich geklärt hat, kann in einem nächsten Schritt den Weg festlegen, auf dem sich die Weiterbildungsziele erreichen lassen. Da wären zunächst einmal Rollenspiele, in denen Sie in die Rolle des verkaufsaktiven Innendienstlers schlüpfen. Dabei werden reale Verkaufssituationen nachgestellt, um praktische Erfahrungen sammeln zu können. Ein Rollenspiel kann die Realität zwar nicht hundertprozentig ersetzen, aber es ermöglicht Ihnen immerhin ein annähernd authentisches Erlebnis, sofern es unter professionellen Rahmenbedingungen durchgeführt wird.

Natürlich wäre es zielführend, das Rollenspiel unter Anleitung und Begleitung eines Coachs zu absolvieren, wie überhaupt jedes individuelle One-on-One-Coaching, bei dem die maßgeschneiderte Förderung der spezifischen Stärken des Coachees in den Fokus rückt, besonders sinnvoll ist. Aber es spricht nichts dagegen, wenn Sie sich alternativ mit einigen Kollegen zusammenschließen und selbstinitiierte Rollenspiele durchexerzieren.

Dieser Ansatz lässt sich durch Mentoring unterstützen. Dabei werden Sie von einem oder gleich mehreren erfahrenen Mentoren unterstützt, sich in bestimmten Themenbereichen zu verbessern. Während der eine Mentor Ihnen zum Beispiel hilft, Ihre Techniken zur Einwandbehandlung zu optimieren, nutzen Sie die Erfahrungen des anderen Kollegen, Fortschritte im Bereich der ratiomotionalen Argumentation zu erzielen.

Positive Affirmationen: „Just do it!"

Vielleicht lassen sich die Lernprozesse auf Gruppentrainings erweitern, bei denen mehrere Kollegen mitmachen. Die Teilnehmer erzählen von positiven Kundenerlebnissen und berichten über Best Practices, wobei in der Gruppe besprochen wird, ob und inwiefern sich die Erfahrungen verallgemeinern und in die Inside-Sales-Arbeit der anderen Teilnehme integrieren lassen.

Kleinräumigere, aber trotzdem ergiebige Maßnahmen sind Selbstcoachingaktivitäten wie etwa die „positiven Affirmationen":

> Dabei verdichten Sie einen Motivationsspruch, von dem Sie wissen, dass er bei Ihnen wirkt, auf eine Kernaussage wie „Just do it!" oder „Ich werde jetzt gleich im Telefonat mit dem Kunden mein Bestes geben, um ihn zu begeistern!".

Mit solchen Motivationstipps kann nicht jeder etwas anfangen. Entscheiden Sie selbst, ob positive Affirmationen für Sie ein brauchbares Werkzeug darstellen.

In eine ähnliche Richtung weisen Coachingfragen, die Sie zum Selbstcoaching einsetzen sollten, um den Blickwinkel zu verändern und innovative Ideen zu kreieren. Das Ziel ist, sich etwa vor sehr wichtigen Kundenkontakten mit den folgenden Fragen auseinanderzusetzen, um Motivation aufzubauen oder diese hochzuhalten (hier einige Beispiele):

Coachingfragen für den Ausblick

* „Was will ich heute (nächste Woche/nächsten Monat …) unbedingt erreichen?"
* „Welche Chancen will ich heute (nächste Woche/nächsten Monat …) nutzen?"
* „Auf welche Herausforderung freue ich mich heute (nächste Woche/ nächsten Monat …) ganz besonders?"
* „Wo stehe ich in fünf/zehn Jahren?"
* „Wenn in fünf/zehn Jahren ein Bericht im Internet oder in der Zeitung über mich erscheint: Was soll darin stehen?"

Coachingfragen für den Rückblick

* „Was hat an dem heutigen Tag (in dieser Woche/in diesem Monat …) besonders gut funktioniert? Und warum?"
* „Was hat an dem heutigen Tag (in dieser Woche/in diesem Monat …) überhaupt nicht funktioniert? Und warum?"
* „Was kann und sollte ich verbessern?"
* „Welche Dinge habe ich heute (in dieser Woche/in diesem Monat …) zum ersten Mal ausprobiert und welche Erfahrungen habe ich dabei gemacht?"
* „Was lerne ich daraus für die Zukunft?"

Betten Sie diese Fragen in ein Ritual ein, das Sie (möglichst) jeden Tag wiederholen, zum Beispiel in ein Selbstreflexionsritual, das Sie alternativ als Tagebucheintragungen aufbauen können. Denn Schriftlichkeit gewinnt.

> Schriftlichkeit bietet Ihnen Sicherheit und Orientierung und führt in der Regel zu einem klareren Nachdenken darüber, was Sie wirklich wollen. Zudem entsteht durch Schriftlichkeit Verbindlichkeit. Wer seine Reflexionen schriftlich angeht, entwickelt eine dynamische Umsetzungsenergie.

Das Führen eines Tagebuchs ermöglicht es Ihnen, Ihre Lernerfolge, Herausforderungen, Lernprozesse und Problemstellungen regelmäßig zu reflektieren. Dazu bietet Ihnen die Tab. 1 ein Raster, mit dem Sie nach einem telefonischen Kundenkontakt notieren, welche Verbesserungspotenziale brachliegen. Nutzen Sie zusätzlich Ihr Strategiebuch.

Tab. 1 Mit Selbstreflexion Verbesserungen anstoßen

Selbstreflexion nach verkaufsaktiver Tätigkeit	
Ziele und Vorbereitung	**Mentalzustand und Körpersprache**
• „Welche Ziele habe ich bei der verkaufsaktiven Tätigkeit verfolgt?"	• „Wie habe ich den Kundenkonatkt erlebt?"
• „Wie gut war ich vorbereitet?"	• „Wann und warum fühlte ich mich bei der verkaufsaktiven Tätigkeit sicher und wann unsicher?"
• „Was war gut, was weniger gut?"	• „Was war gut, was weniger gut?"
• „Was lerne ich daraus?"	• „Was lerne ich daraus?"
• „Welche Verbesserungsoptionen nehme ich in Zukunft wahr?"	• „Welche Verbesserungsoptionen gibt es?"
• „Wie nehme ich die Verbesserungsoptionen zukünftig wahr?"	• „Wie nehme ich die Verbesserungsoptionen zukünftig wahr?"
Inhalte und Ergebnisse	**Gesprächsführung und Struktur**
• „Was habe ich wie kommuniziert?"	• „Wie sind der Kontakt und das Gespräch verlaufen?"
• „Welche Ziele konnte ich erreichen?"	• „Welche Gesprächsphasen sind wie abgelaufen?"
• „Wie habe ich die Ziele erreicht?"	• „Welche Werkzeuge habe ich bei der verkaufsaktiven Tätigkeit wie genutzt?"
• „Was war gut, was weniger gut?"	
• „Was lerne ich daraus?"	• „Was lerne ich daraus?"
• „Welche Verbesserungsoptionen nehme ich in Zukunft wahr?"	• „Welche Verbesserungsoptionen gibt es?"
• „Wie nehme ich die Verbesserungsoptionen zukünftig wahr?"	• „Wie nehme ich die Verbesserungsoptionen zukünftig wahr?"

Übung: Erstellen Sie Ihren persönlichen Selbstcoaching-Umsetzungsplan

Lassen Sie Ihre Überlegungen und Ideen zu Ihren Coaching- und Weiterbildungsmaßnahmen in einen möglichst detaillierten Umsetzungsplan einfließen, der wie folgt ausschauen könnte. Nutzen Sie dazu Ihr Strategiebuch.

Mein persönlicher Selbstcoaching-Umsetzungsplan

Der Ist-Zustand:

Der angestrebte Soll-Zustand:

Welche Verbesserungsmaßnahmen setze ich um, um die Lücken zwischen Ist und Soll zu schließen? (Zielformulierungen)

Maßnahmen, die ich einfordern will und muss:	Maßnahmen, die ich selbst durchführen kann:

Wer kann mich bei der Zielerreichung unterstützen?

Impuls 36 – W wie Wortwahl und Rhetorik

Immer den richtigen sprachlichen Zugang zum Kunden finden

》 *Sie erfahren von der Bedeutung Ihrer kommunikativen Kompetenz und erhalten Sprachtipps, mit denen Sie Ihre Gesprächspartner nicht überreden, sondern überzeugen.*

Außendienstmitarbeiter berichten mir von einem ihrer wichtigsten Erfolgsgeheimnisse – sie wissen: Sprache gewinnt! Darum gehört die kommunikative Kompetenz zu den wichtigsten Handwerksinstrumenten. Sie verlassen sich nicht darauf, dass ihnen im richtigen Moment das Richtige einfällt. Vielmehr arbeiten sie mit bewährten Sprachmustern. Auch Innendienstmitarbeiter sollten mit Musterformulierungen arbeiten (siehe Kap. „Impuls 6, Beziehungsmanagement"), ihre Kompetenz im Bereich der Fragetechniken schulen (siehe Kap. „Impuls 12, Fragetechniken") und ihre Gesprächsführung optimieren (siehe Kap. „Impuls 13, Gesprächsführung") – und jedes Wort auf die Goldwaage legen. Um den letzten Aspekt geht es jetzt.

© Der/die Autor(en), exklusiv lizenziert an Springer Fachmedien Wiesbaden GmbH, ein Teil von Springer Nature 2024
R. Koschinski, *40 Impulse für den neuen Vertriebsinnendienst*,
https://doi.org/10.1007/978-3-658-44581-2_36

Jedes Wort kann entscheidend sein!

Es ist zielführend, wenn Sie sich als Inside-Sales-Mitarbeiter mit den Themen „Sprache" und „Rhetorik" beschäftigen, um in jeder Phase des Kundenkontakts die sprachliche Vorstellungswelt des jeweiligen Kundentyps betreten und die richtige Wortwahl treffen zu können. Die folgenden Sprachtipps unterstützen Sie dabei.

Sprachtipp 1: Kurz, treffend, anschaulich und zuhörerorientiert kommunizieren
Der Journalist und Sprachvirtuose Wolf Schneider spricht von drei Grundregeln, die wir in unserer Kommunikation beherzigen sollten (Schneider, 2005). Da wäre zunächst einmal die Aufforderung, sich kurz zu fassen, nichts aufzublähen und nichts in die Breite zu walzen. Verhalten wir uns kommunikativ so, wird uns der Gesprächspartner dankbar sein. Zudem sollten wir anschaulich, lebendig und konkret verbleiben und „es" stets mit Saft und Kraft sagen. Und schließlich gilt: „Liebe Deinen Zuhörer wie Dich selbst!" Wir sollten so sprechen, wie wir selbst angesprochen werden wollen. Vor allem die Beachtung der letzten Regel ist zentral: Kommunizieren Sie mit anderen Menschen so, wie Sie selbst sich wünschen, dass mit Ihnen kommuniziert wird!

> Achten Sie darauf, dass Ihre Kommunikation kurz, treffend, anschaulich und zuhörerorientiert ausgerichtet ist.

Sprachtipp 2: Entwickeln Sie im Kopf Ihres Kunden Werbespots für Ihr Angebot
Dies gelingt, in dem Sie möglichst oft mit Bildern arbeiten, die im Kopf des Gesprächspartners positive Emotionen wecken. Einen Werbespot für Ihre Problemlösung entwickeln Sie, indem Sie dem Kunden gegenüber in hellen und motivierenden Bildern den Zustand darstellen, der eintritt, sobald er Ihre Problemlösung nutzt. Dieser Werbespot, der im Kopfkino Ihres Kunden zur Aufführung gelangt, beschreibt den wünschens- und erstrebenswerten Zielzustand, zu dem Sie ihm verhelfen möchten.

> Laden Sie Ihre Problemlösung und Ihr Angebot mit positiven Gefühlen und Emotionen auf – dann erscheinen Sie in der Wahrnehmung des Kunden als sympathische Person. Immerhin sind Sie der Überbringer der guten Nachricht!

Sie verstärken diesen Sympathie erweckenden Eindruck, indem Sie sich an ein paar einfachen Grundsätzen orientieren:

- *Grundsatz 1: Benutzen Sie die Gegenwartsform – also das Präsens.* Sprechen Sie, als ob Sie live ein großes Sportereignis übertragen und den Zuhörer in das Geschehen hineinziehen wollen.
- *Grundsatz 2: Hauptsatz geht vor Nebensatz.* Nutzen Sie kurze Sätze, vermeiden Sie Bandwurmsätze, in denen sich Nebensatz an Nebensatz reiht und bei denen niemand mehr weiß, womit Sie den Satz begonnen haben – auch Sie selbst nicht. Wolf Schneider empfiehlt, an jeden Nebensatz die Frage zu richten, ob seine Aussage in einem Hauptsatz nicht besser aufgehoben wäre.
- *Grundsatz 3:* Nutzen Sie möglichst Aktivkonstruktionen, vermeiden Sie das Passiv. Nennen Sie aktiv Ross und Reiter, also nicht: „Das Produkt wird pünktlich geliefert", sondern: „Unser Herr Meier aus der Warenauslieferung sorgt für die pünktliche Lieferung!"
- *Grundsatz 4: Überfrachten Sie den Gesprächspartner nicht mit Informationen.* Transportieren Sie möglichst immer nur eine Botschaft pro Satz – jeder Satz ist eine Information. Wenn Sie sich daran halten, verzeiht der Zuhörer dann auch mal einen längeren Satz.
- *Grundsatz 5:* Vermeiden Sie Füllwörter (siehe Kap. „Impuls 17, Ja-Wort des Kunden erhalten"), Worthülsen, Floskeln und nichtssagende Formulierungen ebenso wie Fremdwörter (Fachchinesisch verwirrt), Anglizismen, Wortungetüme (bei denen sich Wort an Wort reiht) und Formulierungen wie „gemachte Erfahrungen".

Sprachtipp 3: Verzichten Sie auf Werbebotschaften
Ob bei der Erstellung einer Website oder eines Flyers oder im direkten Gespräch mit dem Kunden – dieser verzeiht vor allem zwei Dinge nicht: Erstens, wenn Sie ihn langweilen und ihm die Zeit stehlen. Und zwei-

tens, wenn Sie ihm letztendlich nur etwas verkaufen wollen, ohne seinen Nutzen in den Vordergrund zu stellen. Darum gilt: „Content is King!" Verzichten Sie auf oberflächliche Werbebotschaften und stellen Sie – mit Anlehnung an den jeweiligen Kundentyp – ergebnisorientierte Informationen, Inspirationen, Empfehlungen oder handfeste Fakten in den Fokus.

Versuchen Sie, Ihre Information oder Botschaft in eine Story zu verpacken. Harald Kopeter verdeutlicht den Unterschied: „Storytelling hat den Vorteil, dass es eine emotionale Verbindung zu den Menschen herstellt und sie auf eine Reise mitnimmt. Es geht dabei nicht nur um die bloße Übermittlung von Informationen, sondern um die Schaffung von Erlebnissen und Emotionen, die bei den Empfänger:innen hängenbleiben und sie positiv beeinflussen können. Im Gegensatz dazu ist Werbung oft rein funktional und zielt darauf ab, Produkte oder Dienstleistungen direkt zu verkaufen, ohne dabei eine Verbindung zu den Emotionen und Erlebnissen der Kunden herzustellen." (Kopeter, 2023, S. 45)

> Machen Sie deutlich, warum Sie eine Story erzählen („Ich berichte Ihnen jetzt von …, weil …"), bleiben Sie authentisch, indem Sie wahre Begebenheiten einbauen, und fokussieren Sie sich auf das Wesentliche.

Sprachtipp 4: Nutzen Sie hypnotische Sprachmuster
Unter hypnotischen Sprachmustern sind Formulierungen zu verstehen, die sich direkt an das Unterbewusstsein wenden. Sie werden darum zuweilen als manipulativ bezeichnet. Ich plädiere dafür, vor allem die hypnotischen Sprachmuster zu nutzen, mit denen Sie das Gesagte verstärken und Ihren Äußerungen mehr Nachdruck verleihen. Ein Beispiel ist der Einsatz von Wörtern wie „offensichtlich": „Es ist offensichtlich, dass unsere Lösung Ihr Engpassproblem löst, indem/weil …"

Ähnliches gilt für Formulierungen wie „Früher oder später werden Sie zu dem Ergebnis gelangen, dass unser Angebot Ihr Engpassproblem löst, indem/weil …" Die Formulierung setzt voraus, dass Ihre Lösung wirklich geeignet ist, das Kundenproblem zu lösen und dies „nur noch" auch vom Kunden erkannt werden muss. Und „früher oder später" wird dies der Fall sein.

Entscheidend ist, dass Sie in Ihrer Formulierung aufzeigen und belegen, dass Ihre Lösung tatsächlich wirkt. Versäumen Sie dies, wird sie vom Gesprächspartner als manipulativ wahrgenommen.

Sprachtipp 5: Denken Sie im Kopf des Zuhörers
Eine hohe Zuhörerorientierung erreichen Sie, indem Sie die Sprachbrille Ihres jeweiligen Gesprächspartners aufsetzen und sich fragen, was das Gesagte bei ihm auslöst – welche Erwartungen und Beurteilungen, aber auch welche Gefühle und Emotionen. Versuchen Sie, im Kopf Ihres Kunden Begründungsketten zu erzeugen. Dies gelingt mit Wörtern wie „deswegen", „daher", „weil", „wenn" und „deshalb" – konkret:

- „Unsere Engpasslösung bewirkt eine Kostenersparnis von x Prozent. Deswegen ist es möglich, dass Sie Ihre Marktposition stärken und ausbauen. Und wenn Ihnen dies gelingt, dann steht dem Börsengang nichts mehr im Weg, weil …"

So entstehen Ketten von Begründungen, deren Plausibilität gewährleistet ist, wenn Ihre Begründungen Hand und Fuß haben und nachvollziehbar sind.

Grundsätzlich finde ich Verfahren, bei denen der Inside-Sales-Mitarbeiter versucht, die Reaktionen des Gesprächspartners einzuschätzen, zielführender und ethischer als Methoden wie zum Beispiel die Ja-Straße, bei der geschlossene Fragen aneinandergereiht werden, die der Kunde bejahen muss, bevor Sie dann zum Schluss eine Frage anhängen wie: „Dann kann es doch nur richtig sein, zuzustimmen und den Vertag zu unterschreiben." Um es deutlich zu sagen: Techniken wie die manipulative Ja-Straße sind abzulehnen. Was hingegen nicht abzulehnen ist, ist eine Ja-Straße, die mithilfe wirklicher und ernst gemeinter Nutzenfragen, die Ihr Kunde mit einem wirklichen Ja beantwortet, zustande kommt.

> Je mehr wirkliche Jas der Kunde auf wirkliche Nutzenfragen äußert, desto leichter fällt es ihm, auch im Moment der Kaufentscheidung Ja zu sagen – und zwar mit voller Überzeugung, weil Sie ihn überzeugt haben.

Übung: Sprachlich und rhetorisch überzeugend argumentieren

Im Gespräch mit Kunden ist es wichtig, überzeugend zu argumentieren. Dabei spielt die Sprache eine wesentliche Rolle. Steigern Sie mithilfe der Argumentationskette und der Einerseits-andererseits-Technik Ihre sprachliche Überzeugungskraft. Nutzen Sie dabei die genannten fünf Sprachtipps.

Übung 1: Argumentationskette

Einer einleitenden These („Diese Engpasslösung ist die richtige für Sie …") folgen die Argumente 1, 2 und 3, die aufeinander aufbauen, so eine Kette bilden und in einen Appell münden: „Es ist darum richtig, unsere Engpasslösung zu wählen."

Übung 2: Einerseits-andererseits-Technik

- Sie stellen eine Meinung vor, die nicht die Ihre, sondern die des Kunden ist, um sie in einem „Einerseits"-Satz zu begründen. Dann formulieren Sie die eigene Meinung als Gegenbehauptung, tragen mithin ein „Andererseits"-Argument (für Ihre Meinung) vor und ziehen eine Schlussfolgerung. Dazu ein Beispiel:
- *Kundenmeinung aufgreifen*: „Sie sagen, Sie können sich mit der Engpasslösung nicht so recht anfreunden."
- *Bestätigung*: „Einerseits stimme ich Ihnen zu. Immerhin handelt es sich um eine beträchtliche Investition."
- *Andererseits-Argumente*: „Wenn Sie andererseits jetzt nicht das Steuer herumreißen und in den Maschinenpark investieren, wird dies mittel- und langfristig die folgenden Konsequenzen haben: … <*Mit Zahlen belegen*> Sie sehen, dass Sie das noch teurer zu stehen kommt!"
- *Schlussfolgerung*: „Vielleicht überzeugen Sie diese Argumente doch noch von der Notwendigkeit und Sinnhaftigkeit unserer Engpasslösung."

Literatur

Kopeter, H. (2023). *Was du nicht verkaufst, verkaufen die anderen. 151 Storys für deinen Erfolg im Business*. Gabal.

Schneider, W. (2005). *Deutsch für Kenner. Die neue Stilkunde* (12. Aufl.). Piper.

Impuls 37 – X wie X-Faktor für Kundenbegeisterung

Mit Wow-Aktivitäten nachhaltige Kundenbegeisterung auslösen

>> *X ist der Faktor, der beim Kunden nicht nur zu Zufriedenheit, sondern zu langlebiger Begeisterung führt. Sie lernen zehn kreative Wege kennen, mit denen Sie den X-Faktor auslösen.*

Wahrscheinlich kennen Sie die US-amerikanische Mystery-Fernsehserie „X-Factor: Das Unfassbare". In diesem Impuls geht es allerdings nicht um das Mysterium der unfassbaren und kaum zu erklärenden Kundenbegeisterung, sondern um umsetzbare Aktivitäten, mit denen Sie im Inside Sales den Entwicklungssprung von klassischer Kundenzufriedenheit zu außergewöhnlicher Kundenbegeisterung schaffen. In Impuls 1 (siehe Kap. „Impuls 1, After Sales") ist die Rede von Basis-, Leistungs- und Begeisterungsanforderungen. Während der Kunde voraussetzt, dass Sie seine Basis- und Leistungsanforderungen erfüllen, kann es Ihnen mithilfe der Begeisterungsanforderungen gelingen, ihn in Erstaunen zu versetzen, zu euphorisieren und rational und emotional derart mitzureißen, dass eine nachhaltige Kundenbindung entsteht. Entscheidend ist, die Aktivitäten ratiomotional auszugestalten und strikt auf den Kundentyp zu beziehen

R. Koschinski, *40 Impulse für den neuen Vertriebsinnendienst*, https://doi.org/10.1007/978-3-658-44581-2_37

(siehe dazu Kap. „Impuls 20, Kundenmanagement und Kundentypen"
und „Impuls 33, Verhaltensweisen im direkten Kundenkontakt").

Viele der in diesem Buch beschriebenen Impulse tragen zur Kundenbegeisterung bei. Im Folgenden geht es um frische und oft auch ungewöhnliche Aktivitäten, mit denen Ihre Kunden kaum rechnen können.

Der Primat der Emotionen

Begeisterung entsteht, wenn der Kunde seine Erwartungen durch den er-
haltenen Nutzen übertroffen sieht, und zwar bei Weitem. Natürlich ist
dies ein höchst subjektiver Prozess, denn einen Kunden mit einer niedri-
gen Erwartungshaltung werden Sie eher in Begeisterung versetzen können als einen Kunden mit hohen, eventuell sogar übertrieben hohen Erwartungen. Weil wir emotionale Wesen sind, ist die zentrale Voraussetzung für nachhaltige Kundenbegeisterung der emotionale Aspekt:
Wenn es Ihnen gelingt, im Telefongespräch, bei der Beratung von PC zu
PC oder in der schriftlichen Kommunikation den Kunden an seinen
emotionalen Wurzeln zu packen, ist die Wahrscheinlichkeit groß, dass Sie
bei ihm Begeisterungstornados entfachen. Meiner – wiederum subjektiven – Einschätzung nach ist dies mit den folgenden Aktivitäten möglich.

Wow-Aktivität 1: Alle Sinne ansprechen
Am Telefon sind Sie vor allem auf den auditiven Sinn angewiesen. Lassen
Sie sich etwas Besonderes einfallen, um sich von der Konkurrenz abzuheben. Sie müssen dem Kunden ja nicht gleich Ihr Angebot vorsingen.
Trainieren Sie aber Ihre Stimme, denn mit einer angenehmen Stimme erwecken Sie eher Sympathie als mit einer unangenehmen. In Kap. „Impuls 38, Yoga am Arbeitsplatz", finden Sie eine entsprechende Übung,
um Ihre Stimme zu einem Sympathieträger zu entwickeln.

Falls Sie mit der Video- und Onlineberatung arbeiten, lassen sich visuelle und haptische Highlights integrieren. Das zeigt ein Beispiel aus dem
Versicherungsbereich: Sie machen Ihr Produkt oder Ihre Dienstleistungen
„begreif-bar", indem Sie dem Kunden am Bildschirm einen Zollstock
zeigen. Oder Sie bitten ihn, einen Zollstock zu holen. Dann sagen Sie:
„Schauen Sie sich die 85 (Zentimeter) an, das ist unsere durchschnitt-

liche Lebenserwartung. Sie sind jetzt 44 Jahre alt. Das heißt, Ihnen bleiben noch ungefähr 20 Jahre, um sich um den Aufbau Ihrer Altersvorsorge zu kümmern, die dann für knapp 20 Jahre reichen muss."

Das visualisierende Prinzip lässt sich auf die „Lebenserwartung" etwa
der Maschine übertragen, um die es in Ihrem B2B-Kundenkontakt geht.
Sicherlich: Die „sinnliche" Ansprache am Telefon ist eine Herausforderung. Trotzdem:

> **Überlegen Sie stets, wie Sie im Gespräch möglichst viele Kundensinne trig
> gern können.**

Wow-Aktivität 2: Schicken Sie dem Kunden ein Foto
Verstärken Sie wo immer möglich die emotionale und persönliche Beziehung. Senden Sie dem Kunden während des Telefonats per E-Mail
oder WhatsApp ein Foto zu, das Sie zeigt. Diese Aktivität ist insbesondere
bei Akquisitionsgesprächen sinnvoll, aber auch bei Bestands- oder
Stammkunden, zu denen Sie die Beziehung „von Mensch zu Mensch"
stärken wollen. Vielleicht lässt sich über das Foto ein Bezug zum Thema
herstellen: Sie sind Verkäufer von Industrierobotern – auf dem Foto sind
Sie gemeinsam mit „Freund Roboter" zu sehen.

**Wow-Aktivität 3: Tun Sie mehr als üblich und erweisen Sie sich als
uneigennütziger Ratgeber**
Gibt es etwas, was Sie für den Kunden tun oder erledigen können, was
normalerweise nicht zu Ihren Aufgaben als Verkäufer zählt? Dann tun Sie
es! Sie wissen, dass der Kunde in den Urlaub fliegt? Wünschen Sie per
E-Mail gute Erholung. Oder Sie wissen, dass der Filius im Abitur steht?
Wünschen Sie viel Erfolg. Prüfen Sie zudem, ob und inwiefern Sie dem
Kunden in beruflicher oder auch in privater Hinsicht einen Rat oder Tipp
geben können – von dem Sie selbst nichts haben, also nicht profitieren.

Wow-Aktivität 4: Verknüpfen Sie Souveränität mit Humor
Die meisten Kunden wollen kompetent beraten, aber zugleich unterhalten werden. Es sollte Spaß und Freude bereiten, sich mit Ihnen zu
unterhalten. Als Fachmann oder Fachfrau wissen Sie über Ihr Produkte,

Ihre Dienstleistungen und Ihre Angebote genau Bescheid. Zudem können Sie hundertprozentig einschätzen, mit wem Sie es auf Kundenseite zu tun haben – Sie agieren souverän. Und darum sind Sie in der Lage, virtuos mit Ihrem Gesprächs- und Verhandlungsgegenstand umzugehen und den Dialog mit dem Kunden mit einer Portion Humor und Schlagfertigkeit zu würzen. Versuchen Sie, spielerisch und leichtfüßig in die Kundengespräche zu gehen.

Wow-Aktivität 5: Schenken Sie dem Kunden Ihre Zeit

In unserer schnelllebigen Zeit ist eben jene Zeit das vielleicht wertvollste Gut und Kapital, das Sie zu geben und zu verschenken haben. Lassen Sie Ihren Kunden spüren, dass er für Sie während des Gesprächs der wichtigste Mensch auf der Welt ist. Nehmen Sie sich Zeit für ein intensives Gespräch. Dies gelingt mithilfe einer zielorientierten Vorbereitung und einer exzellenten Planung. Der Kunde soll merken, dass Sie sich Zeit nehmen, um sein Problem zu lösen und ihm einen größtmöglichen Nutzen zu stiften.

Wow-Aktivität 6: Laufen Sie in Krisenzeiten zur Höchstform auf

Wenn das Gespräch und das Geschäft mit dem Kunden gut läuft und es keine Probleme gibt, ist es leicht, ein hervorragender Inside-Sales-Mitarbeiter zu sein. Die große Herausforderung ist die Krisenzeit, wenn es also nicht gut läuft und Probleme gibt, etwa bei Reklamationen und Beschwerden (siehe Kap. „Impuls 28, Reklamationsbehandlung"). Sie lösen Kundenbegeisterung aus, wenn Sie *jetzt* zur Höchstform auflaufen und Ihre Kompetenzen, Ihren Charme, Ihre Persönlichkeit und Ihren Willen, den Kunden bedingungslos in den Mittelpunkt Ihres Denkens und Handelns zu rücken, zur Entfaltung kommen lassen.

Wow-Aktivität 7: Bedenken Sie stets die Folgen Ihres Handelns

Nehmen Sie stets die Perspektive des Kunden ein und fragen Sie sich, wie *er* die Dinge sehen und interpretieren wird. Sie können einen zugesagten Rückruf nicht einhalten? Der Kunde wird Sie als unseriösen Zeitgenossen schelten, der es nur auf sein Geld abgesehen hat. Sie machen andere für Fehler verantwortlich? Der Kunde wird das Vertrauen in Sie verlieren und Sie als unzuverlässigen Kantonisten sehen. Sie stehen sofort parat, wenn es um den Abschluss und Auftrag geht – lassen sich jedoch Zeit, wenn es „nur" um die Beantwortung einer Kundenfrage geht? Der Kunde wird die Überzeugung gewinnen, Sie engagierten sich nur, wenn ein Auftrag winkt. Darum: Prüfen Sie immer, welche Reaktionen Ihr Verhalten auf Kundenseite auslöst – und entscheiden Sie dann, ob Sie nicht besser ein anderes Verhalten an den Tag legen sollten.

Wow-Aktivität 8: Seien Sie ehrlich, wahrhaftig und glaubwürdig
Reden und schreiben Sie nicht um den heißen Brei herum, reden und schreiben Sie Klartext, zeigen Sie klare und ehrliche Kante. Bringen Sie Ihre Kernbotschaften stets auf den eindeutigen Punkt. So unterscheiden Sie sich meiner Erfahrung nach bereits von einem Großteil der Verkäufer, nicht nur im Innen-, auch im Außendienst. Überprüfen Sie jede Ihrer Äußerungen und jeden Ihrer Sätze daraufhin, ob sie ehrlich, wahrhaftig und glaubwürdig sind.

Wow-Aktivität 9: Namen nennen
Ehemals eine Selbstverständlichkeit, scheint dieser einfache Tipp heutzutage in Vergessenheit zu geraten – vielleicht, weil er eine Selbstverständlichkeit ist: Sprechen Sie den Kunden mit dem Wort an, das wahrscheinlich zu seinen Lieblingswörtern zählt – mit seinem Namen! Das ist oft eine kleine Geste mit enormer Wirkung. Lassen Sie den Namen des Kunden immer wieder in das Gespräch einfließen; das gilt mit Einschränkung auch für den Namen des Unternehmens, das er vertritt.

Wow-Aktivität 10: Stellen Sie die Wachstumsfrage
Der Kundenkontakt oder das Telefonat ist eigentlich abgeschlossen, die Gesprächsziele sind erreicht. Gehen Sie jetzt die Extrameile und stellen Sie eine kundenwachstumsorientierte Frage, etwa: „Gibt es noch etwas, was ich für Sie und das Wachstum Ihres Unternehmens tun kann?" Oder: „Angenommen, Sie hätten jetzt einen Wunsch frei: Was wäre das für ein Wunsch?"

> **Zeigen Sie dem Kunden, dass Sie sich über das eigentliche Gesprächsanliegen hinaus für ihn, seine Problemlösungen und seinen Nutzen einsetzen wollen und werden!**

Übung: Optimieren Sie Ihre Kompetenz, den X-Faktor der Kundenbegeisterung zu erzeugen

Sie lösen den X-Faktor aus, wenn Sie möglichst viele Wow-Aktivitäten ein- und umsetzen. Überprüfen Sie, ob es Verbesserungspotenziale gibt. Nutzen Sie Tab. 1 und Ihr Strategiebuch.

Tab. 1 Wow-Aktivitäten umsetzen

Wow-Aktivität	Bisheriges Verhalten	Zukünftiges Verhalten
Alle Sinne ansprechen		
Etwas Besonderes bieten (Foto zusenden)		
Mehr als das Übliche tun, Ratgeber sein		
Souveränität mit Humor verknüpfen		
Zeit schenken		
In Krisenzeiten zur Höchstform auflaufen		
Folgen des Handelns bedenken		
Ehrlich, wahrhaftig und glaubwürdig sein		
Namen nennen		
Wachstumsfrage stellen		

Impuls 38 – Y wie Yoga am Arbeitsplatz

Mit Gesundheitsmanagement Geist und Körper fit halten

》 *Sie erfahren, wie Sie sich durch einfache, aber folgenreiche Übungen fit halten und sich optimal auf den nächsten – vielleicht stressigen – Kundenkontakt vorbereiten.*

Dass Sie genügend Pausen einlegen und sich gegen Unter- und Überforderung schützen können, liegt naturgemäß nicht allein in Ihrer Verantwortung. Auch wenn es um Burnoutprophylaxe und Anti-Stress-Trainings sowie die Möglichkeit geht, eine gewünschte Work-Life-Balance herzustellen, sind Sie auf entsprechende Initiativen Ihres Arbeitgebers angewiesen. Falls es in Ihrem Unternehmen diesbezüglich eher schlecht bestellt ist, sollten Sie das Gespräch mit Ihrem Vertriebsleiter oder einer anderen zuständigen Führungskraft suchen und Ihren Anspruch geltend machen.

> Immerhin ist es Ihr Wunsch und auch Ihr Angebot an den Arbeitgeber, stets voll und ganz bei der Sache zu sein und sich auf den erfolgreichen Verlauf des nächsten Kundenkontakts und Kundengesprächs zu fokussieren.

R. Koschinski, *40 Impulse für den neuen Vertriebsinnendienst*, https://doi.org/10.1007/978-3-658-44581-2_38

Darum sollte Ihr Arbeitgeber alles tun, um Ihnen diese Konzentration auf Ihre wesentlichen Aufgaben zu ermöglichen. Aber selbstverständlich können auch Sie selbst etwas tun, sich fit zu halten und fit zu machen für das nächste Kundentelefonat.

Fit am Schreibtisch – für den Schreibtisch

Als Inside-Sales-Mitarbeiter verbringen Sie einen Großteil Ihres Arbeitstages am Schreibtisch. Darum sollten Sie zum Beispiel etwas für Ihren Rücken tun und dafür Sorge tragen, dass die sitzende Tätigkeit keine bleibenden Schäden verursacht. Sie kennen die Schwachstellen Ihres Körpers am besten: Suchen Sie sich die Übungen heraus, die für Ihre Schwachstellen genau die richtigen sind.

Bleiben wir beim Rücken: Die Wahrscheinlichkeit, dass Sie mit Rückenproblemen zu kämpfen haben – oder in Zukunft zu kämpfen haben werden –, ist angesichts Ihrer sitzenden Tätigkeit relativ groß. Im Internet finden Sie eine Vielzahl an Übungen, die Sie bequem in Ihren Arbeitsalltag integrieren und zum Beispiel in einer kleinen Pause – oder auch während Ihrer Arbeitszeit – am Schreibtisch durchführen können. Ich denke an Übungen wie den Rückendehner, den Muskeldrücker oder den Brustdehner oder Kopfdreher. Zur Verdeutlichung ein konkretes Beispiel – der Rückendehner (Kuntze, 2018, leicht abgeändert):

- „Setzen Sie sich auf Ihrem Bürostuhl gerade hin und lehnen Sie Ihren Rücken an die Lehne an. Strecken Sie Ihre Arme nach vorne aus. Atmen Sie tief ein und strecken dann die Arme senkrecht nach oben bis nach hinten ganz durch. Bleiben Sie in dieser Position einige Atemzüge und atmen anschließend bei senkenden Armen tief aus. Entspannen Sie einige Minuten lang und wiederholen Sie die Übung fünf Mal."

Eine Alternative besteht in dieser Übungseinheit: Setzen Sie sich aufrecht auf den Stuhl und halten Sie die Lehne mit beiden Händen fest. Nun bewegen oder drehen Sie Ihren Oberkörper langsam nach rechts und dann nach links. Lassen Sie den Blick dabei folgen. Halten Sie jede Seite 15 bis 20 s lang.

Übrigens: Die Krankenkassen bieten auf ihren Internetseiten zahlreiche Übungen, mit denen Sie sich während der Bürozeit fit halten können. Das gilt auch für die Augenfitness: Neben der optimalen Abstimmung von PC-Bildschirm und Sitzposition ist zu empfehlen, abwechselnd auf nahe gelegene und entfernte Objekte zu blicken. Das trägt zur Entspannung der Augenmuskulatur bei. Blinzeln Sie zudem mehrmals, um die Augen regelmäßig zu befeuchten.

„Sprich, damit ich dich sehe"

Als Innendienstmitarbeiter sind Sie ein kommunikativer „Maulwerker" und überzeugen (auch) mit Ihrer Stimme. Immerhin erzeugt Stimme Stimmung. Daher ist es notwendig, sich stimmlich fit zu halten. Gerade wenn Sie eine eher quakende und schrille Stimme haben, die dem Gesprächspartner vor allem zu Ohrenschmerzen verhilft, liegt nichts näher, als die Stimme zu trainieren. „Sprich, damit ich dich sehe" – das soll Sokrates gesagt haben. Mit Ihrer Stimme transportieren Sie nicht nur Kompetenz und Fachwissen, sondern überdies Ihre Persönlichkeit. Letztendlich ist die Stimme ein zentraler Sympathieerzeuger und Sympathieträger. Die folgende Übung unterstützt Sie dabei:

* Lesen Sie aus Ihrem Lieblingsbuch eine Stelle laut vor: ungefähr eine halbe Seite, und dann deutlich, langsam und klar artikulierend.
* Wiederholen Sie das Ganze mit einem Korken (!) im Mund. Nehmen Sie ihn heraus und lesen Sie den Text nochmals. Ich bin sicher: Ihre Aussprache wird deutlicher.
* Variieren Sie dabei das Sprechtempo, die Lautstärke und die Stimmlage (hoch, mittel, tief).
* Kommen Sie nun in die sogenannte Indifferenzlage, in der unsere Stimme angenehm und resonanzreich wirkt und in den Ohren des Kunden sympathisch klingt. Brummeln Sie dazu aus der Tiefe Ihres Bauches einen Ton des Wohlbehagens, etwa ein „Mmmhh", das Sie ab sofort vor jedem wichtigen Gespräch gegen Ihre Lippen summen sollten.

Zentral ist Ihre Atemtechnik. Atmen Sie langsam und sehr tief ein und aus – so sorgen Sie dafür, dass sich der Kohlendioxydgehalt im Blut nicht erhöht und die Sauerstoffzufuhr ins Gehirn nicht sinkt. So fördern Sie Ihre Konzentrationsfähigkeit. Setzen Sie sich vor einem wichtigen Telefonat in Ruhe hin, schließen Sie die Augen und nehmen Sie Ihren Atem konzentriert wahr. Atmen Sie tief in den Bauch hinein und halten kurz die Luft an, um langsam auszuatmen.

Erden Sie sich

Die Sicherheit und die Stabilität, die Sie durch eine geerdete Körperhaltung gewinnen, übertragen sich beim Telefonieren auf Ihre Stimme. Der Kunde „hört" Ihre Sicherheit. Für eine geerdete Position sorgen Sie, indem Sie mit beiden Füßen fest auf dem Boden stehen und aus dieser Haltung heraus telefonieren. Das setzt voraus, im Stehen zu telefonieren. Aber selbst im Sitzen ist es möglich, die Füße fest auf den Boden zu stemmen.

> Nehmen Sie einen doppelten festen Standpunkt ein: Sie sind überzeugt von Ihrem Angebot und sich selbst. Und Sie stehen oder sitzen beim Telefonat äußerst selbstsicher.

Pausen sinnvoll füllen

Prüfen Sie, wie Sie Ihre Pausen im Büro so gestalten können, dass Sie sich nicht nur erholen, sondern zudem neue Energien aufbauen. Machen Sie es sich so einfach wie möglich und analysieren Sie, inwiefern Sie Ihre Gewohnheiten und Ihren Berufsalltag nutzen können, um etwas für Ihre geistige und körperliche Gesundheit zu tun. Wenn Sie gern spazieren gehen und sich mit Freude an der frischen Luft aufhalten, spricht vieles dafür, in der Pause einen kleinen Spaziergang zu unternehmen und frische Luft zu atmen. Falls möglich, nutzen Sie beim Weg nach draußen die Treppe und verschmähen den Aufzug. Vielleicht können Sie zur Arbeit mit dem Fahrrad fahren und Auto oder Bahn links liegen lassen.

> Folgen Sie Ihren Vorlieben und nutzen Sie Entspannungstechniken, Meditation, Bewegung oder Musik, um während der Pause die Energieakkus aufzuladen.

Ein wenig Entschleunigung schadet nicht. Analysieren Sie, welche Dinge des täglichen Lebens jene Energieaufladung verhindern. Ich liege wahrscheinlich nicht vollkommen falsch, wenn ich die sozialen Medien und den unangemessenen Umgang mit ihnen als einen der gefräßigsten Energieräuber identifiziere. Viele Menschen beschäftigen sich während der Pause mit Facebook, X und Co. und versäumen es, neue Konzentrationsreservoire zu erschließen. Wie schaut es bei Ihnen aus? Gibt es Optimierungspotenziale? Wichtig ist, die neuen Medien zu beherrschen – und sich nicht von ihnen beherrschen zu lassen, insbesondere vom Smartphone, das oft genug die Konzentrationsfähigkeit geradezu zerstört. Manchmal ist das Abschalten besser als das Anschalten.

Übung: Bauen Sie Stretchingübungen in Ihren Arbeitsalltag ein

In dem von mir entwickelten Entwicklungsprogramm „Body & Mind Training", das darauf rekurriert, sowohl den Geist als auch den Körper fit zu halten, gibt es eine Stretchingübung, die sich von Innendienstlern besonders leicht in den Arbeitsalltag einbauen lässt:

- Dehnen Sie sich Ihrem Trainingsziel entsprechend: sanftes Dehnen für Entspannung und Wohlempfinden, intensives Dehnen zur Verbesserung der Gelenkbeweglichkeit und Muskelkraft sowie von sportspezifischen Bewegungen.
- Das sanfte Dehnen empfiehlt sich vor wichtigen Akquisitionskontakten.
- Achten Sie bei Muskeln, die am Becken ansetzen oder über dieses ziehen, auf die korrekte Beckenposition: kippen oder aufrichten.
- Konzentrieren Sie sich auf den gedehnten Muskel und entspannen Sie diesen dann wieder.
- Betonen Sie die Ausatmung und die Atempause, um die muskuläre Entspannung zu fördern.
- Halten Sie beim Dehnvorgang die eingenommene Position ungefähr 20 s lang und wiederholen Sie den Durchgang ein- bis zweimal.

Literatur

Kuntze, E. (2018). Bürogymnastik. 5 Rückenübungen fürs Büro. www.wellnow.de/ratgeber/rueckenuebungen-fuers-buero. Zugegriffen am 01.12.2023.

Impuls 39 – Z wie Zeitmanagement
Die richtigen Dinge richtig tun

❯❯ *Sie lernen elementare Methoden des Zeitmanagements kennen, die Sie dabei unterstützen, die Aufgaben und Herausforderungen im Inside Sales effizient und effektiv zugleich zu bewältigen.*

Lassen Sie uns keine Zeit verschwenden und uns gleich in medias res gehen!

Effizienz und Effektivität anstreben

Nach meiner Erfahrung verfügen Inside-Sales-Mitarbeiter häufig über eine durchdachte Zukunftsplanung. Allerdings: In der Umsetzung scheitern sie ebenso häufig daran, dass sie sich verzetteln oder vor lauter Perfektionismusdrang nicht „aus dem Quark" kommen. Sie handeln weder effizient noch effektiv, sind also weder in der Lage, die Dinge rich-

© Der/die Autor(en), exklusiv lizenziert an Springer Fachmedien Wiesbaden GmbH, ein Teil von Springer Nature 2024
R. Koschinski, *40 Impulse für den neuen Vertriebsinnendienst*,
https://doi.org/10.1007/978-3-658-44581-2_39

tig zu tun (Effizienz), noch die richtigen Dinge zu tun (Effektivität). Und das ist ein Problem angesichts der Herausforderung, dass sich die vielfältigen Aufgaben im arbeitsintensiven Inside Sales nur stemmen lassen, wenn es gelingt, die richtigen Dinge richtig zu tun. Die folgenden Hinweise unterstützen Sie dabei.

Agieren Sie Ihrem (zeitlichen) Persönlichkeitstyp gemäß
Weil Zeitmanagement nur funktioniert, wenn die eingesetzten Techniken und Methoden zu Ihrem Persönlichkeitstyp passen, ist es erforderlich, in die Selbstreflexion zu gehen:

- Sie gehören zu den Innendienstmitarbeitern, die als dominante und aufgabenorientierte Menschen gern nach vorn stürmen, Aufgaben und Befugnisse an sich reißen und sich den Arbeitstag mit einer enormen Anzahl an Tätigkeiten zukleistern, sodass es kaum gelingen kann, all dies zu schaffen. Andererseits können Ihnen die Dinge nicht schnell genug gehen. Es gelingt Ihnen zwar, die Aufgabenliste abzuarbeiten, es mangelt jedoch zuweilen an der erforderlichen Qualität, weil alles (zu) rasch gehen muss.

  Falls Sie sich in dieser Beschreibung wiedererkennen, lautet mein Tipp: Priorisieren Sie Ihre Aufgaben (siehe Kap. „Impuls 25 – P wie Planungs- und Organisationsmanagement") und konzentrieren Sie sich darauf, einige wenige Aktivitäten zu erledigen – aber in einer Topqualität.
- Sie zählen zu den Zeitgenossen, die gern und mit vielen Menschen reden, äußerst kommunikativ sind und oft ein Schwätzchen halten, um eine positive Beziehung zum Kunden aufzubauen. Dabei lassen Sie sich oft von Ihren Gefühlen und Emotionen leiten. Mit Hektik und Zeitstress können Sie recht gut umgehen, weil Sie es gewohnt sind, „an mehreren Fronten zu tun zu haben" und mehrere Dinge gleichzeitig zu erledigen. Wiederum gilt: Manchmal leidet die Qualität darunter.

  Mein Tipp ist: Gehen Sie etwas zielorientierter und strukturierter vor, um Ihre Zeit besser zu nutzen. Gewöhnen Sie sich an, nicht zu viele Aufgaben gleichzeitig bearbeiten zu wollen.
- Sie tendieren dazu, Ihre Aufgabenerledigung übergründlich und allzu penibel zu planen und durchzuführen. Der Umfang Ihrer Gesprächsleitfäden ist in Ihrer Abteilung legendär und besitzt

Kultstatus. Sie bereiten die Folien, die Sie bei der Videoberatung einsetzen, dezidiert vor. Sie legen jeden Satz Ihrer E-Mails drei-, viermal auf die Goldwaage – und kommen vor lauter Übergenauigkeit und Perfektionismus zu keinem Ende.

Falls Sie sich in dieser Beschreibung wiedererkennen: Vermeiden Sie Perfektionismus und Pedanterie. Manchmal ist es besser, unperfekt zu starten, als in perfekter Schönheit zu sterben.

Bekämpfen Sie Aufschieberitis

Einer der größten Feinde eines effektiven Zeitmanagements ist die Aufschieberitis – oder auch Prokrastination –, also die schlechte Angewohnheit, Dinge bis auf den Sankt Nimmerleinstag zu verschieben. Während ich diese Zeilen schreibe, begeistert der tragikomische Roman „Kleine Probleme" von Nele Pollatschek die Literaturliebhaber. Im Mittelpunkt steht der 49-jährige Lars, dessen bestimmendes Bewältigungsmuster im Umgang mit Aufgaben und Herausforderungen darin besteht, sie ständig zu verschieben (Pollatschek, 2023). Damit Sie Ihre Tendenz zur belastenden Aufschieberitis bekämpfen können, ist die Analyse, zu welchem Zeitmanagementtyp Sie gehören, hilfreich. Ich möchte an dieser Stelle einen Schritt weitergehen und Sie bitten, im Detail festzustellen, zu welchem Aufschieberitis-Typ Sie sich zählen sollten:

- Wenn Sie zu hohe Ansprüche an sich und andere stellen, gehören Sie zu den Perfektionisten, die sich hoffnungslos verzetteln.
- Bleibt bei Ihnen Wichtiges liegen? Ertrinken Sie im Chaos? Dann gehören Sie mit einiger Wahrscheinlichkeit zu dem Aufschieberitis-Typ der „Unorganisierten".
- Quält Sie die Angst vor dem Beginnen und Handeln? Müssen Sie die Dinge erst 100-prozentig durchdenken, bevor Sie handeln? Dann dürfen Sie sich zu den entscheidungsschwachen Analytikern zählen.
- Zudem gibt es die allzu kreativen Zeitgenossen, die vor guten Ideen übersprudeln und dabei vergessen, in die Umsetzung zu gelangen. Wie schaut das bei Ihnen aus?
- Weitere Aufschieberitis-Typen sind der Ja-Sager, der logischerweise nicht „Nein" sagen kann und vor lauter Überbelastung in Arbeit ertrinkt, und der Pedant, der meint, nur er allein könne eine Aufgabe sachgerecht lösen.

Wenn Sie prüfen, zu welchem Aufschieberitis-Typ Sie gehören, können Sie nach der Diagnose die Therapie einleiten und sich von hemmenden Überzeugungssätzen lösen: Der Perfektionist etwa versucht nun, sich von seiner blockierenden Haltung zu verabschieden und „fünfe auch mal gerade sein zu lassen", während sich der entschlussschwache Analytiker vornimmt, ab sofort rasch(er) ins Handeln zu kommen. Der Unorganisierte räumt endlich den Schreibtisch auf und erstellt eine terminierte To-do-Liste, der Ja-Sager übt das Nein-Sagen.

Beachten Sie das Tue-es-gleich-Prinzip
In vielen Fällen ist es hilfreich, das „Tue-es-gleich"-Prinzip anzuwenden. Das gilt insbesondere für überschaubare und daher in wenigen Minuten zu erledigende Aufgaben, die sich, werden sie immer wieder aufgeschoben, zu einem beachtlichen Arbeitsberg auftürmen. Dabei hilft die Umsetzung dieser Tipps:

- Tipp 1: Gehen Sie alle Aufgaben, die weniger als zehn Minuten in Anspruch nehmen, direkt an.
- Tipp 2: Verdeutlichen Sie sich regelmäßig die Vorteile des Prinzips – so sparen Sie Zeit; die Gefahr, etwas zu vergessen, weil Sie es auf „irgendwann" verschieben, sinkt. Zudem befreien Sie sich von der gedanklichen Blockade, die entsteht, wenn Sie sich andauernd daran erinnern müssen, doch noch den wichtigen Brief des Großeinkäufers zu beantworten, den Vertriebsleiter zu informieren und mit der Kollegin das Vorbereitungsgespräch für morgen zu führen.
- Tipp 3: Umfangreichere Aufgaben zergliedern Sie in Teilschritte (Salami-Methode).
- Tipp 4: Das Pareto-Prinzip wird auch in Kap. „Impuls 25 – P wie Planungs- und Organisationsmanagement" beschrieben – nach der 80:20-Regel ist ein Fünftel der richtig eingesetzten Zeit und Kraft für vier Fünftel der Ergebnisse verantwortlich. Analysieren Sie Ihre „Ergebnisverursacher" – also jene 20 % Ihrer Zeit, mit denen Sie vier Fünftel Ihrer Ergebnisse erzielen.
- Tipp 5: Achten Sie darauf, die Dinge stets effektiv und effizient zugleich zu erledigen.

- Tipp 6: Richten Sie eine stille Stunde ein, in der Sie unangenehme Aufgaben als notwendig definieren, bündeln und jeden Tag zu einem festgelegten Zeitpunkt bearbeiten.
- Tipp 7: Arbeiten Sie mit Checklisten – dort notieren Sie wichtige Aufgaben und den Zeitpunkt, bis wann Sie sie erledigen wollen.

> **Entscheidend ist: Entwickelt Sie eine individuelle und auf Ihren Charakter sowie Ihre Arbeitsmentalität abgestimmte Vorgehensweise, die Dinge rasch und zügig bei hoher Qualität zu erledigen.**

Übung: Stöbern Sie Ihre Störquellen auf und beseitigen Sie sie

Führen Sie mindestens eine Woche lang eine Störquellenanalyse durch: Welche Zeitdiebe rauben Ihnen den letzten Nerv – und die meiste Zeit? Bekämpfen Sie zunächst einmal die Störquellen und Zeitdiebe, für die Sie selbst verantwortlich zeichnen, etwa fehlende Prioritätensetzung und mangelhafte Selbstdisziplin. Hier werden Sie rasch zu Optimierungen gelangen. Wird eine Störung hingegen durch andere (etwa Kollegen) verursacht, lohnt sich das Gespräch mit dem Vertriebsleiter, um diese Störquellen anzugehen.

Die Tab. 1 mit den größten Zeitdieben hilft Ihnen bei der Analyse.

Tab. 1 Zeitdiebe aufspüren

Individuell verursachte Zeitdiebe	Durch andere verursachte Zeitdiebe
• Mangelhafte Zeitplanung	• Nicht planbare Unterbrechungen
• Chaotisch überfüllter Schreibtisch	• Überorganisation (Bürokratismus)
• Fehlende Selbstdisziplin	• Fehlender Informationsfluss
• Fehlende Prioritätensetzung	• Unklare, nicht geklärte
• Keine Abgrenzung der Verantwortlichkeiten	Kommunikationswege
• Immer Zeit für jeden haben	• Zu viel Doppelarbeit
• Nicht „Nein" sagen können	• Unsinnige Besprechungen und Meetings
• Arbeiten werden begonnen, bevor andere abgeschlossen sind	• Mitarbeiter sind oft nicht erreichbar
• Telefonate mit zu viel Small Talk	• Zu wenig Personal (Überlastung)

Literatur

Pollatschek, N. (2023). *Kleine Probleme. Roman* (2. Aufl.). Galiani.

Impuls 40 – Z wie Zusammenarbeit mit Außendienst

Durch intelligentes Schnittstellenmanagement optimale Ergebnisse erzielen

>> *Sie erfahren, wie sich durch die Zusammenarbeit zwischen Innendienst und Außendienst gemeinsame Ziele erreichen lassen.*

Ich sitze bei einem Kunden, bei dem ich in den letzten Monaten Pionierarbeit geleistet habe. Durch intelligentes Schnittstellenmanagement haben wir die Zusammenarbeit zwischen verkaufsaktivem Innendienst und Außendienst so koordiniert, dass die persönliche Besuchsfrequenz durch die Außendienstler abgesenkt werden konnte. All die Routinebesuche, bei denen es doch nur sehr selten zu einem Abschluss kam, konnten durch Mitarbeitende im Innendienst ersetzt werden, die als „Verkäufer im Innendienst" die Fragen beantworten, die sich auch ohne persönlichen Besuch besprechen lassen. Nun entscheiden die Innendienstmitarbeitenden mit darüber, ob und wann es sich lohnt, dass ein Außendienstler zum Kunden rausfährt, etwa weil ein neues Produkt oder System oder eine neue Verfahrensweise dem Kunden persönlich vorgestellt und vorgeführt werden soll.

© Der/die Autor(en), exklusiv lizenziert an Springer Fachmedien Wiesbaden GmbH, ein Teil von Springer Nature 2024
R. Koschinski, *40 Impulse für den neuen Vertriebsinnendienst*,
https://doi.org/10.1007/978-3-658-44581-2_40

Mein Kundenunternehmen hat den Finger ganz nahe am Puls seiner Kunden, gerade weil die Besuchsfrequenz zurück-, die persönliche Kontaktfrequenz jedoch deutlich hochgefahren werden konnte, und zwar nicht nur quantitativ, sondern darüber hinaus qualitativ durch kompetente „Verkäufer im Innendienst". Dies ist gelungen, weil wir die folgenden grundlegenden Dinge in der Zusammenarbeit zwischen Innendienst und Außendienst geändert haben.

Das Verhältnis zwischen Innen- und Außendienst überprüfen und optimieren

Hierbei sind alle Beteiligten gefragt: Sie prüfen jeder für sich und gemeinsam mit den Vertriebsführungskräften, wie sich die Kooperation optimieren lässt. Dabei gibt es Initiativen und Aktivitäten, die die Innendienstler selbst in Gang setzen und realisieren können. Bei anderen sind sie auf das Engagement, die Mithilfe und die Unterstützung der Führungsebenen angewiesen. Nehmen wir zur Verdeutlichung den so wichtigen Aspekt der Datenbank: Die Innendienstler können und sollen darauf dringen und anmahnen, dass bei der Strukturierung der Datenbank endlich auch die Bedürfnisse des Innendienstes Berücksichtigung finden. Diesen Beitrag können sie selbst leisten. Umsetzen lässt sich dies aber nicht auf der Ebene des Innendienstes – dazu bedarf es der Geschäftsführung und der Vertriebsleitung, die die entsprechenden Vorgaben erarbeiten und von der IT-Abteilung umsetzen lassen.

Das Fundament: Eine Top-Datenbank

Ein große Herausforderung bei der Zusammenarbeit zwischen Innendienst und Außendienst ist nach wie vor die korrekte Zuordnung der Kunden und Aufgaben: Wer spricht wann welchen Kunden auf welchem Kanal mit welcher Zielsetzung und Intensität an? Darum ist eine CRM-Datenbank, in der alle Beteiligten ihre Aktivitäten im Zusammenhang mit einem Kunden hinterlegen, von größter Bedeutung. Was nicht sein darf: Häufig sind die Kundendatenbanken immer noch vor allem auf den Außendienst zugeschnitten.

> **Entscheidend ist, dass alle Beteiligten jeweils die Wahrnehmungs- und Interessensbrille des anderen aufsetzen, sich also der Innendienstler fragt, welche Angaben zum Kunden für den Kollegen im Außendienst von Belang sein könnten – und umgekehrt.**

Die Perspektive wechseln

Nehmen wir an, der Innendienstler erfährt im Telefonat mit der Einkäuferin, dass diese gerade vor der Herausforderung steht, in ihrem Unternehmen ihre (Macht)Position zu optimieren. Der Innendienstler versteht sich gut mit der Einkäuferin und konnte dies im zwanglosen Small Talk heraushören. Diese Information ist gewiss für den Kollegen aus dem Außendienst relevant, der nun vor seinem nächsten persönlichen Besuch und Gespräch prüft, inwiefern er der Einkäuferin helfen kann, ihre unternehmensinterne Position zu stärken: Vielleicht lässt sich eine Win-win-Situation kreieren, die für den Verkäufer und die Einkäuferin von Vorteil ist.

Entscheidend dabei ist die dahinter stehende Denkweise und Haltung: Innen- und Außendienstler wechseln die Perspektive und prüfen, welche Informationen für die Kolleginnen und Kollegen von Nutzen sein könnten.

Mehr als nur eine Datenbank

Bei den Einträgen in die Datenbank stehen nicht nur die üblichen Angaben zu einem Kunden im Mittelpunkt, sondern überdies Hinweise etwa auf dessen Persönlichkeitsstruktur und Verhaltensweisen. Es geht um die Feststellung, zu welchem Kundentyp er gehört:

* Ist er eher ein sicherheitsorientierter Bewahrertyp oder ein risikobereiter Machertyp, der die Veränderung liebt und für den Stillstand gleichbedeutend ist mit Rückschritt?
* Ist er der in Zahlen, Daten und Fakten verliebte Kundentypus, für den eine knallharte Rentabilitätsrechnung zentral für die Kaufentscheidung ist, oder braucht er dafür die große motivierende Vision?
* Ist er der beziehungsorientierte Unterstützerkunde, für den die Beziehung zum Verkäufer (fast) wichtiger ist als das stimmige Angebot,

oder gehört er zu den in sich verschlossenen Kunden, bei denen der Verkäufer erst einmal den Panzer durchstoßen muss, um zu seinen wahren Wünschen und Erwartungen durchzudringen?

Zudem werden in der Datenbank Informationen zu den Verhaltensweisen des Kunden hinterlegt, zum Beispiel: Wie reagiert der Kunde in Stresssituationen? Wie auf Einwände? Ist er ein Small-Talk-Typ – wünscht er also das lockere Gespräch zu Beginn des Kontakts – oder möchte er am liebsten sofort zur Sache kommen? Wiederum gilt: Alle Beteiligten stellen sich die Frage, was einem selbst und vor allem den Kolleginnen und Kollegen aus Innen- oder Außendienst dienlich sein könnte.

Die Harmonie muss stimmen

Im Fokus der Zusammenarbeit steht das „große gemeinsame Ganze", das übergeordnete Ziel. Unter dessen Dach können die verschiedenen Verkaufskulturen sukzessive zusammenwachsen. Zwischen verkaufsaktivem Innendienst und Außendienst, deren Mitglieder sich in die Schuhe der Innendienstler stellen können, entstehen Erfolgspartnerschaften, deren gemeinsames Ziel die Erfüllung der Wünsche und Erwartungen der Kunden ist.

> Die Unternehmens- und Vertriebsführung sorgt mithilfe regelmäßiger Meetings, einer klaren Zielvereinbarungskultur, Teambildungsaktivitäten und einer klaren Ein- und Zuteilung der Verantwortlichkeiten dafür, dass die Verkaufskulturen harmonisch zusammenwachsen und sich kongenial ergänzen.

Neben den offiziellen und formellen Kommunikationswegen darf die Relevanz der informellen Kommunikation nicht unterschätzt werden. Das heißt: Informelle Informationen – selbst Tratsch und Klatsch – tragen meiner Erfahrung nach zu einem sonnigen Betriebsklima bei. Darum ist es zielführend, den Austausch informeller Informationen zu institutionalisieren, etwa durch einen Stammtisch, zu dem sich Mitarbeitende aus Innendienst und Außendienst in gemütlicher Atmosphäre treffen. Angenehmer Nebeneffekt: „Institutionalisierter" und „erlaubter" Tratsch verhindert die Weitergabe von Gerüchten hinter vorgehaltener Hand. Vielmehr werden die Dinge offen angesprochen und kommuniziert. Dies ist gerade zu Beginn des Zusammenwachsens von Innendienst und Außendienst ein nicht zu unterschätzender Faktor.

Zudem sollte jenes Zusammenwachsen durch Hospitationen unterstützt werden: Während der Außendienstler der Kollegin aus dem Innendienst einen halben Tag über die Schulter schaut und bei ihren Telefonaten neben ihr sitzt, begleitet der Innendienstler eine Kollegin zum Kunden vor Ort. So wächst das gegenseitige Verständnis, jeder bekommt ein Gespür für die Aufgaben, Herausforderungen und Nöte der „anderen Seite".

Eine weitere Option besteht darin, ab und zu an den Meetings und Konferenzen der jeweiligen Kolleginnen und Kollegen teilzunehmen und als Außendienstler ein Seminar oder eine Weiterbildung für den Innendienst zu besuchen. Wobei selbstverständlich auch der umgekehrte Weg beschritten wird: Die Innendienstler durchlaufen ein für den Außendienst gedachtes Entwicklungsprogramm.

> **Entscheidend ist stets das Ziel, die Zusammenarbeit durch den gegenseitigen Austausch zu fördern.**

Vertrieb aus der Ferne und in Kundennähe

Im Kap. „Impuls 10 zum Dream-Team" klang es bereits an: Es gibt eine Kehrseite der Medaille. Der Außendienst muss Kompetenzen abgeben, Ruhm teilen und die Innendienstler als gleichberechtigten Partner akzeptieren. Und es gibt Innendienstler, die sich gegen die neue Aufgabenverteilung sperren. Denn es war bequem, sich der Sachbearbeitertätigkeit hinzugeben, statt nun auch für Verkauf und Umsatz verantwortlich zu sein. Um dem entgegenzuwirken, hat es sich bewährt, die Mitarbeitenden in Projekten zusammenzubinden (Lesch & Koschinski, 2017):

- „One Customer, one ID-Face": Der Innendienstler betreut Kunden eigenständig so, dass der Außendienstler völlig entlastet wird. Dieses Vorgehen bietet sich etwa bei C-Kunden an.

- „One Customer, two Faces": Der Innendienstler sorgt sich in Absprache mit dem Außendienst um Kunden – insbesondere ist dies bei B-Kunden der Fall – derart, dass dem Kunden sofort und unkompliziert geholfen werden kann. Alle Beteiligten setzen also ihre jeweiligen Stärken ein.
- „One Customer, one AD-Face": Der Innendienstler arbeitet im Hintergrund, der Außendienstler tritt – vor allem bei A-Kunden – als koordinierender Ansprechpartner und als Beziehungsmanager auf.
- „One Customer, one Team": Das ist oft die Königslösung – je nach Kundenorganisation werden die genannten drei erstgenannten Optionen maßgeschneidert angepasst.

Ein erfolgreicher Inside Sales ist in das Unternehmen integriert und pflegt seine Schnittstellen zu anderen Abteilungen. Die wichtigste Schnittstelle ist natürlich der Außendienst. Durch die Verzahnung der Bereiche lässt sich die Herausforderung des Hybrid Sales stemmen. Eine professionelle Zusammenarbeit zwischen Innendienst und Außendienst hat zur Konsequenz, dass die Außendienstler ihre Stärken in der direkten und persönlichen Vor-Ort-Ansprache der Kunden aktualisieren, während die Innendienstler ihre Expertise in der telefonischen Ansprache, der Kontaktaufnahme per PC sowie der Geschäftsanbahnung und der Kundennachverfolgung ausspielen.

Übung: Gehen Sie in die Selbstreflexion – ist die Entwicklung zum verkaufsaktiven Inside-Sales-Mitarbeitenden sinnvoll?

Eine zentrale Motivation für Innendienstler, sich zu verkaufsaktiven Inside-Sales-Mitarbeitenden zu entwickeln, besteht darin, die Kundenorientierung zu stärken und die Kundenzufriedenheit zu erhöhen. Gerade engagierte Innendienstler sind auf den Nutzen und das Wohl ihrer Kunden fokussiert. Beschäftigen Sie sich darum mit den folgenden Fragen. Machen Sie sich dazu Notizen in Ihrem Strategiebuch.

- Welche Vorteile hat es, wenn ein Kunde zwei kompetente Ansprechpartner im Unternehmen hat (einen Außendienstler und mich)?
- Welche konkreten Nutzen ergeben sich durch meine Funktion als „Verkäufer im Innendienst"

  – für mich selbst?
  – für meine Kollegen aus dem Außendienst?
  – für das Unternehmen?
  – für die Kunden?

- Gibt es Nachteile einer Regelung, den Innendienst verkaufsaktiver zu gestalten? Falls ja, welche:

  – für mich selbst?
  – für meine Kollegen aus dem Außendienst?
  – für das Unternehmen?
  – für die Kunden?

- Welche Möglichkeiten sehen Sie, die Zusammenarbeit zwischen Innendienst und Außendienst zu verbessern?

Literatur

Lesch, E., & Koschinski, R. (2017). So machen Sie Innen- und Außendienst zum Vertriebsteam. https://vertriebszeitung.de/so-machen-sie-innen-und-aussendienst-zum-vertriebsteam/. Zugegriffen am 01.12.2023.

Schlussbetrachtung

Der Schritt von der bewussten zur unbewussten Kompetenz des verkaufsaktiven Inside Sales

Ein verkaufsaktiver Innendienst ist einer der entscheidenden unternehmerischen Erfolgsfaktoren der Zukunft. Dieses Buch hat Ihnen (hoffentlich) geholfen, Ihre Kompetenzen und Fähigkeiten als verkaufsaktiver Inside-Sales-Mitarbeiter auf ein neues Niveau zu heben und sich auf die Stufe der bewussten Kompetenz zu hieven. Was meine ich damit?

Wahrscheinlich kennen Sie das Modell der vier Stufen der Kompetenzentwicklung. Bezogen auf den verkaufsaktiven Innendienst bedeutet das Modell, dass Ihnen auf der Stufe der *unbewussten Inkompetenz* kaum etwas gelingt. Sie wissen nicht um Ihre Defizite und ahnen noch nicht einmal, was Sie ändern müssten, um so etwas wie professionelle Verkaufsaktivität entwickeln zu können. Auf der Stufe der unbewussten Inkompetenz ist ein erfolgreiches Inside Sales unmöglich.

Auf der Stufe der *bewussten Inkompetenz* hingegen wissen oder ahnen Sie, mit welchen Schwächen und Defiziten Sie im Bereich des Inside Sales zu kämpfen haben. Sie sind jedoch nicht fähig, zum Beispiel eine

R. Koschinski, *40 Impulse für den neuen Vertriebsinnendienst*, https://doi.org/10.1007/978-3-658-44581-2

Analyse Ihrer Defizite durchzuführen, um auf dieser Basis Verbesserungen zu erzielen. Auf der Stufe der bewussten Inkompetenz ist ein erfolgreiches Inside Sales eher ein Sache des Zufalls. Denn Sie wissen zwar, dass Sie nicht angemessen agieren, es fehlen Ihnen jedoch die Strategien, Techniken und Methoden, um daran etwas ändern zu können.

Ohne falsche Bescheidenheit:

> **Durch das Lesen dieses Buches und die Beschäftigung mit meinen 40 Impulsen zum „Verkaufen von innen heraus" beschreiten Sie die Stufe der *bewussten Kompetenz*.**

Sie wissen nun, wie verkaufsaktiver Innendienst funktioniert und was Sie zu tun haben, um mit Interessenten und Kunden ein konstruktives und erfolgreiches Verkaufsgespräch zu führen. Und Sie wissen jetzt, wie Sie sich selbst motivieren und (mithilfe der 40 Übungen) trainieren können, um stetig dranzubleiben und Ihre verkaufsaktiven Kompetenzen von Tag zu Tag zu optimieren. Trotzdem gilt vielleicht, dass Ihnen Inside Sales immer noch schwerfällt, weil es eine neue und (noch) ungewohnte und darum mühsame und anstrengende Arbeit darstellt.

Darum ist es erforderlich, dass Sie nun die Stufe der *unbewussten Kompetenz* (Abb. 1) erreichen. Auf dieser Stufe ist Ihnen Ihre verkaufsaktive Arbeit in Fleisch und Blut übergegangen und geht Ihnen anstrengungs-

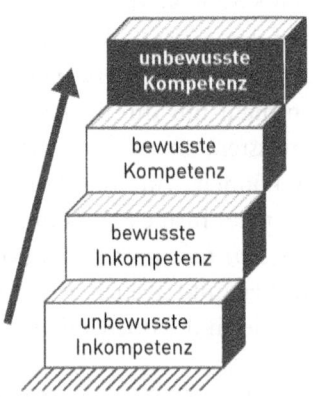

Abb. 1   Die vier Stufen der Kompetenzentwicklung

los(er) von der Hand. Seminarteilnehmer, die sich auf dieser Stufe befinden, sagen manchmal: „Herr Koschinski, es ist jetzt, als ob meine Verkaufsaktivitäten wie von selbst geschehen, ich kann die dazu erforderlichen Kompetenzen jederzeit abrufen." Natürlich geschieht dies nicht „wie von selbst", aber diese Seminarteilnehmer sind nun so vertraut mit den entsprechenden Strategien, Techniken und Methoden, dass ihnen erfolgreiches Inside Sales einfach leicht(er) fällt.

Wie gelingt Ihnen der letzte Schritt zur unbewussten verkaufsaktiven Innendienst-Kompetenz? Mein Tipp: Nutzen Sie meine 40 Impulse immer wieder, wiederholen Sie die Übungen und schauen Sie in Ihr Strategiebuch, in dem Sie Ihre Ideen notiert haben. So werden die beschriebenen Strategien, Techniken und Methoden des verkaufsaktiven Inside Sales zu Ihrer Gewohnheit. Überlegen Sie zudem, ob Sie mich nicht persönlich kennenlernen wollen, damit ich Sie dabei unterstützen kann, die Impulse diese Buches in der Praxis anzuwenden.

Was halten Sie davon?

Stichwortverzeichnis

© Der/die Herausgeber bzw. der/die Autor(en), exklusiv lizenziert an Springer
Fachmedien Wiesbaden GmbH, ein Teil von Springer Nature 2024
R. Koschinski, *40 Impulse für den neuen Vertriebsinnendienst*,
https://doi.org/10.1007/978-3-658-44581-2

GPSR Compliance

The European Union's (EU) General Product Safety Regulation (GPSR) is a set of rules that requires consumer products to be safe and our obligations to ensure this.

If you have any concerns about our products, you can contact us on ProductSafety@springernature.com

In case Publisher is established outside the EU, the EU authorized representative is:

Springer Nature Customer Service Center GmbH
Europaplatz 3
69115 Heidelberg, Germany

The manufacturer's authorised representative in the EU is Springer
Nature Customer Service Centre GmbH, Europaplatz 3, 69115 Heidelberg,
Germany. If you have any concerns regarding our products, please
contact ProductSafety@springernature.com

Printed and bound by CPI Group (UK) Ltd, Croydon, CR0 4YY
28/04/2026
02098518-0004